KB234482

인주골 중국동네 사람들

인천화교 손덕준의 가족이야기

이 도서는 2009년도 정부(교육과학기술부)의 재원으로
한국연구재단의 지원을 받아 출판되었음(NRF-2009-362-A00002).

인주골 중국동네 사람들

인천화교 손덕준의 가족이야기

손덕준 구술
송승석 채록

한국학술정보(주)

『중국관행총서』 발간에 즈음하여

　우리가 수행하는 아젠다는 근현대 중국의 사회, 경제 관행에 대한 조사와 연구를 매개로 한국의 중국연구와 연구기반을 재구성하는 것이다. 이러한 작업은 무엇보다 인문학적 중국연구와 사회과학적 중국연구의 학제 간 소통과 통합을 모색하는 과정에서 구체화될 수 있을 것이다. 또한 근현대 중국의 사회경제관행 조사 및 연구는 중국의 과거와 현재를 會通할 수 있는 實事求是的 硏究이다. 추상적 담론이 아니라 중층적 역사과정을 거쳐 형성되고 검증된, 그리고 중국인의 일상생활을 지속적이고 안정적으로 제어하는 無形의 사회운영시스템인 관행을 통해 중국사회의 통시적 변화와 지속을 조망한다는 점에서 우리의 아젠다는 중국연구의 새로운 지평을 열 수 있는 최적의 소재라 할 수 있을 것이다. 또한 관행은 중국인의 일상생활을 지속적이고 안정적으로 제어하는 무형의 사회운영시스템이므로 중국 사회의 통시적 변화와 지속을 조망하고자 한다면 관행에 주목해야 한다.

　우리 연구의 또 다른 지향은 중국 사회의 내적 질서를 규명하는 것이다. 중국의 장기 안정성과 역동성을 유기적으로 파악함으로써 한층 더 깊이 있게 중국을 이해하고자 하는 것이다. 이러한 문제의식에서 우리는 중국 사회의 다원성과 장기 안정성의 기반이라 할 수 있는 다양한 민간 공동체, 그리고 그 공동체의 광범위하고 직접적인 운영원리로서 작동했던 관행에 주목한다. 나아가 공동체의 규범원리인 관행을 매개로 개인과 공동체 그리고 국가가 유기적으로 결합됨으로써 중국 사회의 장기 안정성이 확보될 수 있었다는 점을 규명하고자 한다.

이러한 문제의식의 연구는 궁극적으로 제국 운영의 경험과 역사적으로 축적한 사회, 경제, 문화적 자원을 활용하여 만들어 가고 있는 중국식 발전 모델의 실체와 그 가능성을 해명하는 데 기여할 것이다.

『중국관행총서』는 '인천대학교 HK중국관행연구사업단'이 수행한 연구의 성과물이다. 이 총서에는 우리 사업단의 연구 성과뿐 아니라 아젠다와 관련된 해외의 주요 저작의 번역물도 포함된다. 앞으로 아젠다와 관련된 연구 및 번역 총서가 지속적으로 발간될 것이다. 그 성과가 차곡차곡 쌓여 한국의 중국연구가 한 단계 도약하는 데 일조할 수 있기를 충심으로 기원한다.

2012년 3월
인천대학교 인문학연구소 HK중국관행연구사업단
소장 전인갑

오늘도 인주골 중국동네를 거닐며

　　대한민국에 거주하는 해외이주민 수가 100만을 훌쩍 넘긴 지 이미 수년이 되었다. 수치로 보자면, 세간의 말처럼 다문화사회에 진입한 형국이다. 그러나 수많은 종족집단 그리고 그들이 몸에 지니고 들어오는 다양한 삶의 양식들이 기존의 토착문화와 한데 어우러지는 진정한 다문화공동체가 이 땅에서 구현될지는 앞으로 두고 볼 일이다. 낯선 이들에 대한 심리적 편견과 제도적 배제가 제대로 극복되지 않는 한, 그것은 여전히 우리의 숙제로 남을 것이다.

　　인류사에서 해외이주는 항시 도전과 모험의 연속이었지만, 그에 값하는 열매를 맺기 위해 당사자들은 지난한 삶의 고투와 값비싼 희생을 치러야 했다. 근대 이후, 130년에 가까운 이주역사를 지닌 한국 화교사회 역시 단속과 부침, 이산과 집중의 간난 세월을 거듭하는 가운데 오늘에 이르렀다. 따라서 우리가 다문화사회를 용인하고 혹은 그것을 지향하고자 한다면 가장 먼저 눈여겨볼 집단이 바로 화교이다. 화교는 해외이주민 가운데 가장 오랜 한반도 거주 역사를 지니고 있다. 그러기에 화교들의 말과 행동은 어느새 우리의 뇌리 속에 깊이 각인되어 있고, 우리의 일상사에도 알게 모르게 침륜되어 있다.

　　그렇지만 한편으로 화교는 여전히 우리에게 낯선 존재이다. 한때는 경계와 질시의 대상이었고 때로는 억압과 배제의 희생양이기도 했지만, 궁극적으로 우리에게 그들은 시종 무관심의 존재로 남아 있다. 필자 본인의 표현에서도 드러나듯, '우리'에게 화교는 여전히 '그들'이었지 또 다른 '우리'가 아닌 것이다.

근자에 중국의 부상과 맞물려 화교는 새롭게 주목을 받고 있고, 재조명되고 있다. 물론, 그 속내에는 다분히 화교를 단지 '용(用)'의 대상으로만 인식하고자 하는 저의가 깔려 있음을 부정할 수는 없다. 그럼에도 불구하고 오랜 세월 한국사회에서 무관심의 대상으로 주저앉아 있던 화교가 점차 관심의 영역으로 떠오르기 시작했다는 사실은 분명 반길 일이다. 화교사회의 고유한 역사와 문화 그리고 그들의 이국적인 삶의 방식들을 찾아 인천의 차이나타운을 방문하는 연구자들이나 일반시민들이 점차 늘고 있는 경향은 그래서 더욱 기껍다.

그런데 막상 인천 차이나타운을 다녀간 사람들 중에, 화교들의 일상과 그들의 삶에서 작동되는 내부원리나 질서에 주목하거나 그것을 발견하는 이는 사실 드물다. 오히려 이곳을 화교들의 역사와 문화 그리고 그들의 생생한 호흡이 살아 숨 쉬는 장소로서보다는 그저 짜장면을 팔기 위한 호객행위만이 횡행하는 '짜장면 거리' 정도로 기억하는 이들이 다수이다. 물론, 사람들이 인천 차이나타운을 짜장면을 파는 동네 정도로 인식하는 것이 그리 틀린 일은 아니다. 한국사회에서 '화교'하면 쉽게 연상되는 '짱꼴라', '짱깨'라는 표현에서 보듯, 이른바 '중국집'과 '짜장면'은 이 지역 화교들과 그들이 이루는 공동체의 성격을 대변하는 또 하나의 상징적 기호이기 때문이다. 그러나 이것만으로는 화교와 화교사회를 제대로 설명했다 할 수 없다. 어쩌면 이것은 우리의 눈에 비친 그들의 모습이고 성격이기 때문이다. '그들'의 눈으로 바라보고 몸으로 체험하는 자신들의 모습과 경험은 '우리'가 보는 화교의 그것과는 사뭇 다르리라.

화교들은 때로는 한국사회와 구별되고 때로는 그것과 융합되는 가운데 중국적이면서도 탈중국적인 자신들만의 생활방식을 구현해 왔다. 또 이들은 한국의 법과 제도가 자신들을 인정하는 범위 내에서는 충실히 그에 순응하지만, 그것들이 화교사회 경계 밖에 머물러 있을 때에는 자신들만의 고유한 공동체 원리를 통해 내부적 결속을 다지고자 했다. 이런 연유로 한국화교사회의 고유한 네트워크와 가치체계를 올바로 가늠하기 위해서는 신용, 지연, 혈연, 업연 등 화교사회의 오래되고 독특한 '관행'의 기제들에 주목할 필요가 있다. 그러나 이것들은 그저 책상에 앉아 문헌자료나 뒤적인다고 해서 파악될 수 있는 일이 아니다. 그보다는 그들 삶의 현장에 직접 들어가 그들의 목소리에 귀 기울일 때만이 보다 구체적이고 실질적인 성과를 도출할 수 있는 문제들이다. 화교들 스스로 주역이 되어, 자신들의 말과 기억을 재생하고 역사화하는 작업은 그래서 더욱 중요하다. 이제 우리도 그들의 말과 기억을 경청하고 곱씹어볼 때이다.

한국화교에 관심을 갖고 학문적 접근을 시도하는 이들이라면 공감하고 갈구하는 하나가 있다. 공감하는 바는 바로 한국화교에 대한 문헌자료의 양적·질적 한계이다. 갈구하는 바는 화교에 대한 거대서사를 넘어 미시적인 생활사에 접근하는 것이다. 본서의 기획은 일차적으로 이 지점에 닿아 있다. 즉 화교들의 육성을 통해 그 안에 묻어 있는 그들의 진솔하고 일상적인 삶의 고투와 희망을 기록하고 자료화함으로써 자료의 축적과 연구시야의 확충을 기대하는 것이다. 나아가 이러한 자료들의 꾸준한 축적이 언젠가 역사서술에 활용되는 데 일말의 도움이 될 수 있기를 기원하는 마음도 없지 않다.

각설하고, 이 책의 내력에 대해 간단히 밝혀두고자 한다. 필자는 인천을 고향으로 하고 있지만 정작 인천에 대해서는 시종 문외한이었다. 향(向) 서울의 심리가 필자에게도 있었던 탓일까? 화교에 관심을 갖고 연구를 시작하게 된 것도 우연이라면 우연이지 싶다. 수년 전, 인천에 말직이나마 하나 얻게 되면서 인천과 중국을 잇는 고리를 찾아야겠다는 강박감에 한동안 시달려야 했다. 겨우 찾아낸 것이 화교였다. 그러나 막상 화교 관련 자료를 뒤적이다 보니, 수시로 한계를 절감해야 했다. 자료의 부족에서 오는 한계이기도 하겠지만, 무엇보다 현장에 대한 실감의 절박성이 컸다. 왜냐하면, 화교라는 대상은 과거이기도 하지만 엄연히 현재이기도 했기 때문이다. 무작정 인천부터 시작해서 전국의 화교거주지를 찾아다녔다. 특히, 일주일에 거의 반을 인천 차이나타운을 기웃거리는 것으로 소일했다. 그때마다 화교 본인들의 입에서 나오는 말은, 필요에 따라 찾아와서 그 필요성이 충족되면 발길을 끊는 많은 화교연구자들의 일회성 방문에 대한 불만이었다. 또 그들에게서 자주 듣는 말은, "그래 가지고는 화교를 몰라"라는 따가운 충고였다. 그렇게 수년간 인천 차이나타운을 드나들면서 필자에게 남은 것은 족히 수백 병은 먹었음직한 고량주로 인한 숙취와 술자리에서 듣게 되는 화교들의 흥미진진한 영웅담과 처연한 넋두리였다. 그러던 차에 필자는 불현듯 그 영웅담과 넋두리를 기록으로 남길 생각을 하게 되었다. '그 안에 우리가 모르는 또 다른 진실이 숨어 있으리라' 기대하며.

인터뷰는 생각처럼 그리 녹록한 작업은 아니었다. 누구나 그렇듯 마이크만 들이대면 열던 입도 닫고 마는 게 인지상정 아니던가! 또 인터뷰를 진행하는 필자에게도 문제가 많았다. 개인적으로 이러한 작업이 생소하고 일천했기에, 인터뷰 대상자의 말을 끌어내는 데 서툴렀고 또 경청하는 태도 역시 많이 부족했던 것 같다. 이러한 거듭된 시행착오에도 불구하고 이렇게 책으로까지 나올 수 있게 된 것은 무엇보다 구술자였던 손덕준(孫德俊) 선생과 그 가족들의 적극적인 협조와 도움이 있었기에 가능했다. 이 자리를 빌려 다시 한 번 감사를 드리고 싶다.

인터뷰는 2010년 8월부터 2011년 8월까지 총 18회에 걸쳐 손덕준 선생 일가를 중심으로 이루어졌다. 손 선생 일가와는 거의 8년 넘게 개인적인 관계를 유지해 온 터라 어느 정도는 신뢰가 바탕이 된 상태에서 인터뷰를 진행할 수 있었고, 따라서 비교적 진솔하고 구체적인 이야기들을 책에 담을 수 있었다. 그러나 한 개인의 가족사를 중심으로 인터뷰가 이루어진 탓에, 그것이 담고 있는 내용이 인천화교 전체의 목소리를 올곧게 대변한다고는 감히 말할 수 없다. 특히, 개인의 삶과 이력을 제외한 인천화교사회 전반에 대한 손 선생 개인의 생각과 기억에는 주관적인 부분이 개입되어 있고, 구체적인 사실에 있어서도 일부 정확성이 결여되어 있는 게 사실이다. 그럼에도 불구하고 유독 개인의 가족사를 기록으로 남기고자 했던 것은 상투성을 피하고 일관성을 유지하기 위함이었다. 무슨 말인고 하면, 세대와 직업 등 다양한 위치에 있는 많은 화교들을 접하고 그들의 말을 기록하는 것은 공적 기억에 대한 확인이란 차원에서는 어느 정도 객관성을 확보할 수도 있겠지만, 아무래도 그들에게서 돌아오는 대답은 상투적일 수밖에 없다는 게 필자 개인의 판단이었다. 이는 단지 선험적 인식에 기초한 것이 아니라 실제 인터뷰를 진행하는 과정 속에서 어느 정도 경험되었다. 그리고 무엇보다 자신과 자신의 가족 이야기를 하는 게 말하는 입장에서는 구체적이고 일관성이 있을 수 있다는 판단도 뒤따랐다. 물론 구술사를 염두에 두지 않은 것은 아니지만, 그것은 애초부터 필자 역량 밖의 일이었고, 필자가 할 수 있는 것은 이 작업을 시작으로 꾸준히 구술자료들을 수집하고 정리해서 외부와 공유하는 일이라는 생각도 있었던 게 사실이다. 이 책이 그 정도의 값이라도 할 수 있다면 필자로서는 다행이 아닐 수 없다.

이 책이 나오는 데 도움을 주신 분들이 참으로 많다. 우선은 필자와 함께 처음부터 끝까지 이 작업을 같이하며 묵묵히 채록을 도맡아 주었던 연세대학교 대학원의 이선애, 손만평 두 분 선생께 고마움을 표하고 싶다. 이선애 선생은 본인이 중국동포이기 때문에 이 작업에 대한 소회가 남달랐을 것이라 생각한다. 손만평 선생은 손덕준 선생의 둘째 딸로서 채록자인 동시에 구술자이기도 했다. 본인의 가족 이야기를 스스로 구술하고 기록한다는 면에서 느끼는 감회 역시 특별했을 것이다. 수년 동안 화교를 카메라 렌즈에 담는 작업을 해오셨던 사진작가 서은미 선생과 서양화가이신 강형덕 선생께도 특별히 감사를 드린다. 서은미 선생의 도움은 일일이 거론하기 힘들 정도로 많다. 더군다나 책에 삽입된 일부 사진을 직접 찍어 무상으로 제공해 주시

기까지 했다. 톡톡히 보답해야 할 형편이다. 강형덕 선생도 많은 조언을 아끼지 않으셨다. 정말 감사를 드린다.

끝으로, 화교를 비롯한 많은 석학 제현의 질정과 아량을 구한다.

2012년 3월

인주골 비랭이고개 초옥에서

송승석 삼가 씀

손덕준 초상화

:: CONTENTS

챵가오리(闖高麗)

● 제가 꼭 질문하는 내용이 아니더라도 말씀하고 싶으신 게 있으면
편하게 말씀하시면 됩니다.
예. 뭐 될 수 있으면 박사님이 질문해 주시면 내가 좀 편하죠. 내
가 생각 못 한 걸……….

● 알겠습니다. 그럼, 시작하도록 하겠습니다. 우선, 사장님 가족에 대한
이야기를 시작하려면 외할아버님에 대한 기억부터 되짚어봐야 할 것
같아요. 혹시 아시는지 모르겠는데, 외할아버님이 여기 한국에 언제쯤

오시게 된 건가요?

우리 외할아버님은 지금 살아계시면 백한, 정확하게는 모르지만, 백한 몇 살 정도는 됐어요. 저도 아는 게 그렇게 많지는 않아요, 사실. 제가 세 살 땐가 네 살 땐가 돌아가셨으니까. 50년 전에 돌아가셨으니까. 얘기 들기로는, 그 양반이 열일곱여덟 살쯤에 한국에 왔어요. 결혼은, 우리 외할머니하고는 중국에서 결혼을 하셨고…… 중국 왔다 갔다 하면서 결혼생활 하신 거예요. 아들 하나, 딸 하나 낳았어요, 중국에서. 그때 당시는 애가 좀 커가는 과정에서, 그러니까 애들이 너댓 살 정도 되었을 때, 우리 외할아버지 한국에 취직해 온 거예요. 그게 들은 얘기로는, 결혼을 해가지고 외할머니는 중국에다 두고, 한국하고 중국을 왔다 갔다 하면서 생활하셨는데…… 그때가 일정시대예요. 옛날에는 중국에 산둥성(山東省) 옌타이(煙台)에 왕쟈탄(王家灘)이라고 있었어요. 왕(王)씨들 모여 사는…… 그러니까 왕씨 촌이죠. 거기가 고향이에요.

● 외할아버님은 가족을 중국에 두고 한국을 오가면서 생활하신 거네요?

그렇죠. 그때는 다들 그랬어요. 그런데 그쪽에 전염병이 돌아서 아들딸 다 죽었어요. 중국에서 죽었어요. 그래가지고 우리 외할아버지가 외할머니를 한국에 데리고 온 거예요, 인천에. 애들 다 죽었으니까, 한국에 데리고 와서 우리 어머니 태어나시고 우리 이모님 태어나신 거예요, 그게.

● 그때부터는 아예 한국에 정착하시게 된 거네요?

그렇죠. 정착을 했죠.

● 어머님 밑으로 이모님이 한 분 더 계신 거예요?

그래요. 지금 대만에 계세요. 위로 둘 다 죽었으니까, 우리 어머니

태어났을 때, 외할아버지가 정말 금이야 옥이야 키웠대요. 위로
자식 둘을 잃었으니까 얼마나 귀했겠어요? 지금 어머니 연세가 일
흔여섯이니까 외할아버지가 한국에 온 게 한 80년? 80년 넘었죠.
90년 가까이 된 거지요. 그때 우리 외할아버지한테 동생 있었어요.
남동생이 하나 있었어요.

● 중국에요?

그렇지, 중국에. 그 남동생을 외할아버지가 가르쳤어요. 그러다가
우리 외할머니 오실 때, 같이 데려온 거예요. 잘 모르겠지만, 그
남동생 분이 나중에 대구에서 공부 좀 한 사람이에요. 의사였어요,
한의사. 얘기 들어보니까 그분이 머리가 참 좋으셨대요. 대구에서
명성이 좀 있었어요. 그러니까 우리 외할아버지가 동생 다 가르치
고 장가보내고……. 그렇게 키우신 거죠.

● 그 동생 분하고 외할아버지는 나이 차가 좀 있었겠네요?

차이가 있죠. 한 열 살 정도는 차이가 있을 거예요. 키우다시피 했으
니까. 그 할아버지는 대구에서 유명한 한의사였어요. 아주 원로시고,
돈도 많이 버셨고…….

● 외할아버님은 처음에 열일곱 여덟 살 때부터 한국을 드나드셨잖아요?
그럼, 한국을 드나들면서 어떤 일을 하신 건가요?

처음엔 상점 점원으로도 있다가, 나중에는 중화루(中華樓) 지배인
을 했어요. 우리 외할아버지, 일본시대 때는 잘나갔어요. 일본말
유창하게 했으니까요. 그때 당시만 해도 일본말을 아주 잘해서 특
히, 일본 관리들이나 그런 분들하고 사이가 좋았어요. 그래서 중
국사람들한테 무슨 일 있으면 해결, 해결사 역할을 좀 했죠. 좌우
지간 화교들 많이 도와줬어요. 일본시대 때라 경찰서, 관공서 출
입을 많이 하셨어요. 워낙 일본말 잘하고 외교를 잘했어요. 무슨

일 있으면 꼭 우리 외할아버지한테 부탁하고. 지금 얘기하면은 있
잖아요? 쉽게 얘기하면, 뭐냐면 친일파죠. 솔직히 얘기해서 그거
야. 경찰서 잡혀가도 우리 외할아버지가 가서 그렇게 좀 해결해주
고, 꺼내주고. 좀 많이 해주고 그러던 양반이야.

● 일본말은 어떻게 그렇게 잘하게 되신 거예요?
그건 나도 잘 모르겠어요. 중국에서 배웠는지…… 그 동생 분 있
잖아요? 그분도 일본말 잘하셨대요.

● 외할아버님은 중국에 계실 때에도 어느 정도 배우셨던 분이었나 보죠?
그런 것 같아요. 사실, 관리들이나 그런 사람들하고 교류하려면
어느 정도 수준이 있어야 하거든요. 당신도 그때 빈해루(賓海樓)
같은 데 구동(股東, 주주)이었으니까. 장꿰이(掌櫃)였으니까. 일본
손님도 유치하고, 관공서 손님도 유치하고. 나중에 그게…… 중화
루 있잖아요? 아마 빈해루 구펀(股份, 주식) 다 빼가지고 중화루에
갔으니까 지배인이죠. 와이당(外當). 주식회사로 치면 징리(經理,
지배인). 장부 같은 거 관리하는 사람.

● 예전에 인천에서 빈해루 같은 경우는 굉장히 큰 중국 요릿집이었잖
아요?
박사님, 잘 아시네. 거기 계시다가 나중에 중화루로 옮겼어요. 거
기서 와이당 했던 거예요.

● 와이당에 대해 좀 더 구체적으로 말씀해주세요.
와이당이라면 지금 얘기하면, 지배인 역할쯤 됐을 거예요. 중화루
는 주식회사거든요. 몇 사람이 동업해서 크게 한……. 그러니까 와
이당은 뭐냐 하면요. 손님들 해결사예요. 손님 끌어들이고 수금도
하러 다니고. 지금 그 애기는 나도 잘 몰라요. 내막이 어떻게 되어

있는지……. 하여튼 우리 외할머니가 얘기하는 거는, 그때 외할아
버지를, "법이 없어도 사는 사람이다." 그때 주변사람들이 그런 평
을 많이 했대요. 호인(好人)이다, 대(大)호인이다. 참 그 온순하시
고……. 나 지금도 기억나는 건, 동그란 안경 있잖아요? 그거 끼시
고……. 자세한 건 잘 몰라요.

● 그때 외할아버님께서 갖고 계셨던 구동 증서 같은 게 남아 있나요?
그게…… 없어요. 다 없어졌어요. 옛날에 화교들 그런 거 중요한지
몰랐거든. 그래서 쓰레기처럼 책이나 문서들 같은 거 트럭떼기로
다 갖다버리고……. 지금 생각하면 참!

● 아, 그거 참 안타깝네요. 구동 얘기 좀 더 해주세요. 그 당시에는 그 정
도의 중국집을 하려면 여러 사람이 같이 모여서 합작을 해서 하신
거죠?
그건 왜냐하면요. 당시는 특히, 산둥 사람들 있잖아요. 주식회사
제도가 있었어요. 그런 전통, 습관 있어요. 여러 사람 합자해서
……. 그때 당시 중국사람들은 예를 들어, 옌타이 사람이면 옌타이
사람끼리 뭉쳐서. 그 고향에 따라서……. 돈 좀 있는 사람이라도
혼자 하기가 부족하고 아마 그래서 그런 식으로 한 거 같아요.

● 주로 구동들은 같은 고향 사람들 가령, 옌타이 사람이면 옌타이 사람
들끼리 모여서 중국집을 연다든지 혹은 어떤 사업이나 장사를 하신
거군요?
맞아요. 대부분 그렇게 해요. 예를 들어, 중화루는 옌타이 사람들
끼리 모여서 한 거죠. 라오장꿰이(老掌櫃) 있잖아요? 그건 구동들의
대표죠. 주식 한 40% 정도 가진……. 지금 말하면, 회사의 대표이사.
우리 외할아버지도 가만히 생각해보면 뭔가 좀 있었던 것 같아. 그
때 당시 지배인 했으면……. 그냥 지배인 하지는 않았을 거란 말이

에요. 뭔가 있었을 거예요. 조사 좀 해봐야 할 것 같은데?

● 옛날에 화교 분들은 대개 어떻게 한국에 들어오시게 된 거예요?
　　그게 제가 알기로는……. 한동안 있잖아요? 산둥성 있잖아요? 사실
그때 당시 아마 한재(旱災)가 많았어요. 비가 안 와서 가뭄, 인민들
있잖아요? 그때 사람들 생활이 상당히 먹을 것도 없고 사실 배불
리 먹기도 힘들 때예요. 그래서 아마 일부는 동베이(東北)로 촹관
동(闖關東)하고, 일부는 촹가오리(闖高麗). 촹가오리는 한국으로 오
는 거야. 촹관동은 만주로 가는 거고.

● 한국으로 오는 걸 촹가오리라고 했군요?
　　예. 왜냐하면요, 그때 당시 중국에서는 고려라고 그랬어요. 한국이
라고 하면 그건 나중 얘기고. 그때 당시 청나라 때는 '촹가오리',
뭐 이렇게 해서……. 한국에 오는 사람은 뭐냐면 다 한국의 인
천……. 그때 당시 유일한 교통방법은 다 배예요. 배 타고 순풍(順
風)하면 하룻밤이면 와요, 바람 맞으면서. 그래서 범선, 뭐 여객선
도 있지만 범선을 주로 타고 왔어요. 그래서 순풍하면 하루 만에
한국에 온다. 뭐, 이런 식으로……. 그때 여기가 바닷가니까, 이 통
로를 통해서 무역하는 사람들 많이 왔어요. 또 여기 와서 석바위
나 주안 쪽에서 농사짓는 사람들도 많았어요. 중국사람들 그때 당
시는 한국 분들하고는 먹는 야채도 좀 차이가 있었어요. 중국사람
들은 샹차이(香菜)라든가 셀러리라든가, 중국사람 취향에 맞는 그
런 야채에서부터……. 또 자체 내에서 뭐 옷 만드는 사람, 이발하
는 사람, 요리하는 사람…….

● 이른바 산바다오(三把刀)군요?
　　그렇죠. 잘 아시네. 세 개의 칼이죠. 옛날 화교들 특징이에요, 그
게. 옷 만드는 재단사의 칼, 이발사의 칼, 요리사의 칼. 그리고 농

사지어 가지고 아침마다 인력거 해서 팔고. 그 진짜 그 중국사람의 식생활이며 입는 거며 다 자체로 해결하던 그런 시대였어요. 뭐 그러다가 만보산사건(萬寶山事件)이라든지 그런 걸 다 겪었죠.

● 만보산사건이 1931년에 일어났으니까, 그때 여기 계셨으면 고생을 많이 하셨겠네요?
그런 걸 다 겪으신 분이에요, 우리 외할아버지가. 정말 고생 많이 했지요.

● 그때는 요릿집 말고 무역하시는 분들도 많았지요?
물론. 당시만 해도 베이징, 상하이사람들도 많았어요, 무역하신 분들. 그 산둥사람뿐만 아니라 지금은 다 역사지만 연세 많은 분들 얘기를 들어보면요. 그때가 전성기죠. 그때는 상당히 차이나타운도 번성했고 무역도 상하이, 홍콩 뭐 얘기 들어보면 중국, 한국 출입하는 그런 역외선이 한두 척이 아니었어요. 배 무역을 하기 때문에 역외선도 있을 것이고. 왕래가 중국사람, 한국사람 그렇게 많았어요. 그건 역사니까 나도 잘 모르겠어요.

● 다시 외할아버님 얘기로 돌아오지요. 그러니까 일정시대에 빈해루에 구동으로 계시다가 그 다음에는 중화루로 옮기신 거잖아요? 그럼, 그 후에도 중화루에 죽 계셨어요?
중화루 지배인 하다가 나중에 노년에 솔직히 말해서 그 중화루도 일본시대 지나고 나서 일본말 잘하는 사람도 필요 없고 퇴출당해서…… 그러다가 군산에 잠깐 계셨어요. 거기서 농사를…… 일꾼도 많이 두고. 크게 했었어요. 그러다가 다시 인천으로 와서 중화루에 또 들어갔어요. 이제는 월급쟁이로. 그때 중화루 주방에서 아무 일, 잡일 같은 것도 많이 하셨어요. 제가 기억나는 건 뭐냐 하면요, 그 양반은 자기 친손자는 없지만 외손자를…… 나하고 며칠 전에 죽은 내 둘째 동생, 정말 귀여워해줬어요. 다 우리 외할머니 얘기야. 월급 타면 있잖아요? 월급은 다 외할머니 갖다 주고 담뱃값 탄 거 있잖아? 지금 담뱃값이 2,500원이잖아. 그러면 1,500원짜리 담배 피고 1,000원 남은 걸로 나한테 과자, 맛있는 거 사줬어. 할머니가 얘기하더라고. 그러다가 여기(손덕준이 경영하는 중국음식점[太和園]) 카운터 보는 애들 고모 있잖아? 걔가

막 태어나고 며칠 있다 돌아가셨어. 더 이상 자세한 건 나도 잘 모르죠. 우리 어머니도 연세 많아가지고 요즘에 기억력 많이 떨어졌어요. 그분이 20대에는 뭐하고, 30대에는 뭐하고, 40대에는…… 그거는 잘 모르겠어요. 다만, 대충 외할머니한테서 들은 거죠. 우리 외할머니 심심하면 돌아가신 외할아버지 말씀 많이 하셨어. 뭐, 심심한 노인네니까. 그러다가 내가 열여덟, 열아홉 살 때, 우리 외할머니 치매에 걸리셨어. 돌아가신 곳도 바로 여기 태화원(太和園) 다음 골목에 있는 지하 셋방에서…… 원래는 여기 태화원 2층에 사셨어요. 근데 여기서 이사 가고 나서는 못살았어요. 돌아가셨을 때 내가 관을 들고 우리 아버님이 산소 모시고 했는데…… 그 양반이 치매 걸리셔가지고 사람 만나면 밥을 안 준다는 거야. 굶었다는 거야. 치매 걸린 사람이 뭘 알아? 그래가지고 우리 아버지하고 어머니도 참 거기에 많이 시달렸어요. 말은 안 하지만 그때는 우리 집안형편도…… 거기다가 우리 아버지까지 나중에 중풍 걸렸잖아요? 그때만 해도 정말 형편이 안 좋았어요. 그래서 솔직히 말해, 나하고 둘째, 셋째 놈하고 있잖아요? 공부를 많이 못 하고

일찌감치 남의 집 생활 한 거예요, 사실은. 여동생들, 형제들 많아서 먹고는 살아야 될 거 아니에요? 애가 없으면 어머니라도 나가서 돈이라도 버실 텐데. 뭐 그러다 보니……. 그래서 나하고 둘째 놈하고 셋째 놈 그리고 큰 여동생, 어렸을 때부터 남의 집 생활 한 거요.

● 예전 일정시대 때는 그래도 외할아버님께서 와이당도 하시고 구동도 하셨으니까 잘살았는데, 갑자기 집안이 크게 기울어서 생활고에 시달리게 되었다? 그럼, 그게 전쟁 때문이었나요?

그렇겠죠. 제가 볼 때, 우리 외할아버지는 6·25 이전에는 상당히 연세도 있고 잘나갔죠. 돈도 잘 벌었고. 그때 우리 어머니 있잖아요? 항상 그 일본경찰서장 딸하고 같이 놀고 선물도 다 똑같은 거 갖고……. 군산으로 가서 농사지을 때만 해도 일꾼도 열댓 명씩 부려먹는 그런 농사를 했고……. 그러니까 우리 어머니 손에다 물 안 묻히고……. 고생을 안 했다는 얘기죠. 근데 6·25 지나고 나서부터 고생 시작이지, 뭐. 이게 사실 전쟁 때문에, 6·25전쟁 때문에 집안이 다 으스러진 거죠. 그 이전에는 중한수교가 되어 있는 상태라, 왕래하는 단계라……. 그런데 6·25 지나고 단절됐잖아요. 문 닫히니까 화교들 무역하는 사람도 장사꾼도 다 못 하는 거죠. 결론은 뭐냐, 그냥 식당 하게 되고 짜장면집 해가지고……. 그나마 그것도 돈 좀 번 사람이면 다 제3국으로 가버렸잖아요. 능력만 있으면 제3국으로 가려고 그랬죠. 미국 이민, 캐나다, 대만. 그냥 무조건 가려고 했죠. 지금 생각해보면은 그런 거 같아요. 그 6·25 지나고 나서 거 뭐 있어? 차이나타운 불바다 다 됐죠. 6·25 때 폭격 다 맞아가지고 그 대무역회사 회장, 그 유람선 회장으로 일한 사람들이 나중에 뭐 했는지 알아요? 다 짜장면 장사 했어요. 그때 중국, 한국 왔다 갔다 하는 배 있잖아요? 리통하오(利通號)라고. 배 여러 채 갖고 있던 사람이에요. 아주 큰 무역회사 회장인데 나중에 얼마나 비참했는지 알아요? 짜장면 장사 했어요. 그것도 혼자 손수 주방에서 그렇게 하다가 다 가셨는데…… 그렇게 막판이 다 안 좋았어요. 6·25전쟁 끝나고 나서 중국하고 딱 이렇게 문이 닫히니까 재산은 중국에 다 있죠. 여기다가 그냥 건물 사무실 쓰던 거하고 자기가 임시로 살던 그거밖에 없잖아요? 하던 무역도 못 하고 먹고살기 위해서 식당일을 하게 되는 거예요. 그래갖고…… 대문 닫힌 지가 40년 닫혔단 말이에요. 그게 그래서 그렇게 됐기 때문에 화교들 누구나 다, 그리고 우리 아버님도 알다시피 한국 와가지고 1·4후퇴 때문에 못 돌아간 거 아니에요?

아버진 나에게 고생을 가르쳤어

● 이제 아버님 얘기도 좀 해주세요. 아버님은 무핑(牟平) 분이시죠? 그
럼, 아버님은 처음에 어떻게 이곳에 오시게 된 거예요?
　지금 우리 아버님 정확한 주소는 이미 다 없어졌어요. 원래 산둥
성 무핑현(牟平縣) 추자진(初家鎭) 순자탄(孫家灘)이 우리 주소인데
지금은 바뀌었어요. 뭐냐면 지금은 산둥성 옌타이시(烟台市) 라이
산취(萊山區)예요. 지금은 여기도 아파트 다 지었어요. 이젠 도시가
다 된 거지. 옌타이시가 된 거예요. 그래서 물론 그게 그렇지만 우
리 아버님은 사실 그때 당시는……

● 처음에 어떻게 오신 거예요?

우리 할아버지 있잖아요? 형제가 4형제예요. 그중에 우리 할아버지는 둘째요. 위로 큰할아버지 한 분 있고, 그 밑으로 셋째 있고 넷째 있어, 형제가. 그런데 우리 큰할아버지는 아들이 없었어요. 딸 하나밖에 없었어요. 이 사람이 아주 딸만 낳고 돌아가신 거야. 아들도 없는데. 그래가지고 우리 큰엄마 있지? 아들이 없으니깐……. 우리 할아버지가 둘째 아니요? 첫째는 이미 죽었고……. 우리 할아버지는 아들이 셋이었어. 그래가지고 한국은 어쨌는지 모르지만, 큰집에 아들 없으니까 큰집에 우리 아버지를 줘버린 거야. 그 재산은 다 우리 아버지 주게 되어 있는 거예요.

● 그러면 아버님이 큰댁에 양자로 가게 되신 거네요?

네. 우리 아버지가 장남이니까. 그러니까 우리 아버지가 둘째 집에 장남이야. 큰아버지한테 준 거요. 우리 할아버지는 그때 당시 그 동네에서 뭐 했냐면 촌장, 순자탄의 촌장. 그런 역할 좀 하셨어요. 공부 좀 하신 분이지, 이 양반이. 큰아버지가 아들이 없고 딸 하나밖에 없는데, 재산은 좀 있고……. 그래서 우리 아버지 공부 좀 했어요. 아무튼 우리 아버지가 그때부터 손(孫)씨 집 장손이 된 거요. 제사도 다 지내고. 뭐 얘기 안 해도 잘 아시겠지만. 그렇게 공부도 좀 하고, 약혼까지 했어요.

● 중국에서 말이지요?

네. 이건 우리 어머니도 다 아는 일이야, 약혼한 거. 그런데 왜 그때 중국은 내란, 내전 할 때요. 어지러울 때거든. 그래서 딴 사람은 몰라도 집안의 장손이니까, 한국에 있는 셋째 삼촌한테 보낸다고…….

● 셋째 할아버지는 그때 이미 한국에 와 계셨고?

그때 당시 한국에서 수산물 무역을 했어요. 새우 살 말린 거, 해삼 말린 거 그거 해가지고 또 중국에다가 판매하고 이렇게 했다고.

● 한국에서 나는 해삼을 중국으로 파는 거네요?

그렇지. 한국 해삼 그때 정말 쌌어요. 한국사람들 해삼탕 같은 거 잘 안 먹거든. 그래서 한국에 있는 중국 요릿집에도 팔고 중국에 있는 현지 요릿집에도 팔고 그런 업을 했어요. 암튼 우리 아버지가 한국에 왔을 땐 마침 학교가 방학 때였어요. 그래서 "방학 기간에만 한국에 있는 네 삼촌 집에, 작은아버지 집에 좀 있어라……" 했던 거지.

● 그러니까 중국의 내란을 피해서 한국에 있는 작은아버지 댁에 오시게 된 거네요?

작은아버지 찾으러 온 거죠. 피난 겸 또 한국 가서 거시기 좀 해봐라.

● 그때 당시 아버님 나이가 어떻게?

우리 아버지 그때 당시 몇 살이었냐면 열아홉이요. 열아홉 살 청년.

● 정혼한 분은 중국에 그대로 있었고요? 약혼자 말이에요.

그때 이미 약혼자가 중국에 정해져 있었지. 혼자 한국에 왔어요. 자기 삼촌은……. 사실 이건 여태까지 한 번도 얘기 안 했는데……. 그 작은할아버지도 이미 돌아가셨어요. 작은할머니도 다 돌아가셨는데……. 나한테는 셋째 작은할아버지, 할머니요. 열아홉 살 때, 자기 삼촌한테 왔는데……. 그때 그 집도 무역으로 장사를 하기는 했지만 그 집에도 식구가 많았어요. 아들 둘에다가 딸이 몇이야? 넷인가 다섯이요. 두 내외가 부양하기가 좀 힘들었겠어요? 또 그때 당시가 먹고살기 힘들 때니까.

● 인천에 계신 거죠?

인천이에요. 바로 이 차이나타운에 있었어요. 한마디로 말해서, 조
카가 왔으니까, 조카도 자식인데 같이 지냈죠. 그렇게 지냈는데 6·
25전쟁, '한전(韓戰)'이 터진 거예요. 1·4후퇴 딱 되니까 못 들어
간 거야, 중국에. 그럼 어떻게 해? 젊은 놈이 먹고살아야 될 거 아
니요? 그때 당시 그 집도 전쟁 겪고 참 먹고살기 힘들었어. 젊은
사람이니까 어떻게 해? 자기 밑으로 사촌동생들 쭉 있고……. 자기
가 그거 다 어떻게 해?

● 사실, 눈치도 좀 보였겠네요?

그게 좀 그렇지. 옛날 중화루 있잖아? 거기서 요리사 보조. 그냥
놀고먹을 수는 없으니까 가서 취직을 한 거죠, 요리사 보조로. 거
기서 기술 배워서 월급 탄 것, 자기 삼촌한테 다 줬지. 삼촌이 어
렵게 사는데, 먹고살기도 힘든데.

● 월급 받은 거 전부 다?

그랬어요. 그때 자기 삼촌 하는 애기가, "야, 젊은 놈이 돈 허투루
쓰면 안 돼. 월급 타면 나한테 다 가져와. 내가 모아서 나중에 줄
게. 너도 장가가야 될 거 아니야?" 이렇게 된 거에요. 그렇게 한 몇
년 동안 일을 한 거요. 열아홉에 왔으니까, 한 5, 6년 일을 한 거요.
여기저기 안 다닌 데 없지. 대구에 있는 큰 중국집에도 다니고 요
릿집 여기저기 다녔지. 그러다가 나중에 중화루에서 우리 외할아
버지 만난 거요.

● 아버님은 어떤 분이셨어요?

그게 우리 외할아버지가 보니까, ……젊었을 때 우리 아버님도 인
물 좀 괜찮았어요. 보니까 젊은 사람이……. 이건 우리 외할아버지
애기요. 우리 외할머니가 애기해준 거지. 보니까 젊은 청년인데

사람 아주 충실하고 생긴 것도 좋고 배운 것도 아주 많고……. 그때 당시로는 이렇게 막일 하는 사람이 아니다 싶었던 거지. 우리 아버진 필체도 좋았어요. 명필이에요, 옛날에. 필체도

좋고 하니까 우리 외할아버지가 마음에 들었던 거예요. 이건 우리 외할머니한테 들은 거야. "야, 그 중화루에서 일하는 그 청년, 그 손(孫) 씨라는 청년이 참 내가 암만 봐도 괜찮더라. 참, 그 친구 공부도 아주 많이 했고 인물도 괜찮고……. 다만 한 가지 돈이 없다. 하지만 뭐 돈이란 게 대수이겠냐? 돈이야 나중에 살아가면서 또 벌면 되는 거지." 우리 외할머니는, 그러면 뭐 제일 중요한 건 둘이니까, 우리 어머니하고 한번 보게 해줘라 한 거지. 보고 맘에 들 수도 있고 안 들 수도 있는 거니까. 그러니까 지금 말하면 선을 보게 된 거지. 그 선이란 거 있잖아요? 요즘처럼 선보는 게 아니에요. 그냥 몰래 우리 어머니가 중화루 한번 놀러가는 척해가지고 그렇게 해가지고…… 그렇게 만난 거지. 그때 우리 어머니가 솔직히 말해 맘에 드셨던 거야. 그 양반(어머니), 딴 데 암만 소개해줘도 우리 노인네(어머니) 아주 눈이 높아. 그게 다 사람 인연인 거죠. 그게 다 인연이 되려고 맘에 들었던 거야. 그래가지고 맘에 든다고 하니까 얘기가 오가고 그런 거죠.

● 제가 생각할 때는, 외할아버님이 참 대단하셨던 것 같아요. 아버님 장래만 딱 보고, 당장은 돈이 없다 하더라도 딸을 바로 주신 거 아니에요? 그런데 그 재주를 다 못 피우고 가셨으니…….
사실 그 양반, 한국에 오지 말았어야 할 사람이에요, 우리 아버님이. 중국 옌타이에서도 체격도 좋고, 참 뭐라고 할까? 지금 좋게

말하면 수재야. 필체도 좋고. 중국에 있을 땐 소문났어. 필체도 좋다고. 원래 해군사관학교 다녔어요. 있잖아? 생도. 우리 아버님이 그랬어요. 자기 친구들 지금 다 대만 있어요. 함장을 하는 친구들도 많았어요, 같은 동기들 중에.

● 아, 그러셨구나!
그 양반 무핑에서, 수영 있잖아요? 수영대회 하면 1등 하는 사람이에요. 체력도 좋고, 그런 양반이에요. 그런데 한국 와서 요리 배우게 되니까……. 참, 그런 사람들 좀 그럴 거예요. 적성도 안 맞고. 그래도 우리 아버지 공화춘(共和春) 주방장까지 했어요. 일류 요릿집에서 말이야.

● 그럼 요리도 아주 잘하셨겠네요?
A급이에요. 유명한 사람이요. 공화춘 주방장, 평화각(平和閣) 주방장. 옛날 유명하던 요리사계에서는 인천 최고였어요. 장사도 여러 번 했어요, 식당. 그러던 양반인데……. 그 양반 이상하게 운이 없었어. 참 재물 운이 없어. 게다가 연년생으로 애들은 해마다 낳지…….

● 여덟을 낳으셨으니까…….
원래는 10명이요. 둘이 죽어서 그렇지.

● 그럼, 사장님 위로 두 분이 더?
위로 누나가 하나 있었어. 돌아가셨지. 중간에 또 하나 죽었는데……. 그렇게 애는 해마다 낳지……. 게다가 약주를 그렇게 좋아하셨어, 그 양반이. 술만 먹으면 시를 써요. 우리 아버지 이산가족이요. 그렇게 그…… (한동안 울먹이며 말을 잇지 못함)…… 그거 참 얘기하면…… (또다시 울먹거리며)…… 그래가지고 난 장남이니까,

나를 훈련을 많이 시켰어요. 술만 먹으면 나를 그렇게 앉혀 놓고 뭘 가르치나 하면, 뭐 솔직해 말해 우리 집안, 조상이야기라든가 뭐 그런 거 있잖아? 형제가 많다 보니까…… 사실 지금 생각해보면, 그 양반 참 지지리 복도 없는 사람이야. 그 양반이 쉰네 살 때인가? 쉰세 살인가 돌아가셨어.

● 쉰세 살이요.

아, 그런가? 참, 내 아버님이라서 그런 게 아니라 참 재주가 좋으셨어. 말씀하시는 거나…… 나중에 참 불쌍하더라고. 생각해봐. 중풍 걸려가지고…… 우리 어머니가 8년인가 9년 동안 병수발을 했어. 병수발하면 뭐해? 나중엔 당신이 아예 가시려고 아주 마음먹은 사람이에요. 그때 있잖아요, 우리 막내 있잖아, 그거. 걔한테 자꾸 술, 담배 심부름 시켰어. 중풍 걸린 사람이. 그래 내가 그랬지. "아버지, 약을 드셔야지요. 운동도 하시고. 술, 담배 그렇게 하시면 안 돼요." 그러니까 우리 아버님 하시는 말씀이, "야, 아들아. 너 나한테 그런 얘기 할 것 없다. 내가 이런 몸으로 오래 살아서 뭐 하겠냐? 그냥 네 애비 하고 싶은 대로 놔둬라. 그게 효자다. 네가 자꾸 나보고 담배 피지 마라, 술 먹지 마라, 그러면 그거 필요 없다. 어차피 사람 한번 가는 건데. 내 하고픈 대로 놔둬라. 내가 하고 싶은 대로 하고 가게."

● 이산가족이시라 더 그러시겠어요? 고향 생각, 부모 생각도 많이 나고…….

그 양반 어느 정도로 자기 부모님을 보고 싶어 했냐면…… 참, 그 사람 참……(다시 울먹거림). 물론 그때 당시만 해도 갈 수는 없었지만…… 조금만 좀 더 버텼다면, 아마 자기 고향 갔을 거야. 이산가족? 그 심정 내가 잘 알아요. 왜냐하면, 그 술 먹는 이유도 다 그런 부분이 있어요. 진짜 누구 말마따나 고향 그리운…… 그 부분은…… (또다시 울먹거리며)……. 아주 참 그래……. 참, 그 사람 팔자라는 게 뭐냐면……. 아, 지금 살아계시면 얼마야? 지금 80밖에 안 됐어, 살아계시면. 그 양반, 거 태어나서 진짜 한국에 열아홉 살 때 와가지고, 그 진짜 몇 년 동안은 자기 작은아버지 위해서 살았고, 또 장가를 가게 되니까……. 그래서 우리 어머님도 원망을 많이 하는 거야. 시집가서 하루라도 편할 날이 없었다고. 경제적인 것도 그랬고. 결론은 뭐냐면 그거 해가지고 자식들 먹여 살리려고 그냥 주방장 생활해가지고……. 그러다가 마흔너덧 때 중풍 걸려가지고, 젊은 나이에……. 그래가지고 그게 그 양반 인생이야. 고생만 죽도록……. 열아홉 살 때까지는 자기 부모한테 사랑받고 컸지만. 그 이후로는 그 사람 쫓기는 인생이야, 죽을 때까지. 그것도 그 사람 한평생 인생이야. 운명이라는 건 그런가 봐. 오히려 나는 지금 무슨 생각을 하느냐 하면, ‘참 그 양반은 가실 때도 나한테 뭘 남겨 주고 가셨구나.’ 그게 뭔 줄 알아요? 빚을 남겨 주고 갔어, 빚! 그렇지만 한편으로 생각하면 고맙게 생각해. 그 사람 나를 사람 만들었어. 그 이유가 뭐냐면, 만약에 나한테 풍요롭게 해줬으면, 나 오늘날 없어요. 우리 형제가 이렇게까지 의리가 좋아진 것도 다 그 양반이 심어준 거요. 그 양반이 예를 들어서 집이라도 한 칸 남겨줬어 봐. 그 집 하나 때문에 형제 의리 다 깨졌을 것 아니에요? 한편으론 내 아버님이지만 진짜 내 스승이요. 요리 쪽에서도 유명하셨고, 나를 요리계로 걷게 해주셨고……. 무엇보다 고생하는 걸 가르쳐준 분이야. 사람 고생 안 해가지고는 모든 일에 성공할 수 없어. 특히, 이런 계통에서는. 돌아가셨지만 나중에 내가 중한수교 되었을 때, 인천에서 웨이하이(威海) 가는 배 딱 뜨잖아요? 내가 그 첫 배를 탔어요. 첫 배를 타가지고 웨이하이까지 가서 배에서 내려가지고 고향, 그 양반 대신에 가본 거요, 내가. 사실, 우리 집 얘기하려고 하면 아니, 내 얘기하려면요? 진짜 책 한 권이 아니라 책 여러 권 써요. 얘기하면 길어요, 진짜.

● 그렇게나 고향에 가고 싶어 하셨는데…….

술 먹고 울고 말이야. 사나이가 운다는 그게 있잖아요? 아프니깐
더한 거예요. 반신불수죠. 움직이지도 못하면 얼마나 괴롭겠냐고?
술 한잔 먹으면서……. 그 심정 모르는 사람은 정말 몰라요. 그거
예요. 형제, 부모 다 중국에…… 다 거기에 있고. 작은아버지만 믿
고 왔는데. 실컷 부려먹고 말이야. 친척이라고 뭐 누구 있어. 마누
라 있지. 애는 많지. 돈은 없지. 그게 우리 아버님 그거요, 참. 그
사람 살아가면서 참 불쌍한 인생이에요. 솔직히 말해서 진짜 한국
에 와가지고 여유롭게 살아보지 못한 사람이에요. 그렇게 평생 고
생만 하시다가……. 그러니까 그게 또 생각나면 괴롭겠지. 자기도
후회스럽겠지. '내가 왜 여기 와서…….' 중국에 있으면 그래도 장
손이고 말이야. 하기야 중국에 있어도 고생했겠지. 공산당 때문에
말이야. 그렇지만 그때 당시에는 그런 거 생각하나? 부모 생각이
얼마나 났겠느냐고? 아마 중국에 계셨으면……. 어쩌면 대만으로
건너 오셨을지도 모르지. 자기 친구들처럼.

● 잠깐 한국에 있다 다시 돌아가리라 생각하셨는데, 결국에는 전쟁 나는
바람에 못 가시게 된 거네요?

그 양반 아마 지금 생각해보면, 중국에 남아 있었으면 뭘 해도 했
을 거예요. 중국에서 한국으로 안 왔으면 아마 해군 쪽에서 뭘 해
도 하셨어. 지금 그때 당시만 해도 젊었을 때 대만의 해군함장 자
기 동창이야. 둘이나 있었어요, 해군함장까지 하는. 중풍 앓았을
때, 한국까지 왔었어요. 생도들까지 데리고……. 그렇게 둘이 만나
고 우리 집까지 찾아오고 그랬다고. 그런데 우리 집 양반 보니까,
그 친구 분도 어이없어 하더라고. 방에 누워 있으니까 어이가 없는
가 봐. 뭔가 하실 분인데……. 그래서 사람 운명이라는 건 어쩔 수
없는 거야. 내가 첫 번째 중국 갔을 때만 해도, 아버지가 옛날에 살
던 집에 가서 보니까 글자가 쓰여 있는 거예요. 우리 아버지가 써

놓은 거더라고. 우리 아버지 필적이야. 참, 그때 내가 생각이 짧았
어. 그걸 좀 남겨놨어야 되는데…….

● 사진이라도 좀 찍어 오시지…….
그땐 뭘 알아? 관심이 없었지.

● 그럼 지금은 다 없어졌고요?
없어졌어. 옛날 나한테 요리에 관한 거 노트에 메모해준 것도 있
는데, 그런 것도 다 없애버렸어. 이사하면서 다 없어졌어.

● 그게 대대로 이어지면 가보일 텐데. 그럼, 지금 고향 가도 아버님 흔적
을 찾기는 쉽지 않겠네요?
집 다 헐고 아파트 다 지어버렸는데, 뭘. 순자탄은 벌써 다 없어졌
어요. 그래서 내가 이번에 거기다가 아파트 하나 샀지. 바로 그 고
향에다 말이요. 거기에 산 이유는 뭐냐면, 솔직히 말해서 내가 당
장 가서 살 건 아니고. 생각해보니깐, 형제들 다 많으니까 가끔 가
서 교대해서 너희들 가고 싶으면 가서 좀 지내다가 와. 이렇게 하
려고. 모르지, 나중에 내가 나이 먹으면 가서 좀 지낼지도.

● 말씀이 나오셨으니까 말인데, 여기 사시던 노인 분들 가운데에서 아예
산둥 쪽으로 돌아가신 분들도 많지요?
많아요. 지금 그래서 여기 차이나타운에는 연세 아주 많은 사람은
별로 없어요. 다 중국 갔어요. 왜 중국에 가냐면, 연세 많은 분들
같은 경우에는 중국에 가면 양로원 같은 데 가도 싸요. 한국보다
싸다고. 또 고향이니까.

● 다시 아버님 얘기로 돌아와서…….

그러죠. 사실, 나도 젊었을 때는 살기가 바빴고. 진짜 밑바닥서부터 해왔는데……. 웬만한 사람한텐 이런 얘기 잘 안 하는데……. 나 어렸을 때, 그 양반 짜장면 장사 할 때예요. 내가 학교 다닐 때였는데, 점심때면 집에 밥 먹으러 왔어요. 그 조그만 가게 하는데, 주방에서 아버진 요리하고 우리 어머니도 그때 먹고살려고 같이 거들고 했거든. 송월동에서 송월반점(松月飯店)이라고 장사했을 때예요. 내가 그때 어릴 때지. 중학교 1학년 때였던가? 그때 마침 어머니가 임신을 했었어. 배달통 들고 배달 가는 거야. 그걸 어떻게 그냥 두고 봐? 내가 뺏어가지고 배달해주고. 배달해주다 보면 어느새 점심시간 다 지나간 거야. 할 수 없이 그냥 굶고 다시 학교 가는 거지, 뭐. 참 어렵게 사셨어, 그때 당시만 해도. 그렇지만 난 거기서 얻은 거 많았지. 우리 어머니도 고생 많이 했어요. 우리 어머닌 그런 얘기 안 하시려고 하죠?

● 네. 잘 안 하시려고 해요.

임신하고 배달통 들고 그것도 나무 배달통이야. 그땐 지금 같은 배달통이 아니야. 다 나무 배달통이지. 비라도 한 번 와 봐. 배달통 비에 젖으면 그게 천 근이야. 얼마나 무거웠다고. 내가 왜 공부 때려 쳤느냐 하면, 사는 게 힘들어서야. 동생들은 많고, 아버진 혼자서 짜장면 만들고 마누란 배달 보내고. 자식들 점심때 밥 먹으러 오면, 가게는 바쁘고 어떻게 밥을 먹어? 그래서 내가, '에이, 나 공부 그만둔다' 했던 거지. 우리 아버지가, "넌 인마, 왜 학교 안 가려고 그러냐?" 하면, "에이, 아빠! 난 차라리 이거 배워서 이것 가지고 먹고살래요." 했지. 그렇게 해서 내가 사실 이 요리계에 뛰어든 거야. 그런데 이 양반은 남의 집 주방장 할 때는 그렇게 남의 집 장사 잘되게 해주었는데 정작 자기 장사 할 때는 이상하게 잘 안 되는 거야. 그것도 여러 번 했는데 매번……. 그래 어떻게 해?

그 양반 마흔 몇 살에 중풍 걸리면서 내가 학교 그만두고 이 일 시작했지. 주방장 역할을 한 거지. 그땐 월급 잘 받았어, 내가. 그나마 우리 집안에 동생들 그걸로 다 밥 먹고 키웠지.

● 여기서 잠시 피난 시절 얘기를 좀 해보죠. 전쟁 났을 때 아버님은 인천에 계셨어요? 아니면 피난을 가셨어요?
피난을 갔죠.

● 할머니 말씀으로는 덕적도로 피난을 가셨다고 하시던데…….
그렇지. 우리 외할아버지 쪽은 거기로 피난을 갔었지. 하지만 그때 우리 아버지 장가가기 전이에요. 그러니까 따로따로 갔을 거예요, 따로따로. 그땐 결혼 안 했고. 외할아버지하고는 피난 갔다 와서, 6·25 지나고 나서 중화루에서 만난 거예요, 그게. 6·25전쟁이 벌써 60년 넘었잖아요?

● 그렇죠. 제가 착각을 했네요. 사장님이 56년생이시잖아요? 53년에 전쟁이 끝났으니까 피난 갔다 와서 54년이나 55년에 결혼하시고…….
그렇죠. 6·25 때는 아직 결혼 안 했어요. 6·25 끝나고 결혼했어요. 그러니까 우리 아버님한테 얘기 들은 거로는, 피난 갈 때 무슨 가방도 있고 옷도 있고 뭐도 다 있었는데……. 그 짐차 있잖아요? 도라꾸라고.

● 지금 말하면 트럭이죠.
그걸 여러 사람이 돈 몇 푼을 주고 빌려서……. 뭐 그런 얘기 한 적 있었어요. 피난 갈 때, 그 어디까지 가셨는지는 잘 모르겠지만. 아무튼 그렇게 갔다가 다시 돌아왔을 거예요, 아마. 다시 인천에 왔다가……. 내가 알기로는, 내가 태어나고 다시 대구에서도 한 몇

년 사신 거 같아. 그 대구 가서 우리 그 외할아버지 동생 있잖아
요, 사촌 외할아버지. 거기서 같이 좀 지냈었던 거 같아. 대구에선
직장생활을 했는지…… 암튼 뭐 했어요.

● 외할아버지 동생 분 아니, 동생 분의 자식들, 그분들은 아직도 다 대구
에 계세요?
그분한테는 원래 자식이 셋인가 다섯이었는데, 다들 대만 가고 미
국 갔어요. 물론, 지금은 다들 돌아가셨지. 우리 이모님도 대만으
로 가셨는데, 지금 그 이모 아들이 대구에서 한의원 의사를 해요.
근데 그 친구가 별로 왕래가 없어요. 왜냐하면 나하고는 같이 만
나보지를 못했으니까. 다들 바쁘게 사니까. 대구에서 한의대 나와
가지고, 자기 아버지도 한의사 했거든. 그러니까 우리 이모부가
한의사였어요. 지금은 돌아가셨고……

● 사실 그 후손들이 미국에도 계시고 대만에도 계시고 하지만 연락하기
가 쉽지 않잖아요?
그렇죠. 후손들은 많이 퍼졌는데…… 옛날에는 우리 막내 외할아
버지가 가끔 가다 오시기도 했었는데. 그분 아들도 대만에서 학교
선생님 했어요. 애들은 다 미국에 있고 박사학위다 뭐다 해서 어
찌고저찌고…… 지금은 왕래도 별로 없어요. 가끔 가다 우리 어머
니 보러 누나뻘 되는 사람이 오기도 했었는데.

● 다들 여기 사시다가 대만으로 가시고 미국으로 가시고……?
옛날 우리 이모는 수원에서 이런 요릿집 크게 했어요. 그런데 다
팔고 대만으로 가신 거지. 친척 외갓집은 이모 한 분이고, 나머지
는 아까 내가 말한 셋째 할아버지. 하지만 그쪽은 왕래가 큰 거시
기 없고.

아버지한테 난 보배였어

[손덕준의 모친 왕연신(王衍新)] (1)

● 할머니, 할머니 부모님 얘기 좀 해주세요. 형제분도 계셨죠?

음······. 옛날 일본시대에 우리 아버지는 한국에 있었고, 우리 엄마는 중국에 있었어. 난 오빠와 언니가 있었는데, 언니는 일곱 살 때 죽었고, 오빠는 세 살 때 죽었어, 중국에서. 그래서 아버지가 중국으로 돌아가서 엄마를 한국으로 데려왔지. 그 다음에 난 여기서 생겼어. 한국에서 태어났어. 그리고 죽 중국에 돌아가지 않았어. 이렇게.

● 옛날에 할머니의 아버지, 어머니는 어떻게 만나신 건가요?

옛날사람들은 거의 중매로 만났어. 지금같이 연애 같은 건 없었어. 지금도 옛날처럼 누가 소개시켜주지 않으면 어떻게 연애를 해? 그 당시 남자나 여자, 다 말이 그렇게 많지 않았어. 그 정도로 옛날사 람들은 보수적이었어.

● 아버님은 혹시 어떤 일을 하셨는지 아세요?

처음 우리 아버지가 일을 배우러 한국에 건너온 게 열 몇 살 때야. 대충 열여섯, 열일곱 살에 여기 한국에 왔어. 지금 우리 가게에서 일하는 젊은 사람들처럼 일을 배우며 돈을 벌었어.

● 중국 식당에서 일을 하신 거죠?

응. 중국 요릿집 있잖아? 옛날엔 관즈(館子, 요릿집)라고 했어. 요 리하는 게 아니라 앞에서 일하는……

● 그러니까 주방에서 일하신 게 아니라 지금으로 말하면 홀에서 일을 하신 거네요?

그때는 일본시대였는데 아버지는 일본말 잘했어. 그래서 일본사 람 중에 아는 사람도 많았고, 일본 대관들하고 친분이 있었어. 일 본 장관 모두 아버지 친구야. 아버지는 주로 손님들의 외상장부를 관리했어. 그렇게 앞에서 손님 접대하고……. 장사도 잘되었어.

● 그 중국 식당 이름 아세요?

지금 말하면, 신포동 우체국 그쪽 어딘가에 있는……, 그 뭐더라? 라오팡즈(老房子, 오래된 건물)였는데……. 그것도 러우팡(樓房, 이 층 이상의 건물)이고, 그 맞은편에도 러우팡이 있었어. 거기에 있 던 식당이야.

● 식당 이름이?

빈하이러우(濱海樓). 삼수변의 빈, 빈해루. 그 사장은 위(于) 씨였어. 그 빈하이러우 식당의 지배인이었어. 옛날 지배인은 지금하고 달리 직위가 높았어. 그래서 치펀(七分, 7할) 사장이라고 했어.

● 빈하이러우에 죽 계셨어요?

빈하이러우 후에는 중화루에 있었어. 옛날 중화루.

● 빈하이러우 전에는 어디에 계셨어요?

그 이전은 나도 몰라. 내가 기억이 날 때부터 빈하이러우에 있었어. 내가 애기 때부터.

● 할머니 아버님은 어떤 분이셨어요?

참 라오스(老實, 성실)한 사람이야. 아버지는 기술자 아니에요. 식당 앞에서 일했어. 자기 혼자 장사하지 않았어. 일본말 잘했어.

● 요리는 배우지 않으셨어요?

응. 앞에서 일했어. 박사님은 어려서 잘 모르겠지만, 옛날 일본시대에는 일본사람들이 사람들 많이 괴롭혔어. 한국사람, 중국사람 이유 없이 잡혀가고 많이 죽었지. 특히, 한국사람 많이 죽었어. 그건 내가 알아. 그때 일본사람 중에 임(林) 씨라고 있었어.

● 임 씨라면 하야시겠네요?

그 사람이 중국인과 한국인을 관리했어. 한번 잡아가면 풀어주지 않고 그냥 죽게 했어. 감옥에서 죽게 했지. 그래서 우리 아버지가 사람들 많이 구했어. 우리 아버진 좋은 사람이었어. "그 사람 왜 잡아가요?" "왜, 그 사람 잘 알아?" "그럼요. 잘 알지요. 그 사람은 자식도 있고 사람도 좋은데 왜 잡아가요? 그럼, 부인이 어떻게 키워요?" "그래? 그렇게 좋은 사람이면 내일 당장 석방해줄게." 우리 아버지가 이렇게 좋은 말 해서 많은 사람을 구했어. 일본사람, 마음이 참 나빠. 한국사람, 중국사람 많이 잡아갔어. 막 괴롭히고 ……. 매번 사람들을 치아(欺壓, 괴롭히다)하고……. 옛날엔 그랬어. 이건 진짜야. 나도 많이 봤어.

● 아버님이 빈하이러우에 계셨을 때, 할머니께서도 빈하이러우에 가보셨어요?
응, 가봤지.

● 그때가 할머니 몇 살 때였어요?
일곱 살, 여덟 살 정도.

● 그때 빈하이러우에 오는 손님들은 어느 나라 사람들이 많았어요? 중국사람들이 많았어요? 아니면 일본사람들이 많았어요?
일본사람이 많았어. 중국사람, 한국사람 돈 어디 있어? 요리 못 먹었어. 다 일본사람이야.

● 빈하이러우에서 중화루엔 어떻게 가시게 된 거예요?
빈하이러우에 투자한 본전 다 빼가지고 중화루 갔어요.

● 아버님이 그때 돈이 많으셨나 봐요?
돈 많이 벌었어. 빈하이러우는 너도 주인, 나도 주인인 집이잖아? 아버지도 주인이었어.

● 그러니까 공동투자를 하신 주주셨군요?
그 구동 다 빼서 중화루 갔어.

● 그럼, 중화루 계시다가는 어디로 가셨어요?

거기 그만두고는 군산으로 이사 갔었어. 그리고 다시 2년 후에 인
천으로 돌아와서 중화루에 다시 취직했지. 그렇게 중화루에 있다
가 돌아가셨어.

● 그럼, 군산 가셨을 때는 아버님은 무슨 일 하셨어요?

우리 작은아버지는 잡화점 했고, 우리 아버지는 농사지었어. 일꾼
이 하루에 남자, 여자 다 해서 스무 명이 넘었어.

● 어떤 농사를 지으셨어요?

농장 채소밭 했어. 그때 땅 많았어. 우리 숙부는 잡화점 하고.

● 근데 왜 군산에 계시다가 다시 인천에 오셨어요?

우리 엄마 때문이야. "아휴, 여긴 중국사람 많이 없어. 나 여기 답
답해 죽겠어. 여기 안 살래. 가자. 이사 가." 우리 아버지, 우리 엄
마 말 잘 들었어. "어, 그래그래, 가자."

● 군산이 시골이라서 중국사람이 별로 없었군요?

시골이야. 우리 엄마, 시골 사는 거 답답해했어. 우리 엄마 거기하
고 안 맞아.

● 군산 사시다가 다시 인천으로 오시게
되었고, 아버님은 다시 중화루에서 일
하시다가 돌아가셨잖아요? 언제 돌아
가셨어요?

예순한 살에 돌아가셨어요. 우리 어
머니는 예순아홉에 돌아가셨고. 정
확히 몇 월인지는 지금 기억이 잘

안 나. 우리 아버지는 내가 둘째 딸 낳고 7일 만에 돌아가셨어. 그래서 그건 절대 잊을 수 없어. 우리 작은아버지가 아버지 환갑잔치 해주려고 했는데…… 한 달만 지나면 생신이셨는데…… 그 복도 누리지 못하고 돌아가셨어.

● 이제 할머니 얘기 좀 해주세요. 할머니는 외동딸이셨어요?

나중에 내가 여덟 살 되었을 때, 우리 여동생 또 하나 낳았어요. 지금 대만에 있어.

● 그럼, 할머니는 언제 태어나셨어요?

나? 1935년 태어났어. 왜 얼마 전에 죽은 그 여자 같은 남자, 그 예술가 있잖아? 여자 같은…….

● 앙드레 김이요?

응. 응. 똑같아. 그이도 일흔여섯이잖아? 텔레비전 방송으로는 일흔다섯이라고 하는데, 그건 만 나이이고 일흔여섯이 맞아. 나랑 똑같아.

● 그럼, 일본시대에 할머니는 아주 어리셨네요?

난 여기서 태어나서 돌아가지 않았어. 그래서 난 중국이 어떻게 생겼는지도 몰라. 6 · 25 때문에 다시 못 갔잖아?

● 할머니는 어렸을 때, 어디에서 사셨어요?

올림포스호텔 아래쪽에 동향회(同鄕會), 산둥동향회관 있었어. 지금은 거기가 중국 유치원 자리야. 거기에 살았어.

● 지금은 올림포스호텔이 파라다이스호텔로 이름을 바꾸었어요. 혹시
할머니, 그 산둥동향회에 대해서 아세요?
난 잘 몰라. 내가 알기로는, 그 동향회가 바로 협회 집이야.

● 화교협회요?
응. 옛날엔 거기에 절이 있었어.

● 동향회관이 아니라 절?
동향회관은 그 절 뒤에 있었어. 그 절은 하이션냥냥(海神娘娘)을 모
시는 곳이야.

● 하이션냥냥은 어떤 신이에요?
배 운전하는 사람들이 거기 가서 과일 놓고 절하고 그랬어. 평안
을 구하는 거지. 옛날엔 중국하고 한국 왔다 갔다 하는 배가 많았
어. 나중에 노인들한테 들은 얘기로는, 6·25 나기 바로 전에 거기
에서 아주 예쁜 여자 하나가 걸어 나와 어디론가 가더래. 그걸 누
가 봤대. 그리고 바로 전쟁 난 거야. 동향회관도 폭탄 맞고. 사람
들 얘기로는 그 여자가 바로 하이션냥냥인데 그때 그 절을 떠난
거래. 그러니까 하이션냥냥이 전쟁 날 줄 알고 미리 떠난 거지.

● 그럼, 동향회관은 전쟁 때 폭탄 맞고 완전히 파괴되었어요?
지금도 거기에 흔적이 조금 남아 있어. 거기에 우리도 집 짓고 살
았어. 그 절 뒤쪽에 큰 산 있어. 영국산(英國山)이라고. 나중에 올림
포스호텔 지으면서 집값도 받지 못하고 우리 쫓겨났어.

● 보상도 못 받고?
한 푼도 못 받았어. 돈을 안 줬어. 아버지도 어디에서 돈을 받는 건
지도 몰랐고.

● 왜 거기를 영국산이라고 불렀는지 아세요?

외국사람 많이 살았어. 6·25 때, 헬로우, 헬로우 하면 그 사람들
이 사탕, 초콜릿 주고 그랬어.

● 네. 사실, 그 자리가 원래 영국영사관이 있었던 자리였어요. 그
래서 아마 영국산이라고 불렀을 거예요. 그 다음엔 어디서 사셨
어요?

그때 난 이미 결혼한 상태이고, 우리 부모님은 여기 태화원 자리
에 살았지. 옛날엔 여기가 중국식 집이었어. 많은 사람들이 함께
사는……. 한 20여 호 살았어.

● 어렸을 때는 학교도 다니셨어요?

응. 난 여덟 살에 학교 갔어요, 여덟 살.

● 여기 중산학교(中山學校) 다니셨어요?

응. 여기 학교. 그러다가 4학년 때 군산으로 이사 갔다가, 2년 공
부하고 돌아왔어. 내가 돌아오자마자 6·25 터졌어.

● 그럼 학교는 여기서 마치신 게 아니네요?

소학교는 여기서 했는데, 여기는 중학교 없었어. 중학교는 베이징
으로 가야 해. 아버지가 베이징으로 공부하러 가라고 했는데 난
싫다고 했어. "나, 안 가. 너무 멀어." 갔으면 큰일 날 뻔했어. 안
그래? 바로 전쟁 났으니까. 나 다시는 못 돌아왔을 거야.

● 군산에 가신 건 언제쯤이에요?

생각해 보자. ……군산에서 2년 살았는데…….

● 일본이 항복한 다음에 가셨어요?

내가 열세 살, 열네 살쯤에 군산 가서 공부했어. 2년 살다가 돌아
온 게 열다섯 살 때야.

● 군산엔 왜 가셨어요?

우리 작은아버지 거기에 있었어요. 작은아버지 집은 시내에 있었
는데 마당도 컸고, 집에 일해주는 사람도 많았어. 매일 2, 30명이
일했어요. 집에 밥 해주는 사람도 있고. 여기가 하도 복잡해서 형
(할머니 아버지)이 거기에 간 거지.

● 작은아버님은 군산에서 뭘 하고 계셨는데요?

잡화점 했어. 장사했지. 일본시대에 각양각색의 물건을 팔았어. 우
리 작은아버지도 일본말 잘해. 군산에서 회장님이었어. 군산 회장.

● 회장? 화교협회 회장이요?

응. 화교 회장.

● 지금은 돌아가셨지요?

돌아가셨어.

● 작은아버님 자식들은요?

우리 아버진 딸 둘밖에 없잖아? 우리 작은아버진 아들이 세 명, 딸
이 두 명. 다섯 명 낳았어. 다 미국, 대만에 있어.

● 그 잡화상에선 대개 어떤 걸 팔았어요?

일본시대에 여러 가지 팔았어. 눈여겨보지 않아서 나도 잘 몰라.
나 어렸을 때야. 하여튼 잡화 물건 여러 가지 팔았어. 먹는 게 아
니라.

● 일용품 같은 걸 파신 거죠?

응. 일용품 그런 거.

● 장사는 잘되었나요?

집이 여러 개 있었어. 부자였어. 나중엔 한의사야.

● 한의사?

나중에 대구 가서 한의사 됐어. 6·25 이후에 대구로 이사 갔어.
거기서 한의원 했어. 그 아들들도 다 한의사야. 지금은 그 아들 대
만에 있어.

● 대만에 계세요?

대만에도 있고 미국에도 있어. 손자들도 다 박사야.

● 할머니 여동생은 지금 대만에서 사신다고 하셨죠?

응. 우리 동생 아들들도 다 미국 가서 공부했어. 유학생.

● 군산 사시다가 전쟁을 맞으셨어요?

응. 군산에서 2년 살다가 돌아왔는데 전쟁이 난 거야.

● 전쟁 났을 때, 할머니는 열대여섯 살 정도 되었죠?

열다섯이었어. 스물에 결혼했으니까.

● 전쟁 났을 때는 피난을 가셨어요?

덕적도로 피난 갔어.

● 인천 옆에 있는 덕적도?

응. 많은 사람들이 배를 타고 갔어. 한국사람도 많았어. 중국사람은 다섯 집뿐이었고, 나머지는 다 한국사람이었어. 옛날엔 그런 말 있었어. 인민군 들어오면 여자들 잡아서 강간하고……. 우리 아버지한테 우리 딸들은 다 보배였어. 그래서 그 말 듣고, 아버지가 무서워서 피난 간 거야, 딸들 때문에. 우리 아버지는 딸 일이라면 뭐든지 했어. 내가 "왜, 남의 집엔 바나나 있는데 우리 집엔 없는 거야?" 그러면 우리 아버지, 밤에도 사 왔어. 나 그렇게 키웠어. 근데 나중에 고생했지.

● 아마 이런 이유도 있지 않을까 싶은데……. 혹시 상황이 여의치 않으면 배 타고 중국으로 넘어가려고……. 아무래도 중국하고 가까운 곳이니까.

그건 나도 어려서 잘 몰라.

● 전쟁 끝날 때가지 덕적도에 계셨어요?

아니, 두 달쯤 있었는데 인천에서 대포 소리가 들렸어. 그래서 다시 인천으로 왔어.

● 그때는 전쟁이 아직 끝나지 않았을 텐데.

전쟁은 안 끝났어. 근데 거의 마지막이었지.

● 돌아오셨을 때, 인천은 어땠어요?

그땐 별일 없었어. 나중에 곧바로 미국 사람 왔잖아? 인민군은 다 물러가고. 북조선으로 도망갔지. 돌아와서는 아무것도 못 했어. 장사도 못 했어. 할 게 없었지. 아버지가 그때 마당에 파 같은 채소를 심었어. 그거 내다 팔고……. 또 그때 우리 아버지가 두부집도 했어. 우리 아버지, 두부도 만들 줄 알았어. 그래서 그걸로 돈

좀 벌고……. 그때 다른 집은 양식이 없어도 우리 집은 양식이
있었어.

● 그때는 돈을 벌어도 은행 같은 데 맡기지 않았지요?
돈을 저금할 수 없었어. 다 집에다 쌓아두었지.

에휴, 왜 자꾸 그런 거 물어?
부끄러워!

[손덕준의 모친 왕연신] (2)

● 할머니 결혼하시게 된 얘기 좀 들려주세요. 할머님은 어떻게 결혼하셨
어요?
에이, 그거는 몰라. 옛날에는 다 중매했어. 연애가 어디 있어? 그
건 부하오이스(不好意思, 부끄럽다)한 거야. 다 중매지. 그렇게 다
들 순박했어.

● 누가 중매를 했어요?
그걸 내가 어떻게 알아? 노인들이 다 알아서 하는 거지.

● 그럼, 결혼하시기 전에 할아버님을 뵌 적이 없으셨어요?
에이, 몰라.

● 마음에는 드셨어요?
맘에 들었어. 맘에 들었으니까 같이 살았지. 맘에 안 들어도 옛날
엔 같이 살아야 했어.

● 제가 사진으로 할아버님을 뵈었는데, 키도 굉장히 크시고 아주 잘생기
셨더라고요?
우리 할아버지, 키가 아주 커. 에이, 있잖아? 옛날에 난 이 남자도

싫고 저 남자도 싫었어. 우리 엄마
가 나한테 "이 집이 괜찮다. 아주
잘산다. 그러니 결혼해." 그래도 난
싫었어. "엄마가 결혼해? 결혼은
내가 해." 나중에 이 사람 만났어.
처음에 중매 들어왔을 땐, 별로 만
나고 싶지 않았는데, 그 사람 왔다
갔다 하는 거 봤어. 속으로 '음, 아
주 잘생겼네.' 아주 멋쟁이야. 아주
잘생겼어. 얼굴도 하얗고. 이 사람

이 괜찮다 생각했어. 그렇게 해서 중매 통해서 인연이 되었어.

● 한눈에 할아버님 보시고 반하신 거네?
응. 그 사람 괜찮았어.

● 결혼하고 나서는 어떠셨어요?
결혼했는데, 할아버지 돈 많이 못 벌었어. 아이도 여덟이나 낳아
서 고생했어. 나, 얼마나 고생했다고?

● 결혼하실 때, 할머니는 몇 살이셨어요?
나? 스무 살.

● 할아버지는요?
나하고 네 살 차이야. 스물넷.

● 결혼식은 어디에서 하셨어요?
평화각(平和閣). 옛날에 평화각 있었어. 저기 극장 있잖아?

● 애관극장이요?

응. 애관극장 그쪽
에. 그때 우리 할아
버지 그 평화각 요
릿집에서　일하고
있었어. 그래서 거
기에서 결혼했어.

● 결혼식　때　사람들
이 많이 모였겠어요?

할아버지 쪽은 하객 없었어. 대신 우리 아버지 손님은 아주 많았
어. 옛날에는 다들 고생 많이 하고 먹을 것 제대로 못 먹었잖아?
그러니까 누구 결혼식 하면 거리엔 아무도 없었어. 다 결혼식장
몰려가는 거지.

● 그때 이 동네에 할머니 또래 처자들이 많았어요? 처녀들.
옛날에 여자 많이 없었어요. 여자들이 남자 골랐어.

● 남자는요?
그때 화교 남자 많았는지 난 잘 몰라. 옛날엔 여자가 함부로 남자
를 보는 게 힘들었고…… 우린 옛날에 남자를 봐도 다 부리(不理,
무시하고 본체만체하다)했으니까.

● 할아버님은 처음에 무슨 일 하셨어요?
요릿집 일했어.

● 어느 요릿집이요?
처음엔 인천. 나중에는 대구에서도 했어. 그러다가 다시 인천 와

서 우리 아버지 만났어. 우리 할아버지(할머니 남편)는 한곳에 오
래 못 있었어. 오늘은 여기, 내일은 저기……. 그러다가 평화각 있
으면서 나하고 결혼한 거야.

● 할머니, 전부 중국어로 하셔도 돼요. 그게 더 편하시잖아요?
응. 옛날에 결혼할 때는 다 집안을 봤어. 서로 좋다고 해서 함부로
결혼 못 해. 그때, 우리 할아버지의 작은아버지가 여기 살았어. 더
뤄(德羅)야, 할아버지 숙부 이름이. 그 숙부가 말하기를, "여기에서
는 좋은 집안의 여식을 구하기 힘든데, 참 좋은 집안 여식을 구했
다." 그랬어. 원래 우리 아버지는 딸만 둘이야. 다 보배처럼 키웠
어. 그래서 결혼했어.

● 할아버지는 몇 살 때 중국에서 오셨어요?
열아홉에. 배 타고 왔어요.

● 왜 한국에 오셨대요?
공산당, 공산당 있잖아?

● 할머니, 중국어로 하셔도 돼요.
응. 공산당 피해서 한국 왔어. 한국은 괜찮다고. 피난 같은 거야.

● 병역을 피하려고 오신 거네요?
그래. 맞아. 그거 피하려고. 그때 공산당이 정치해서 군대에 끌려
가기 싫어서 한국으로 도망 왔어.

● 한국에 이미 작은아버지가 와 계셨기 때문에 한국으로 오시게 된
거죠?
응. 근데 그 작은아버지도 잘 못살았나 봐. 애들도 많고……. 자식이

여섯인데 혼자 벌었어요. 처음엔 무역했는데 나중엔 잡화상 다녔어.

● 할아버님은 부모님과 떨어져서 혼자 한국에 왔다가 다시 돌아가지 못한 거네요?
6·25 때문에 중국에 못 갔어. 엄마 보고 싶어서 얼마나 울었는데? 결혼할 때도 많이 울었어.

● 그럼, 이후에도 중국에는 한 번도 못 가신 거지요?
응. 못 가고 여기서 죽었어. 중국 한 번도 못 갔어. 6·25 때문에. 지금은 맘대로 갈 수 있잖아? 옛날엔 못 갔어. 거기는 공산당 있었잖아?

● 할아버님은 왜 한 직장에 오래 있지 못하고 여기저기 옮겨 다니신 거예요?
나도 몰라. 직장을 자주 바꿨어. 장사를 해도 돈 많이 못 벌었어. 집도 이사 많이 다녔어. 하루는 여기 살고, 하루는 저기 살고……. 아휴, 말도 못 해.

● 대구에 가셨을 땐, 할머니랑 같이 가신 거예요?
대구에 처음 간 건 총각 때였어. 그러다가 여기 장사 안 돼서 다시 대구로 같이 갔어. 대구에서 2년 살았어. 근데 나도 여기에 우리 부모님 다 있잖아? 부모님도 보고 싶고……. 대구에서도 요릿집 했는데 장사 안 됐어. 그래서 내가 다시 인천 가자고 졸랐어. 그래서 다시 여기로 이사 왔어.

● 제가 들어 보면, 결혼할 당시에 할머니 집안은 조금 잘사셨고, 할아버지 쪽은 못사셨고…….
맞아요. 우리 할아버지 그때 돈 없었어. 총각이 무슨 돈 있어? 우리는 괜찮았어. 보통이었어. 여기 인천 와서도 돈 안 벌고 놀았어.
그래, 어떻게 살아? 내가 우리 아버지한테 말했어. 돈 좀 달라고.
우리 아버지 돌아가시고 나서 그때부터 나 고생 많이 했어. 애들
할아버지는 돈 못 벌었어.

● **결혼하신 후에도 아버님께서 생활비를 대주신 거예요?**
맞아. 결혼하고 나서 돈 안 버니까, 내가 엄마한테 그랬어. "나, 진
짜 못 살겠다고. 왜, 돈 못 버는 사람한테 나 줬어?" 난 옛날에 예
뻤어. 그때, 지금 학교 교장 아버지도 나 원했어. 그 위(于) 교장 아
버지도 그때 중화루에서 일했어. 교장 선생님 아버지도 참 얌전한
사람이었어. 시골에서 이사 왔는데…… 그 사람이 위 교장 아버지
라는 건 나중에 알았어. 우리 아버지도 처음엔 마음에 들어 하셨
어. "그 아이, 참 라오스(老實, 석실)하다."

● **그럼, 왜 그분하고 결혼 안 하셨어요?**
왜, 자꾸 그런 얘기 해? 부끄러워.

● **예, 알겠습니다. 그건 그만 여쭈어볼게요. 그럼, 결혼하시고 나서는 생활
이 많이 힘드셨어요?**
아가씨 때는 아주 잘살았는데, 결혼하고 나서는 밑으로 팍 떨어진
거야. 땅바닥으로 떨어진 정도가 아니라 남한테 밟히는 생활 했어.
고생 많이 했어. 옛날엔 나 한국말 하나도 할 줄 몰랐어. 군산에
갔는데, 우리 집 농사지어 주는 일꾼들이 나보고 자꾸 "아이고, 아
가씨 왔어요?" 하는 거야. "어머, 주책이야. 나 이름 있는데 왜 자
꾸 그렇게 불러요?" 이상했어. 나중에 한국 텔레비전 보고 알았어.
아가씨란 말이 그런 거구나.

● 아가씨라는 말이 싫으
셨어요?

응. 난 못 알아들었어.
난 그게 내 별명인 줄
알았어. 그래서 그렇게
부르면 화내고 그랬어.

● 할머니 힘드시죠? 한 5분
쯤 쉬시고 다시 할까요?

괜찮아. 바쁜 사람들이니까 어서 하고 가야지.

● 결혼하시고 고생 많이 하셨잖아요? 뭐가 제일 힘드셨어요?

난 결혼하고 매년 아이를 낳았잖아? 줄줄이. 옛날엔 애 안 낳는 기
술 없었어. 누군 애 낳고 싶어도 안 생기는데, 난 매년 낳았어. 스
물한 살 때에는 애를 유산했어. 옛날에 연통 있잖아? 둥그런 연통.
거기 높은 데 올라가서 청소하다가 빠졌어. 그래서 유산한 거야.
애들 할아버지는 날 안 도와줬어. 옛날엔 남편들 그렇게 일 안 도
와줬어.

● 자식을 연년생으로 낳았으니까 할머니 혼자 키우기도 힘드셨을 것 같
은데?

애들은 우리 엄마가 키웠어. 난 애 키울 줄 몰랐어. 정말 귀찮았어.
내가 밖에 나가면, 엄마가 그래. "애야, 빨리 들어와라." 그럼, 난
"아휴, 귀찮아 죽겠어. 빨리 죽어버렸으면 좋겠어." 난 그렇게 철
이 없었어. 근데 우리 엄마는 안 그랬어. "우리 보배 같은 외손자
들. 아휴, 귀여워라." 그래서 우리 엄마하고 우리 여동생하고 애들
다 키웠어. 우리 엄만 항상 나한테 그랬어. "애들 제대로 키워라.
교육도 잘 시키고." 그래서 난 지금 손녀들한테 함부로 못 해.

● 그럼, 할머니는 할아버지가 미웠겠어요?

나, 고생 많이 했잖아? 나, 정말 불쌍했어. 그렇지만 지금은 행복해. 손자도 보고, 증손자도 보고…… 벌써 4대째잖아? 근데 우리 할아버지는 못 봤잖아? 불쌍해. 고생만 하다 갔어. 복 하나도 없고, 먹고 싶은 것도 제대로 못 먹고…….

● 할아버지는 언제 돌아가셨어요?

쉰셋에.

● 아프셔서 돌아가셨죠?

중풍 걸려서. 8년 중풍이야. 입이 다 비뚤어졌어.

● 젊어서 약주 많이 하셔서?

술도 많이 마셨어. 속상해서 술 마셨어. 나중에 입 비뚤어지고 중풍 왔어.

● 그때가 할아버지 마흔다섯?

응. 처음엔 중풍 걸려도 조금 걷기도 하고 말도 제법 했어. 근데 돈이 없어서 치료할 수 없었어. 애들도 다 어리고. 그래서 우리 큰애가 열네댓 살부터 일을 시작한 거야. 돈 벌어서 쌀도 사 오고……. 그렇지만 생활은 내내 안 좋았어. 애들은 공부해야지……. 그래서 우리 큰애가 돈 벌어 동생들 공부시키고, 대학까지. 대만 간 딸들은 대학 졸업하고 돌아오지 않고 거기서 좋은 남자 만나서 결혼했지. 셋째 사위는 보험회사 하고, 막내 사위는 치과의사야. 다 부잣집 아들들이야. 다 외아들이야.

● 할아버지는 술 드실 때, 주로 어떤 말씀 하셨어요? 고향 얘기도 많이
하셨어요?
　아휴, 그거 다 얘기하면 뭐 해? 속상해. 부모 보고 싶고 동생들도
보고 싶고……. 그래서 눈물 흘리고 했어. 그러면 뭐 해? 한 번도
못 만나고……. 지금은 마음대로 갈 수 있지만, 그땐 어디 그랬어?
돈도 없었고…….

● 할아버지는 평화각에서도 일하시고 다른 곳에서도 일하셨죠?
　성격이 한집에 오래 못 있는 사람이야. 마음이 아주 높아. 나중엔
중화루에서도 일했어. 그래도 돈은 못 벌었어. 여기저기 옮겨 다
니는 바람에.

● 그럼, 할머니 아버지도 나중엔 사위를 안 좋아하셨겠네요?
　아니, 너무 좋아했어. 사위를 너무 마음에 들어 했어.

● 경제력도 없으신데?
　딴눈 팔지 않았잖아? 그냥 운이 없는 사람이었어.

● 지금 할머니 손녀딸이 한국 남자친구 사귀잖아요? 마음에 드세요?
　우리 며느리 한국사람인데 참 좋아. 옛날엔 한국사람 나쁘다고 했
어. 그땐 나도 그렇게 생각했어. 근데 지금은 아니야. 좋아. 손녀가
한국 남자친구 있어. 난 좋아.

● 옛날엔 한국사람들하고 사이가 안 좋았죠?
　글쎄, 난 잘 모르겠어. 근데 옛날엔 한국사람이랑 같이 살면, 말
많았어.

● 그럼, 할머니 때에도 한국사람하고 결혼하는 화교도 있었어요?
난 밖에 안 나가서 잘 모르겠어.

● 할머니 친구 분들 많이 계시잖아요?
다 죽어버렸어. 난 예순아홉에 부처님 모시기 시작했어. 그때부터
난 열두 해를 더 얻었어. 그러니까 난 여든한 살이 끝이야.

(손만평 孫萬萍, 할머니의 둘째 손녀) 무슨 말씀이시냐 하면, 할머
니가 예순아홉에 돌아가실 뻔했는데, 열심히 부처님 모셔서 수명
을 12년 더 연장받으셨다는 말씀이세요. 그렇게 믿고 계시는 거죠.

● 어떻게 부처님을 모시게 되셨어요?
옛날 여기에 교회 있었어. 대만 목사였어. 자꾸 우리 집에 와서 교
회 나오라는 거야. 그래서 교회 갔어. 근데 나중에 그 목사가 대만
으로 돌아가고 한국 목사 새로 왔어. 그때부터 다시는 교회 안 갔
어. 눈치가 보였어.

● 왜 눈치가 보이셨어요?
목사는 우리한테 잘 해주었는데, 교회 사람들이 우리 집 보고 가
난하고 애들도 많고 하니까 무시했어.

● 그때부터 교회 안 다니시고 절에 다니시게 된 거예요?
나중에 대만에 간 적 있었어. 우리 작은사위가 부처님을 아주 좋
아해. "장모님, 부처님 믿으세요." 그래서 믿었지. 옛날엔 우리 며
느리도 교회 다녔어. 지금은 그거 안 돼. 한 집에 한 가지만 믿어
라 했지. 그래서 지금은 교회 안 다녀. 우리 집은 부처 믿어서 돈
많이 벌었어요. 가게가 세 개야.

● 할머니 믿으시는 불교하고 한국 불교하고는 좀 다르죠?

아니야. 하늘은 하나인 거야. 관세음보살, 미륵보살…… 쿵푸(工夫, 공력) 있는 사람들은 다 알아. 그렇지만 우리는 보통 절에는 안 가요. 우리 집에 법당 있어. 화교 학교 교장선생님 사모님도 우리 법당에 다녀요. 우린 조금 있으면 하늘에 올라가요. 책에 그렇게 되어 있어요. 여기 전도사들의 아버지, 엄마 다 하늘의 신선이에요. 우린 대통령도 필요 없어요.

(손만평) 할머니 말씀은, 점전사님들이 열심히 구도(求道)를 하고 공덕을 쌓으셔서 그 부모님들도 다 하늘의 신선이 되셨다는 말씀이세요. 그러니까 일반 사람들도 열심히 구도하고 대대로 공덕을 쌓으면 나중에 신선이 될 수 있다는 거죠.

● 불교를 전도하시는 점전사님들이 따로 계신 거네?

(손만평) 네, 따로 있어요. 점전사는 일종의 전도사 같은 분들이신

데, 대만에는 그런 분들이 많이 계세요. 여기에도 두 분의 대만 점전사님들이 자주 오세요. 그것도 본인들이 사비를 직접 들여가면서까지. 그렇게 수고를 많이 하세요. 덕분에 한국에서도 교세가 점점 커지고 있어요. 사실 이 두 분의 점전사님들은 아주 바쁘신 분들이세요. 한 분은 대만에서 한의원을 운영하는 한의사이시지만 한국에 대한 애정이 너무 커서 바쁜 시간 쪼개서 한국을 방문하시는 거예요. 요새는 한국말도 꽤 많이 느셨어요.

● 그럼, 일종의 대만식 불교라고 할 수 있는 건가?
(손만평) 그렇다고 볼 수 있는데 대만의 불교에는 계열이 아주 많아요. 우리가 믿는 불교 계열의 이름은 선천대도일관도(先天大道一貫道)라고 해요.

난 이상하게 요리가 체질에 맞아

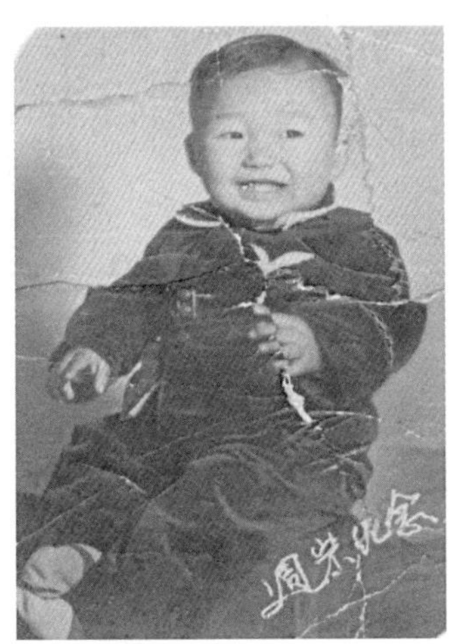

● 이제 사장님 얘기 좀 해주세요. 1956년생이시죠?

1956년 양력으로 1월 29일에 태어났어요. 음력으로는 잘 모르겠어요

● 그때 위로 누님이 계셨는데 돌아가셨다고 하셨잖아요?

자세한 얘기는 모르고 대충 얘기하는 걸 들었는데, 아마 위에 하
나 죽었어요. 옛날에는 애가 태어나도 전염병으로 잘 죽었나 봐요.
그렇게 해서 죽고 내가 태어났는데 1956년 양력 1월 29일, 음력으
로는 잘 모르겠어요. 생일은 정확할 거예요. 우리 노인네가 글자,
공부 좀 한 사람이라…… 태어난 데가 지금 차이나타운 청관(淸館)

맞은편에 만다복(萬多福)이라고 중국집이 하나 있는데, 바로 그 옆으로 뒤쪽인데……. 아마 제가 태어난 데가 바로 거길 거예요. 우리 부모님이 신혼 초에 몇 년 그곳에 사신 것 같아요.

● 그때는 아버님이 가게를 운영하셨어요?

아니요. 직장 다녔을 거예요, 요리사로. 인천, 지방 이렇게 두루두루……. 어릴 때 부분은 잘 모르지만, 아마 인천 부근에 있는 직장 다녔을 거예요. 우리 아버님 연세가 나보다 몇 살 더 많더라? 우리 어머니가 35년생이니까 스물한 살에 나를 낳으셨어요. 우리 아버지가 우리 어머니보다 네 살 더 많으니까 아버지 25살에 나를 낳았다는 건데……. 하여튼 그렇게 태어난 거지요. 아버지는 그렇게 직장생활 죽 하다가 나중에 자기 장사도 몇 번 했어요. 내가 알기로는 여기 화교협회 밑에 옛날 오래된 집 있잖아요? 거기서도 식당을 한 기억이 있는 것 같아. 젊었을 때 말이야. 지금으로부터 50년 전쯤에. 거기서도 장사하시고……. 나중에 우리 아버님은 송월동 쪽에서 장사를 두 번 더 했어요. 송월반점이란 간판으로. 신포동 거기서도 식당을 한 적이 있고. 근데 내가 알기로는 크게 성공을 못 했죠. 그때 당시는 이 건물(차이나타운 내 태화원 건물, 손덕준 사장의 영업점이자 자택)이 사합원(四合院)이라고 해서 아주 옛날 중국식 건물이었어요. 안에 들어가면 중간엔 비어 있고 2층집이에요. 내 기억으로는 여기 태화원 자리에 열여섯 가구가 살았어요. 그중 우리 외할머니가 2층 창가 있는데 살았고.

● 사합원이란 게 원래 중국 전통가옥이잖아요? 내부구조가 어떻게 생긴 거예요?

물론 용도에 따라 차이가 있겠지만 내가 그 건물 헐고 지금의 태화원 건물 지을 때, 그때 이미 백 년 넘은 건물이었어요. 용도는 그때 잘 모르지만 노인네들한테 물어보니까 중국사람들 무역하는 사람들이 많이 살았어요. 사장들 뭐 이렇게…… 방 하나 하고 부엌 하나요. 지금 말하면 원룸식이지. 임시로 거주할 수 있는 방 하나, 주방 하나. 그 대신 화장실은 1층에 하나, 2층에 하나 있었어요. 공동화장실이지. 수돗가는 사합원 안에 비어 있는 공터…… 아까도 말했지만 사합원은 가운데가 텅 빈 마당이야. 마당이라 하늘이 다 보여요. 수도 하나, 하수도 하나 있고. 열여섯 집이 살았어요.

● 외할머니와 같이 사신 거네요?
아니지. 우리 아버님은 여기서 안 살고 우리 외갓집이 여기서 살았지.

● 그럼, 사장님은 여기 외할머니 댁에서 자라셨나 보죠?
그때만 해도 우리 외할머니 치매 안 걸리셨을 때니까. 우리 집이 원래 애가 많잖아요? 그래서 할머니가 애들 키워준 거죠. 우리 엄마 혼자 다 못 키우니까. 그러니까 나도 여기 할머니한테 맡겨서 자란 거지. 어느 정도 크면 우리 엄마한테 가고. 나머지 어린것들도 다 그렇게 컸지. 어렸을 때 외할머니 정 많이 들었죠. 외할머니가 우릴 도와주신 거죠. 우리 아버지, 어머니는 장사를 해야 하니까. 송월동 장사할 때 배가 불룩해서 배달통 들고…… 우리 엄마가. 그렇게 몇 년 하다가 돈 좀 벌면 다시 큰 데로 옮기고…… 또 장사 안 되고……. 그 얘기하면 길죠. 차근차근 얘기해야죠.

● 어머님은 어떤 분이셨어요?
내가 소학교 들어갔을 때야. 우리 어머니는 참 자존심이 강한 사람이야. 자식들 그렇게 많고 못살았어도 손재주 하나는 참 좋았어요. 집에 재봉틀이 있어서 어른들 옷 뜯어가지고 어렸을 때 나한테는 새 옷만 만들어 입혔어. 그럼, 우린 연년생이라서 아래로 물려서 가는 거야. 어머니가 깔끔했어. 날마다 제일 어린것부터 대

기상태야. 매일 목욕시켰어. 나는 그래
도 제일 장남이니까 새 옷 입었어. 남
이 보면 부러울 정도로. 그땐 집집마다
애들 다 많이 낳았어요. 형제자매가 열
명 되는 집도 있고. 보통 네다섯 명은
기본이에요. 애들 보면 겨울에 소매로
코를 닦잖아. 그게 얼면 딱딱해져. 그거
한 번 우그러뜨려 봐. 팍 부러지지. 그
런 시절이었다고. 어려서 학교 갈 때 손

수건 하나씩 달아주잖아. 그거 코 닦으라는 거야. 저녁에는 집집마
다 애들 뭐하냐면 이 잡아. 그땐 이가 왜 그렇게 많았는지……

● 저도 그랬어요. 미국에서 온 DDT인가 하는 밀가루 같은 약을 머리에
하얗게 뿌리고 그랬잖아요?
맞아요. 그랬죠.

● 62년에 화교소학을 입학하셨어요. 그렇죠?
내가 아마 일곱 살에 들어갔을 거야.

● 학교는 지금 있는 곳이죠? 그때 학생들이 많았어요?
네. 그때는 갑, 을 두 반이나 있었지. 내가 학교 다닐 때만 해도 한
반에 보통 50여 명이 있었어요. 학생 많았어요. 초등학교 1학년부
터 고등학교 3학년까지 있었어요. 아마 학생 수가 제일 많을 때는
1,200명까지 있었다고 알고 있는데. 지금이야 한 4, 5백 명 정도
되나? 그때는 학교에 기숙사까지 있었으니까. 지방에 있는 학생, 집
이 먼 학생들. 지방에서도 많이 왔어요. 주안엔 분교까지 있었어요.
초등학교까지만 분교가 있었고. 초등학교 나오면 중학교는 다시 인
천(차이나타운)으로 왔었고. 그때 학생 수가 상당히 많았어요.

● 그 당시 학생 수가 많았다는
건 화교들도 굉장히 많았다는
거잖아요?

많았죠. 지금보다 훨씬 많았죠.

● 사장님, 학교생활은 재미있으
셨어요?

내 기억에, 소학교 다니면서 이상하게 내가 키가 좀 컸던 것 같아.
소학교 졸업할 때 12살인가? 송월동에서 우리 아버지가 장사할 때
나한테 이상한 취미가 있었어요. 학교 끝나고 집에 오면 책가방
던져 놓고 주방에 들어가 수타면 만졌거든요.

● 아버지가 시키지도 않았는데?

우리 엄마, 아버지한테 혼도 많이 나고.

● 공부가 싫으셨구나?

그런 게 없지 않아 있었지. 내가 먹을 거? 그때 정말 잘 먹었어. 무
조건 곱빼기야. 혼자 먹을 걸 내가 직접 다 뽑아 먹었어. 아버지는
처음 송월동에서 고생하다가 3년쯤 지나고부터는 돈 좀 버셨어.
집에 일할 사람, 배달도 두고 했다고. 그때가 송월반점 때야. 어렸
을 때 생각나요. 수타면 연습 많이 했어요. 11살 때부터 장난삼아
하던 게 12살부터는 혼자 다 만들어 먹었으니까. 간짜장, 볶음밥
도 혼자 만들어 먹고…… 물론 손님상에는 내놓을 수 없었지.

● 아버님은 뭐라고 안 하셨어요?

아버지는 뭐라고 안 했어요. 일하는 사람 있는데도 혼자 음식 만
들기 시작했죠. 원래 체질에 맞았나 봐. 그러니까 그랬지. 이상하
게 참 재미가 있었어요. 한두 번 뽑다 보면 기술이란 건 느는 거

야. 두 그릇, 세 그릇 뽑고……. 열서너 살 되니까 기술자가 다 된 기분이더라고요. 열세 살 때던가? 하루는 아버지 친구 황(黃) 씨라고 있어요. 화교 분인데. 둘 다 술 좋아했어요. 또 둘이 친해요. 지금 우리 자금성(紫金城, 손덕준의 업소) 주방장, 그 사람 아버지예요. 황 씨 아저씨는 수타면 아주 고수요. A급이야. 사실 우리 아버지는 프라이팬이거든. 물론 수타면도 다 할 줄 알지만. 전천후지. 젊었을 때 우리 아버지가 어디 가면 주방장하고 그 양반은 부주방장 하던 사이지. 둘이 그런 연관이 있어. 왜 우리 집에 오냐 하면, 장사하다가 그만두고 우리 아버지 도와줄 겸. 심심하면 날 심부름 시켰어. "야, 막걸리 한 주전자 받아 와." 황 씨 아저씨는 막걸리 좋아해. 우리 아버지는 배갈인데. 면 뽑고 있으면, "내 심부름 갔다 오면 아저씨가 한 수 가르쳐 줄게." "아저씨 나 안 가요." "잔돈 너 줄게." "알았어요." 송월동 있을 때였는데 대폿집이었어요. 지금 포자방(包子坊) 자리야, 그 자리가. 막걸리 심부름 가면 이 양반들 뭐 좋다고 이런 걸 먹지? 술 가져다주잖아, 그럼, 또 주전자 검사해. "인마, 잘 가져와야지. 다 쏟았잖아. 술 모자라잖아." 당연하지. 내가 먹은 거야. 그렇게 해서 몇 수 배우고 그랬지. …… 옛날엔 여기가 다 부둣가였어. 해물 같은 거. 아버지는 항상 자전거 밀고 나랑 같이 가. 갈 때는 나 태워 가. 전깃줄로 얽어서 만든 소쿠리 들고 가면 옛날에는 한국사람들 복어, 아귀 안 먹었어. 길가에 막 버려. 아버지가 나한테 뭘 시키는가 하면, "징그러운 아귀는 놔두고 복어 이것만 주워." 소쿠리 풀어 놓으면 이만해. 지금은 비싼 건데 말이야. 한 소쿠리 줍잖아? 자전거에 매달고, 우리 아버지가 자전거 밀고 바로 기택이 바(bar)(한국인이 하는 밴댕이 집)로 가. 가마솥이 이따만 한 게 있어. 밖에다가 불 때고. 있잖아? 아귀 지게꾼들. 그 사람들, 씻지도 않고 고춧가루, 양념 넣고 지들이 끓여. 안주 값 안 받아. 누구든 와서 떠먹으면 돼. 약주, 잔술 술값만 내면 돼. 그게 기택이 바야. 옛날 그 사람 이름이 이기택 씨야. 살아

계셨으면 아직 백 살도 안 되었을 텐데. 아무튼 난 기술, 요령 그런 게 좀 있었던 같아. 몇 수 가르쳐주면 금방 배웠으니까. 그러다가 중학교 들어갔을 때는 이미 면도 뽑을 줄 알고, 볶음밥도 잘 볶고. 짜장 소스 다 볶았어, 어렸지만. 12살 되니까 내가 키가 170이야. 힘도 좋고 키도 컸어.

● 그 후로 학교는 그만두고 그 길로 죽 가신 거예요?

중학교 들어가니까 우리 아버지가 술 너무 좋아하셨어. 학교 갔다 점심때 밥 먹으러 가면 우리 어머니가 배달 가는 거 보면 짠하기도 하고…… 그래 여차하면 면이나 뽑지 뭐, 이렇게 생각했지. 나중에, "아버지 나, 학교 안 다니고 차라리 이걸 할래요." 그래서 14살, 중학교 2학년 접어 들어가는 해에 그만두었지. '차라리 이걸 하고 말지' 그렇게 생각했어요. 그때 나보다 몇 살 더 먹은 아는 선배님들이 중국집 다닌다고 옷도 그때 당시 청바지 입고 그런 게 그렇게 부러운 거야, 어린 마음에. 날마다 점심때 집에 오면, 아버지는 술 먹고 있어. 그럼 그러는 거야. "야, 네가 가서 좀 해줘." 그렇게 해서 요리 만드는 데 발을 집어넣었어. ……그러다가 아버지한테 "아버지! 나 1, 2년만 여기서 일하고 그 다음엔 남의 집 가서 일할래요." 그랬더니 "네가 어려서 어떻게 남의집살이를 하냐? 열여덟 살까지만 집에 있다가, 더 큰 기술자 되려면 친구들 다 주방장이니까 그때 서울 보내 줄게." 난 젊으니까 또 체질이 맞아. 파고들어 가는 도전 욕심도 있어. 더 배우려고. 예를 들어 야끼만두 싸는 것부터 음식 만드는 것. 수타면은 15살 되니까 아주 수준급이었어. 점심시간 때에 밀가루를 몇 포 처리할 수 있는가 하는 게 중요해. 짧은 한 시간 동안에 몇 포 처리할 수 있는가 하는 거지. 그게 실력이야. 한 포에 150그람 나왔어. 두 포면 300그람이야. 그것에 따라서 월급을 매기는 거야. 15살 때 되니까, 우리 아버지가 장사를 접었어. 송월반점은 동네장사인데 밑에 한 집이 더 생겼거든. 마침 제주도에 있는 아주반점(亞州飯店)이라는 곳에서 아버지를 불렀어. 아버지가 기술이 좋으니까 주방장 해달라고. 아주 파격적인 월급을 내놓고 말이야. 내 기억으로는 4만 원인가, 6만 원인가 했던 것 같아. "이제 우린 식구들도 많고 하니까 더 좀 잘살아야 돼. 장사해봤자 밥만 겨우 먹었지 큰돈 못 번다. 아버지가 기술 있으니까 제주도 가서 돈 좀 벌 생각이다." 그러니까 월급 좀 많이 준다고 해서 간 거야. 나는 어떡해? 아버지가 잘 아시는 분이 있어. 송도 가다가 인하대학교 쪽 동양화학 못 가서 중국집 하나 있어요. 동태관(同泰館)이라고. 주인이 장(張) 씨야. 그 집에서 나보고 월급 만 원 준다고 오라고 했어. 그땐 큰돈이야. 내 거기 가서 수타면 뽑았지.

● 그때 아버님은 지방에 계시고?
네. 제주도 가시고. 그때 어디 살았는지 기억이 안 나네. 그렇게 취직됐어요. 열다섯인가 열여섯에……

● 실력 좋으신데요?
수타면 뽑으면서 한 2년 정도 일을 잘해줬어. 여름에 날씨가 더우면 반죽이 부풀어서 국수가 안 나와. 그래도 난 여름에도 국수를 잘 뽑았으니까.

● 비결이 뭐예요?
스승의 덕이죠. 우리 아버지도 가르쳐주었지만 황 사부님이 그 요령을 알려줬어.

● 그 비결이 뭔데요? 말씀 좀 해주세요.
얘기해도 이해 못 할 거야. 그렇다고 비밀은 아니고. 월급 타면 청바지도 사 입고, 양복점, 그때는 잘 맞춰 입었어요. 나팔바지도 맞쳐 입고. 2년 동안 재미 좋았어요. 근데 나중에 우리 아버님이 제주도에서 연락이 왔어요. 제주도로 오라고, 나보고. 그 양반이 실력이 좋았으니까. 아들도 남의 집에 있다고 하니까. 그래서 갔지. 처음 대한항공 비행기를 타본 거예요. 제주도 아버지한테 가니까 그 집 안주인 아주머니가 아주 친절하게 대해줬어요. 아주반점 규모도 꽤 크더라고. 아마 제주도 가면 아직 있을 거예요, 가게가. 칠성통인가 어디에……. 그때 내가 열일곱이던가? 아버지가 너 홀에서 일 좀 해라. 웨이터지. 주인아줌마, 그 사장 와이프 말이야. 그이도 주방 가면 힘드니까 홀에서 자기 심부름 좀 해주면 된다고 그러더라고. 그분들도 화교인데, 애들도 다 컸어. 지금 생각하면 그 사장님하고 사모님이 정말 잘해줬던 것 같아. 그렇게 임시로 1년 반인가 했지. 근데 홀에서 일하다 보면 팁도 좀 나오고, 멋을 부리고 하니까 우리 아버지가 안 되겠다 싶었나 봐. 그러지 말고 너는 아무래도 서울 가서 기술 좀 더 배워야 할 것 같다. "홀에서 일하면 기술자 못 된다. 나하고 서울 가자." 그래서 그만두고 서울 온 거지. 아버지가 찾아준 직장이 서울 종로3가 관수동인가, 유명한 국일관 옆에 대관원(大觀園)이란 중국집이 있었어. 그때 당시는 아주 유명했어요. 아서원(雅敍園), 대관원 손꼽혔어요.

● 아서원 정도 규모였군요?
주방장이 우리 아버지 친구야. 그쪽에선 꽤나 기술 좋다는 평을 받았던 분이야. 그때 당시 그 양반이 나이가 60여 세인데, 나를 제자로 받아준 거지. 원래 제자 안 받는 사람인데 내가 마지막 제자라고 보면 돼요. "내가 앞으로 이 생활 해봤자 몇 년 하겠냐. 기껏해야 몇 년이다. 그렇지만 가르칠 수 있는 데까지는 가르쳐주마. 네 사형(師兄)들은 다 미국 갔어." ……식당엔 이런 거 있어요. 프라이팬 부대, 면판부대, 칼판부대 이렇게 과가 세 개야. 마지막은 설거지과야. 주방장, 조리장, 프라이팬 부대야. 튀김은 튀김 담당이 따로 있어. 그리고 고급요리만 뽑는 사람이 따로 있고, 두 번째로 식사, 짜장면, 볶음밥 같은 거 하는 사람이 있어. 프라이팬 부대는 프라이팬장, 칼판부대는 칼판장이 있죠. 고기만 써는 사람, 해물 다루는 사람, 많으면 칼판 다루는 데 20번째까지 있어. 그게 다 팀워크야. 아침마다 티타임에 아침회의 해요. 예를 들면, 오늘 인천대학 단체예약이다. 그러면 여기서 웨이터 역할 중요해요. 그 사람들 무슨 요리 좋아하는지 단골손님마다 그 식성까지 장악해야 하는 거야. 이 사람은 유산슬 좋아하는데 특히, 부드러운 거 좋아해. 해물 좋아하고 고기 안 좋아해. 저 사람은 닭고기 안 좋아해. 옛날엔 메뉴판 따로 없어요. 재료가 철따라 달라요. 가격도 시가야. 철따라 받는다는 얘기야. 미팅할 때 홀에서 어제 어떤 손님 음식 먹다가 짜다고 하더라, 어떤 음식이 재료가 안 좋더라, 냄새가 좀 나더라. ……이렇게 아침 짧은 시간 30분이 하루 영업을 좌우해. 나도 초보자는 아니죠. 우리 아버지 빽도 좋았어. 우리 아버지하고 친했어, 주방장이. 그런데 하루는 나를 바로 자기 옆자리, 그러니까 나한테 조리장을 시킨 거야. 내가 19살 때인가 그랬어. 들어가자마자 맨처음에 뭐 했냐면…… 사부님이 딱 보면 이놈이 일 배울 놈인지 아닌지 견적이 다 나와. 처음에 튀김을 했어. 요즘 가스불이잖아요? 그땐 연탄불로 불을 땠다고. 새벽에 일어나야 돼. 연탄불 피워야 해. 요즘 애들은 기분 나쁘면 그 자리에서 그만둬 버리잖아? 그런

게 어디 있어? 잘못하면 주방장이 "그만둬!" 하고 이불 포대기를 밖으로 집어던져. 그럼 다시 싸들고 몰래 들어가고 했지. 그렇게 일하기가 힘들었어. 기술 배우려면 자기가 먹을 쌀은 가져가야 돼. 월급이 어디 있어?

● **한창 요리 배우실 때 얘기 좀 해주세요.**

옛날 어려서 배울 때는 일하는 사람들 다 큰 방에서 함께 자고 그랬어. 사부님 이도 잡아주고…… 지금 생각해도 참…… 그렇게 이도 잡아주고 그랬다니까? 옛날 주방장은 왕이야. 내복 딱 벗어던지면 이 잡아줘야 돼. 짜증나고 귀찮고…… 그래도 난 시다바리별로 안 했어. 시다바리 하는 애들 보면, 뜨거운 물에 그걸 삶아. 그럼 어떻게 되겠어? 그거 나일론이거든. 쭈글쭈글해지지. 그럼, 실컷 얻어터지고…… 주방장들 다 똥배 나왔어. 다 술배야, 술배.

● **주방일이 워낙 힘들고 하니까.**

주방장은 좋은 건 다 먹어, 술안주로. 곰발바닥 요리 같은 거 하면, 그 진국은 주방장들 다 처먹었어. 있는 거, 없는 거 다 먹으니까 나중엔 더 먹을 게 없더라고. 하도 먹으니까 나중엔 속 쓰릴 거 아냐? 그럼, 돼지비계 기름을 빼. 거기다가 춘장, 양파, 고춧가루 넣고 하면 그거 참 별미야. 아무리 여름에 냉수, 얼음물 팍팍 먹어도 설사하는 법 없어. 우리 사부님 옛날 얘기하면 며칠 해도 안 될 거야. 그 대관원 주방장 노인네 말이야. 노인네, 마작을 참 좋아했어. 점심때 바쁜 거 대충 끝나면 가서 마작 한 바퀴 해. 돈 따면 흥흥거리면서 기분 좋아가지고…… 근데 돈 잃었다? 그럼 그날은 다 죽은 목숨이야. 막 짜증 부리고 혼내고 하니까.

● **사장님도 마작 할 줄 아세요?**

난 마작 못 해. 안 배웠어요.

남 것 먹으면 남의집살이하고, 내 것 남 주면 사장 되는 거야

● 대관원 계실 때 얘기 좀 더 해주세요.

대관원 가니까 나이 먹은 이(李) 씨란 사람이 있어. 조리장이었지. 6개월쯤인가? 튀김을 하고 있는데 주방장이 나하고 이 씨를 부르는 거야. "너희 둘 이리 와봐." 하더니 "내일부터 네가 요리 뽑고 이 씨가 튀김 해." 이 씨 그 사람 기분 나쁠 거 아냐? 저녁에 나를 부르는 거야, 이 씨가. 젊었을 때 우리는 진짜 주먹이면 주먹, 할 거 다 하는 사람이야. 그 이튿날로 그만두더라고. 그런 사람들은 언제든 그런 준비가 다 되어 있어. 그 사람 떠나니까 그 자리에 그 때서부터 나를 조리장으로 시킨 거야. 19살에 조리장. 이 씨도 40대이고 나머지도 다 삼사십 먹은 사람들이었어. 그러고 보면 내가 유별나게 튀는 부분이 있는가 봐. 뭘 해도 빠르고. 사부님의 눈에, 가르치면 빨리 배울 놈인가 했나 봐. 한 방에 큰 거지. 대관원 조리장이면 그 세계에서 대단한 거지. 사부가 나한테 그러는 거야. "너 앞으로 스물세 살이라고 해." 내가 너무 어려 보이니까 주방장이 그렇게 하라고 한 거야. 조리장이 되니까 월급도 잘 기억이 안 나지만 아마 한 6, 7만 원 받았을 거야. 2년 하니까 그 영감이 나한테 "여기 오래 있어서 뭐 하냐? 내가 취직 하나 시켜줄 테니까 그곳으로 가라." 하길래 가보니까 자기 큰 제자인 거야. "난 늙어서 가르칠 수도 없고 하니 너 거기 가서 배워." 그곳이 바로 서울에 있는 홍보석(紅寶石)이야. 거기에 날 보내주는데. 주방장은 떵(鄧) 씨야. 떵 팡즈(胖子, 뚱뚱보)라고 불렀어. 그 사람이 원래 좀 뚱뚱했거든. 아주 그 사람 노래도 좋아하고 건달 같아. 내가 스물한 살 때야. 거기서는 바로 조리장 밑이었어. 주방장, 조리장 밑에. 그때 홍보석은 이제 막 개업한 집이었어. 대관원하고는 다르지. 대관원은 옛날 전통방식이야.

● 잠깐만요. 그 당시 우리나라 유명한 중국 요릿집 하면 어디 어디예요?

금문도(金門島), 아서원, 안동장(安東莊), 대려도(大麗都)…… 좀 오래된 집들이야. 다 서울에 있지.

● 인천에는 큰 데 없었어요?

평화각이지. 공화춘은 아직 장사하고 있을 때지만 얼마 있다가 문 닫았고. 송죽루(松竹樓)는 지금 주차장 그 자리야. 옛날 진(陳) 씨 집인데 헐어버리고. 공화춘, 평화각 그리고 중화루는 헐렸고…….

● 중국 요릿집도 전통방식, 신식방식 따로 있었어요?

중화루, 평화각, 송죽루, 공화춘, 서울의 대관원, 안동장, 아서원 다 옛날 스타일이야. 전통이야. 옛날 수십 년 동안 한국에서 내려오던 방식.

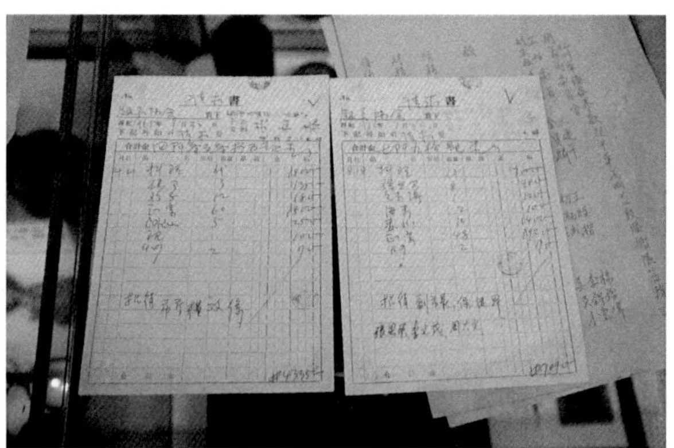

● 아, 한국에서 내려오던 방식?

지금 중국영사관 자리, 대우빌딩 지하가 옛날 홍보석 자리였어요.
서울역 뒤에 있는 만리성(萬理成), 홍보석 다 신식이야.

● 신식하고 전통식하고 어떻게 달라요?

호텔식도 있고, 스타일이 달라요. 전문 요릿집이지. 신식 중국요리
야. 주방장 요리사들 홍콩에서 데려와서 쓰촨, 광둥요리. 옛날에는
북평(北平)요리밖에 없었어요. 북평요리도 원래는 다 산둥요리고.
요즘 메뉴판 보면 칠리소스 같은 거 다 신형 요리야.

● 베이징요리 아니 산둥요리는 전통방식이고 쓰촨이나 광저우요리는 신
식이었네요?

그렇지. 한국에서도 이제 옛날 구닥다리로 하지 말자. 신식으로, 새
로운 스타일로 디자인하자. 옛날에 우리 만화책에 나오는 맛있는
거 하면 뭔 줄 알아요? 통닭 뒷다리야. 맛있는 거 냠냠. 옛날엔 닭
이 비쌌어요. 맛있는 축에 들어갔어요. 요즘은 치킨 맛있는 거라고
안 해요. 로브스터(lobster), 왕새우, 전복, 자연송이 이런 게 비싼 거
잖아요? 그때 당시 대관원은 구식, 신식은 홍보석. 한국의 중국요
리는 세 갈래가 있어요. 홍보석이 옛날식을 도태시킨 거지. 이제
홍보석 스타일, 홍콩, 대만 사부(師傅) 초청해서 그 사람들한테서
뽑은 스타일이고. 또 한 가지는 호텔식. 호텔식은 고급스타일이지.
삭스핀, 게살스프. 일인당 10만 원, 20만 원 하는. 실컷 돈 쓰고 나
오면 집에 가서 라면 먹는. 그 영감이 나한테 그러는 거야. 앞으로
주방장은 신식으로 배워라. 젊은 놈이 옛날식도 알아야 하지만. 젊
은 새끼 의리도 좋고 그 아버지 그 아들이야. 참 빨리도 배웠다 그
거지. 그 아들도 일류 주방장이었어. 이거 애기하면 복잡해.

● 아서원이나 평화각처럼 큰 요릿집은 개인 혼자서 차리지 않잖아요?

그렇지. 대개 여러 사람 거였어요. 동업이지. 초창기 때 공화춘, 중화루도 주식제로 했죠. 근데 그건 옛날이고. 그 후론 주식회사 식으로 한 거 별로 없어요. 다만 한 개 있었어요. 바로 신동양. 사장이 7명이었어요. 홍보석에서 일을 할 때였는데, 띵 팡즈한테는 바로 밑에 수제자가 있었어요. 프라이팬장이었는데 자꾸 나를 질투하는 거예요. 요리사도 타고나야 해요. 띵 팡즈는 나를 한 6개월 일 시켜 보고 내가 마음에 들었나 봐. 지배인 통해 전화 오더라고. 제자로 받아줄 생각이 있으니 자기를 사부로 모시라고. 그래 내가 그랬지. 난 그런 거 않겠다. 그 사람 제자들 보니까 넷인가 다섯 명이었어. 내가 들어가면 여섯째인데. 선후배 따지고 하면……. 난 그럴 생각이 없었어. 왜냐하면, 그 수제자란 놈이 나를 질투해서 항상 시비를 걸고 그랬으니까. 나중에 그 양반이 직접 얘기하더라고. "너 실력 좋다. 너는 내가 제자로 받아주마." "죄송합니다. 우리 아버지가 그런 거 함부로 하는 거 아니라고 해서……." 핑계가 잘 생각이 안 나더라고. 그래서 좀 더 생각할 기회를 달라 그러고 넘어갔지. 그 후로도 그 수제자가 자꾸 집적거리는 바람에 짜증나서 그만둬버렸어. 원래 이 요리계통에서는 사부님이 있고 자기가 수제자인데 솔직히 질투가 나죠. 나도 다른 큰 요릿집 가면 조리장 정도는 할 수 있을 것 같았어. 사실 홍보석 같은 데 들어가려면 힘들어요. 인맥도 있어야 하고……. 그래야 겨우 들어가는 곳인데 내가 그만뒀어요.

● 큰 중국집에는 주방장, 칼판장, 프라이팬장이 따로 있잖아요. 같은 팀으로 움직이는 게 아니라 따로 움직일 수도 있나요?

예를 들어, 태화원 주방장. 주인이 원해서 칼판장만 남기고 주방장을 새로 데려오려고 한다 하면 그때 그 주방장은 자기 왼팔, 오른팔 다 데리고 올 수 있어요. 중요한 건 뭐냐면 기존의 사람들과 새로 온 사람들의 호흡인데, 그걸 사장이 중간에서 보는 거야. 어느 쪽이 실력이 좋은가? 결론은 뭐냐면 헤어지게 되어 있다는 거야. 같은 주방 안에서도 주방장하고 칼판장하고 요리 가지고 다퉈. 예를 들어, 내가 주방장인데 태화원에 새로 들어왔어. 주방에선 주방장이 제일 어른이잖아? 근데 칼판장보다 늦게 들어왔다. 그럼, 칼판장 얘가 고참이잖아? 처음 들어가면 얘가 못 살게 굴어. 자기 입장에서 보면 뙗거든. 나이도 자기하고 비슷하고 실력은 어떤지 모르고…… 뙗다, 그러면 칼판장이 코스 요리에 없는 거, 아주 희한한 거 썰어내. 요즘에는 메뉴판 다 있어. 옛날엔 메뉴판 어디 있어? 칼판장이 재단사야. 요리를 써는 거지. 근데 좀 어려운 거 썰어내는 거야. 막말로 엿 먹이려고 하는 거지. 만드는 데 시간 많이 걸리는 까다로운 요리. 그럼, 주방장이 이 요리 모를 수도 있어. 반대로 주방장이 실력이 좋단 말이야. 칼판장이 썰어낸 어려운 요리 다 척척 해냈어. 자기를 공격한 거 다 받아넘겼단 말이야. 그러면 '이놈아, 이젠 내 차례다!' 주방장이 반격하는 거야. "어이, 칼판장! 오늘 저녁에 20명 예약한 거 이대로 썰어줘." 메모한 거 넘겨줘. 무슨 요리? 까다로운 거. 내가 옛날 왕 사부님한테 배운 공개되지 않은 요리 턱 던져줘. 지가 썰어 내야지. 낮에 나 엿 먹이려고 이래저래 다 했는데…… "저녁 요리 이대로 썰어 줘." 칼판장이 메모 딱 봐. 보면 모르거든. 썰 줄 몰라서 머뭇머뭇하는 거야. 거기서 기가 죽는 거지. 자기가 그만둘 입장 아니면 수그러들어야 돼. "손 사부, 이거 썰 줄 모르겠는데요." "그럼, 네 아는 거 썰어." 앞으로 그런 식으로 하지 말라는 거지. 아니면 앞치마 딱 풀어. 그만두겠다고. 만약 푹 수그러들었잖아. 그럼 인정하고 내 사람으로 받아들여야 해. 그 다음부터는 썰면서 고분고분해지는 거야. 저녁에 끌고 나가 술 한잔 먹여. "너 낮에 그런 요리, 솔직히 말해서 바쁜데 그런 요리 썰어내면 되겠어?" "앞으로 상의해서 잘하겠습니다." 그럼 내 식구가 된 거야. 앞치마 풀고 가면, 그건 자존심 강한 거야. '내가 그만두고 말지.' 실력으로 사람을 다루는 거야.

● **무엇보다 주방장이 실력이 있어야 하겠네요?**
주방장 실력 없으면 거느리지 못해. 이 사회에도 족보가 있어요. 어느 스승 밑에서 일 배웠다 그러면 '아, 그 사람 밑에 있었으니 일 잘하겠네.' 그게 바로 족보야. 족보 형성이 되는 거지. 주방장들끼리 다 연결이 돼. 자기가 주방장인데 사람 하나 모자란다 하면 다른 주방장한테 추천을 받아요. "네가 데리고 있는 칼판장 중에 잘하는 친구 있으면 소개 좀 해라." 어느 주방장 밑에 있었는지에 따라 가격 차이가 있어. 누구 밑에 있었다 하면 '아, 애는 월급 얼마 주면 되겠네' 하는 것까지 채점이 다 나와요. 서울의 열 손가락 안에 드는 호텔에 있는 사람이면 월급 채점이 이미 나와 있어. 어떤 요리사가 취직하러 왔어. 대화를 해보지. 그럼 면접하는 도중에 이 친구 실력이 어느 정도인지 대충 파악이 돼요. 일단 어디서 누구 밑에서 뭘 했는지 또 몇 년 했는지 물어보면 이 친구가 얼마짜리다 하는 시세가 나오는 거야. 예를 들어서 딴 데서 120 받았다, 부산에서 왔다, 그러면 판단이 다 나와. '애는 거기서 얼마 받고 일했을 거다' 하는……. 그럼, 물어보지. "자네 거기서 120만 원 받았지?" 그럼 틀림없어. 정확해. 그럼, 그 친구 여기서도 그 월급 똑같이 받고 하겠어? 한 10만 원 더 줘야 할 거 아니야? 그렇게 해서 쓰는 거지.

● **칼판장도 나중에 주방장이 될 수 있는 거지요?**
프라이팬 돌린다고 다 주방장 되는 거 아니에요. 칼판장도 주방장 할 수 있어. 칼판장이라고 프라이팬 못 하는 거 아니요. 단지 출신이 칼판장이면 특색이 칼인 거야. 요즘 호텔 주방장들은 프라이팬만 돌릴 줄 알아. 칼질 못 해. 우리처럼 밑바닥부터 큰 사람은 칼질, 만두 싸기, 수타면 다 할 줄 알아. 설거지부터 거쳐서 올라간 사람은 전천후야. 다 할 줄 알아. 밑바닥에서 시작한 사람이 제일 무서워. "이렇게 하지 말라는데 왜 이렇게 해?" 그럼 눈치가 딱 나와. "그럼 네가 한번 해봐." 가서 탁탁 해주면 역시 주방장이 나보다 잘하는구나. 잡는 거야. 잔소리가 안 나와. 자기가 썰어도 이것만 못하니까. 무서운 건 전천후야. 다 할 줄 아는 사람. 만두면 만두, 칼질이면 칼질.

● 아무튼 주방에선 팀워크가 제일 중요하겠네요?

그렇지. 근데 그것보다 더 중요한 건 주인이야. 장사하는데 주방하고 티격태격해봤자, 손해 보는 건 주인이야. 주인이 잔소리 많이 하면 안 돼. 요리사들은 말이야. '곤조'가 있어. 내가 옛날 조그만 집에서 주방장 할 때야. 나, 자존심 강하고 성질도 더러워. 옛날엔 조미료가 비쌌어요. 아침에 주

인한테 요만한 조그만 그릇에다 조미료 한 숟갈 타 와. 용각산 있잖아? 그 숟가락으로 떠서 썼다고. 비싸니까. 지금 생각하면 참 못된 짓 많이 한 거지. 주인 여자가 말이 되게 많았어. 조미료를 카운터에 놓아둬. 애들 시켜서 타다 쓰라는 거야. 아침에 한 번 타 오잖아. 점심때 되면 한 번 더 타 와야 하거든? 하루 이렇게 두 공기야. 점심에 애들이 조미료 타가지고 와서 그러는 거야. "주방장님, 조미료 아껴서 쓰래요." 열 안 받겠어? "야, 매출이 있는데 무슨 잔소리가 그렇게 많아? 야, 조미료 이리 가져와." 조미료 선반 위에 올려다 놓고 아예 안 써 버려. 저녁에 끝나고 다음 날도 조미료 써야 하잖아? "야, 조미료 있으니까 타 오지 마." 점심때가 되

면 원래 타러 와야 하잖아? 그럼, 주인이 물어봐. "조미료 남았어요?" "어, 있는데요." 그럼, 처음엔 아, 아껴서 쓰는가 보다 하지. 근데 다음 날도 또 안 타러 오거든. 그럼 또 물어봐. "조미료 있어요?" "아, 여기 있잖아요!" "아니, 조미료 안 쓰신 거예요?" "아니, 자꾸 날마다 많이 쓴다고 하는데 아예 쓰지 말죠, 뭐!" 말 많은 여자, 기를 확 죽이는 거지. 앞치마 확 풀어버려. 그 다음부턴 조미료 많이 쓴다는 얘기 쏙 들어가 버려. 주방장들 똥고집 있어. 어느 놈도 마찬가지야. 왜냐하면 주방장한테 재료 많이 쓴다고 잔소리하면 득보단 손해를 본다는 거야. 물론 조미료라는 게 사람한테 이롭지도 않고 굳이 안 넣어도 되니까 그러는 거지. 물론 안 쓰면 맛을 내는 데는 좀 뒤지지. 큰 업소에서는 부장 있고 상무 있고 관리체제가 딱 잡혀 있지만, 일반 영업집은 그렇지 않잖아? 주인들 말 많았어. 솔직히 말해서 아주 지독한 사람들 많았어. 옛날 못 사는 시절, 쌍놈 양반 따지던 시절. 자기 집에서 일하면 완전 자기 밑으로 봐버려. 그런 업소, 잘되는 업소 없어요. 사람대접을 해줘야 하는데, 인격을 대접해야 하는데…… 옛날에 어느 정도 지독했냐면, 직원들 점심 먹잖아? 그럼, 수타면 굵은 거 있어. 손님 테이블엔 나갈 수 없는 거. 그런 것만 골라내면 점심때만 지나도 소쿠리로 하나야. 그걸 일하는 사람한테 먹으라는 거야. 그것도 우동으로만 만들어서 먹으래. 짜장면은 양념이 많이 들어가니까. 옛날에는 그랬어. 그 시절에는 그랬어. 먹는 건 절대 버리지 않았어. 쌀이 비싸니까 아침에 빵을 쪄요. 반찬은 옛날엔 자반고등어가 제일 쌌어. 또 뭘 먹었냐 하면, 옛날엔 전기밥솥 없잖아? 철 가마솥으로 밥을 했어. 그럼 밑에 시커먼 누룽지 이만큼 나와. 요즘에야 누룽지 별식이다, 뭐다 해서 좋다고 먹지만…… 그거 긁어다가 까맣게 탄 부분만 물로 씻어내고 죽을 끓여. 물론 주인은 안 먹지. 대신 일하는 사람한테 먹으라는 거야. 죽 끓여서 말이야. 물론 이건 중국식당뿐만 아니라 다른 곳도 마찬가지겠지만…… 없던 시절엔 없는 사람들 더 천대받고 살았어. 내가 보고 느낀 건, 직원들한테 지독히 굴던 사람들 다 망하더라는 거야. 남한테 지독하게 하면 될 일이 없거든. 직원한테 잘하는 집들 계속 유지해 나가. 수십 년 동안 짜장면 장사해서 성공한 사람들, 그 수십 년 동안 마음을 잘 쓰니까 유지할 수 있었던 거야. 마음 못되게 쓴 사람들 다 망했어. 생각해봐. 어린애 둘 데려다 놓고, 네가 가지고 있는 게 큰데 남의 것도 탐이 나느냐고 물어봐. 애들은 마음씨 착해. 당연히 애들은 "내 것이 큰데 남의 것을 왜 먹어요?" 그러지. 마찬가지야. 내가 남의 것을 먹는다면 그건 바로 내가 남의 집 생활한다는 거야. 반대로 내 것을 남보고 먹으라고 하면 그건 바로 내가 크면 사장 된다는 거야. 직원들 거느리면서 산다는 거야. 남이 내 것을 먹어야 그만큼 출세가 있어. 왜 남을 줘? 내가 먹어야지. 그러면 그건 남의 집 생활한다는 거야.

● 그 말은 사장님이 만드신 말씀이세요?
내가 만든 거야. 하하! 남보고 내 것을 먹으라고 하는 아이는 바로 나중에 사장이 돼. 왜 내가 남을 줘? 그런 애는 남의 집 생활해야 돼.

● 참 재미가 있으면서도 깊은 뜻이 있는 말씀이세요.
직원들보고 손님 먹다 남은 거 먹으라고 하는 집 많아. 그거 얼마나 찝찝하겠어? 그게 바로 상대방, 그러니까 일하는 사람 무시하는 거야. 먹다 남은 거 먹으라니? 일하는 사람, 직원들은 사람 아냐? 난 남는 음식은 무조건 버려. 같이 일하는 우리 직원들 다 알아. 김치 그거 몇 푼 돼? 마음을 정직하게 써야지. 난 아침에 직원들하고 똑같이 같은 테이블에서 같은 거 먹어. 따로 먹는 건 내가 싫어. 우리 와이프 집에서 밥 안 해. 와이프는 혼자 집에서 알아서 챙겨 먹고, 나는 직원들이랑 같이 먹어. 사장이라고 따로 먹고, 직원이라서 따로 먹고⋯⋯. 그거 안 돼. 난 가게가 세 개라서 다 같이

먹지는 못하지만. 중화루에 가서 아침 먹을 때도 있고, 태화원에
서 같이 먹을 때도 있고……. 내가 같이 먹어봐야 반찬이 소홀하면
내가 얘기할 수도 있어. "날마다 이거 먹으면 되냐? 다른 반찬도
사다줘야지." 그래야 집안이 되는 거야. 난 절대 우리 직원한테 사
장 티 안 내요.

● 그게 사업을 오래 할 수 있는 길이죠.
우리 식구들, 직원들 말이야. 반찬 투정 없어. 이게 조그만 부분이
지만 사람의 기본문제야. 소문 다 나 있어. 일하는 사람들 다 통해.
우리 사장 어떻고 우리 사장 어떻고……. 하하!

● 그렇죠. 원래 직원들 사이에 사장 얘기 많은 법이죠.
요즘은 직원들 거의가 다 중국에서 온 친구들이야. 이 중국대륙에
서 온 친구들은 5만 원, 10만 원 차이 나면 금방 옮기는 사람들이
야. 난 항상 많이는 못 줘도 딴 집보다 10만 원 정도는 더 줘. 덜
줬다는 소리 듣지 말아야지. 내가 술 한 잔 덜 먹으면 되고.

주방장은 의리하고 자존심이야

● 아버님은 어떻게 되셨어요? 그 후로도 제주도에 죽 계셨어요?

아니. 제주도에 1년쯤 있었나? 그거 생각이 잘 안 나네. 아무튼 제주도 갔다 오셔가지고 한동안 집에서 쉬었어요. 집에서 쉬다가……. 그랬다가 쓰러지신 것 같아, 중풍으로. 제주도 갔다 와서 날마다 술 먹고……. 그때 쓰러진 거 같아요.

● 대충 맞는 것 같아요. 사장님이 스물두 살이면 아버님이 마흔 여섯쯤 되었을 테니까.

그때 아마 애들도 커서 학비도 많이 들어가고 돈도 쪼들릴 때, 중풍으로 쓰러졌어요.

● 그러면 당시에는 사장님 혼자 생계를 책임지시게 된 거네요?

아마, 그때 우리 둘째하고 셋째 남동생 그리고 큰 여동생이 직장 다니고 있었을 거예요. 여유 있게 살지는 못했어요. 형제도 많고 돈도 없고……. 우리 어머니도 다른데 직장생활 안 해 본 사람이고. 내가 직장 다니고, 둘째도 중학교 나와서 고등학교 못 들어가고……. 공부는 못 했어요.

● 아버님은 중풍으로 쓰러지시고 죽 병상에 계셨겠네요?

우리 아버님, 기술도 좋은데 이상하게 장사 운은 없는 양반이야. 직장생활 해서 돈 좀 벌면 장사해서 쫄딱 망하고……. 우리 아버지 이산가족이고 술 먹는 이유 있었어요. 특히, 정도 많고……. 부모 형제들 두고 왔으니까. 물론, 남한테 도와 달라는 것도 그 양반 자존심 있는 사람이라……. 하여튼 그때서부터 내가 가장 역할을 했죠. 초창기 중풍으로 쓰러졌을 때, 없는 살림에 한의원까지 택시 대절해서 치료받고 했는데……. 투병생활을 8년이나……. 처음엔 똥오줌 가렸어요. 근데 나중에는 똥오줌 받아가면서……. 돌아가셨어요. 둘째나 셋째 그리고 큰 여동생이 나하고 같이 월급 받아다가 병 치료했죠. 동생들은 학교 다녀야죠, 먹고살아야죠. 그때 나도 정신 바짝 차렸죠, 딱 쓰러지고 나서……. 그때부턴 '옷도 사 입어서는 안 되고……. 정신 차려야지' 그런 생각 들더라고. 그때가 홍보석 그만두었을 때야.

● 홍보석 그만두시고 그 다음엔 어떻게 되었나요?

스물한 살 때인가, 스물두 살 때인가? 아버지가 중풍에 걸려서 아픈 바람에 서울 안 갔어요. 그냥 가까운 데 취직해야겠다, 생각했지. 그래서 이젠 돈을 좀 벌어야겠다. 동생들도 많고 먹고살아야 하니까. 또 아픈 사람 있으니까, 돈도 들어가야 하잖아? 근데 내가 운이 좋아요, 운이. 인천 경동에 가면 옛날에 중국집이 하나 있었어요. 옛날 신신예식장 맞은편에 동천홍(東天紅)이라고. 그 사장이 한국 분이었어요. 막 오픈한 집이었는데 주방장을 구한데요. 원래 주방장으로 노인네 한 분 썼는데……. 그 양반도 떵(鄧) 씨던가 그랬는데. 우리 아버지하고 친구 되는 사람이에요. 지금 생각해보면, 그 노인네가 기술이 좀 부족했던 것 같아. 사장이 한국사람이니까, 대충 월급이나 좀 받아먹으려고. 그 노인네가 그러는 거야. "조카야, 새로 오픈하는 집이 하나 있는데 나하고 같이 일하자. 난 기술

이 없다. 넌 기술도 좋고 하니까 네가 와서 나 좀 도와주라. 내가
주방장하고 너는 조리장하고. 한국사람이 주인이니까 월급은 많
이 줄게다."

● **신신예식장 건너편이면 평화각 건너편이네요?**
옛날 길병원 내려가는 데 거기 있어. 2층인가 3층인데 지금은 기
억도 잘 안 나. 하여튼 갔어. 집에서 노니 뭐해? 월급도 많이 준다
니까. 그때 월급으로 20만 원 받기로 하고 갔어. 가서 보니까 그
노인네가 슬슬 요리 재료를 뒤로 빼돌리는 거야. 그게 주인 눈에
걸린 거지. 그 노인네 욕심이지. 그냥 월급만 주는 대로 받으면 괜
찮았을 텐데. 한두 달인가 넉 달쯤 지나서 사장이 그 노인네를 자
르더라고. 그 사장이 누구냐 하면, 한국 분인데 중국집에서 오래
일한 사람이야. 그 양반 유명한 사람이야. 그 주인이 나한테 "손
주방장, 그러지 말고 나 도와주게. 난 많이도 필요 없어. 한 달에
딱 1,500만 원만 팔아주면 당신 원하는 대로 다 줄게." 처음엔 막
오픈했었을 때니까 장사도 별로였어. 한 달 매상이 1,500만 원이
면 하루 50만 원이요. 엄청난 거요. 네가 원하는 월급 다 줄 테니
까 자기 좀 도와달라고. 그래 내가 그랬지. "지금 20만 원인데 그거
보다는 더 주어야 한다." 옛날 주방장, 그 노인네 월급만큼 줄 테니
까 오늘부터 주방장 맡아 달래. 30만 원이면 큰돈이었어요. 그때
당시 다방에서 커피 한 잔에 90원 했어. 삼선짜장이 500원인가 했
고 일반 짜장이 350원인가 그랬던 시절이야. 한 달에 1,500만 원만
팔면 월급을 달라는 대로 준다니, 좋다고. 해보자고. 내 기억으로
룸살롱에서 술 먹으면 2만 5천 원, 3만 원 했을 때야. 큰돈이지.

● **동천홍도 작은 곳이 아니네요?**
2층하고 3층이니까 매장이 한 200평은 될 거야. 주방 있고 홀 있
고. 그때 당시 인천에 신형 요릿집이 생긴 거지. 거기서 주방장을

했어요. 그때 나이가 스물두 살이야. 월 30만 원 받으면 그땐 대단한 거야. 하루 50만 원 매출. 나중에 주말에 결혼 손님 받잖아? 예식손님. 탕수육 하나, 짬뽕 아니면 울면, 우동. 그 우동 하루에 이삼천 그릇씩 팔았어, 주말에. 그 양반 대박 터진 거지. 요리도 신식이니까 디자인부터 멋있게 했어. 그 양반 나중에 그러더라고. 인천에서 이렇게 실력 좋은 사람 처음 봤다고. 내 밑으로 있는 사람들은 다 나이가 나보다 많았어. 그래서 나도 나이를 스물여섯이라고 속였어. 그 사람들 다 날렸어. 날마다 다방 가서 커피나 마시고……. 하여튼 거기서 1년 6개월 일하다가 그만두었어요. 이 주인 양반이 처음엔 고급요리 팔아서 재미 좀 봤는데 나중에 결혼손님한테 올인하더라고. 그게 이문도 많이 남고 비싼 재료도 덜 들고. 하루에 보통 결혼손님 예닐곱 팀 받으니까, 그 사람 머리가 이쪽으로 쏠리는 거야. 그래서 내가 그랬어, 나중에. "사장님도 눈치 빠른 사람이지만 나도 눈치 빠른 사람이요. 내가 조만간에 그만둘게. 당신은 결혼손님만 받으라고." 이건 요리사로서 자존심이야. 암튼 사장은 그게 더 낫겠다 싶은 거지. 사실 주말 예식장 손님만 해도 엄청 거시기해.

● **그럼, 거기 그만두시고 다음엔 어디로 가셨어요?**

그때 내 선배님 한 분 계셨어, 평화각에. 내가 동천홍 그만두고 집에서 한 달 동안 놀았어요. 놀면서 취직자리 알아보고 있을 때인데, 공(孔) 씨라고 그 선배를 만났어요. 나보다 나이 더 먹은 사람인데. "야, 너 지금 뭐 하냐?" 동천홍에서 일하다가 그만두었다고 하니까, "야, 그럼 너 놀면 뭐하냐? 평화각에 임시로라도 있어 주면 안 되냐? 너 차라리 자리 잡을 때까지 평화각 와서 좀 도와주면 안 되냐?" 그래서 평화각 갔어요. 거기서는 몇 개월 안 있었어요. 평화각은 사실 우리 아버지 결혼식 때 피로연 한 곳이요. 우리 아버지도 평화각에서 직장 다녔어요. 평화각 같으면 그때 당시 이미 오래된

집이고……. 지금처럼
전통 그런 건 아니야.
집도 건물도 다 노후
해가지고 지저분한 집
이었어. 그때 느낌은
그랬어요. 예식손님 받
으면 고급요리는 안 팔
려. 예식에 재미 붙이

면 마진은 좋지만, 그래서 사장은 돈 많이 벌지 몰라도 주방장은
재미없는 거야. 어떻게 해서든 짜장면 몇천 그릇, 탕수육 몇백 개
팔면 되잖아? 굳이 비싼 재료 사다가 마진도 없는 거 할 필요가 뭐
있냐는 식인 거지. 그러니 탕수육, 짬뽕만 하는 거야.

● 그때는 결혼식한 다음에 중국집에서 피로연 같은 거 많이 했나
보죠?
많이 했어요. 옛날엔 중국집에서 많이 했어요. 몇 사람이 앉아서
짬뽕 몇 개, 탕수육 하나 시켜 놓고……. 그 대신 나머진 다 집에서
싸왔어요. 잡채니, 떡이니……. 자리만 빌려주는 거지. 손님 많이
받는 집은 30분마다 한 팀이야. 동천홍도 결혼손님 안 받는 줄 알
고 가서 요리해줬는데……. 사장이야, 돈만 벌면 되는 거니까. 아무
튼 그래서 내가 나중에 열빈(悅賓) 간 거요.

● 열빈엔 어떻게 가시게 되었어요?
옛날 대관원에서 일할 때 친구 하나 있었어. 동료지. 걔는 칼판부
대에서 일하는 애야. 전화가 온 거야. 서울로 오라고. 그래서 간 곳
이 열빈이야, 조리장으로. 직책은 뭐냐면 부주방장 겸 조리장이야.
친구는 칼판장. 주방장은 장(張) 씨였어. 그 양반 술 참 좋아했어.
처음 만났을 때 그 양반 사십 중반쯤 되었는데……. 아무튼 호인이

야. 술 좋아하고. 소주 열 병 먹고 일을 하는 그런 양반이야. 난 그
때만 해도 술 먹을 줄 몰랐어. 그때 내 나이가 원래 스물세 살이요.
"나이가 몇 살이냐?" "스물여덟입니다." 또 올린 거야. 친구는 알
지. 하여튼 그렇게 하래. 그랬는데 그것 때문에 나중에 애를 좀 먹
었어요. 여기는 회사체제니까 골치 아픈 거야. 한 6개월 일하고 할
수 없이 사장한테 가서 고백했지. 스물세 살이라고. 사실 나이라고
하는 건 이렇습니다. 나이가 너무 어리면 일할 때, 밑에 사람 통솔
하기가 어려워요. 그러니 이해해주십사 했더니, 사장이 이해한대.
그러면서 그래, 나보고. "인마, 사실 너 영창감이야. 서류 위조한
거야." 그 사람, 참 재미있는 분이었어요. 초창기였지만 열빈은 정
말 제대로 된 회사체제였어요. 여의도 열빈, 신동양, 홍보석 다 비
슷한 시기에 시작한 거요. 다 유명한 집이지. 열빈도 서울에선 다
섯 손가락 안에 들었어, 요릿집으로. 내 자랑이지만 스물세 살, 지
금 생각해도 참 대단했어. 나이는 어렸지만, 난 남보다 참 빨랐어.

● 열빈에는 오래 계셨어요?

열빈에서는 좀 오래 있었던 편이지. 그 장 주방장 밑에서 한 2년
인가 있었는데……. 그런데 그때, 남산에 중국집이 하나 새로 오픈
했어. 거기는 열빈보다 대우가 좋았어. 그러니까 다들 거기로 가
겠다고 했지. 근데 열빈 그 사장님 참 멋있는 분이야. 그분도 눈치
를 채고 있었던 것 같아. 하루는 "덕준아. 오늘 저녁에 밥 먹지 말
고 기다려. 내가 밥 사줄게. 할 얘기도 있고." "그럽시다." 저녁에
끝나니까 밥 사주면서 그래. "너도 옮길 거냐?" "다들 그렇게 얘기
합니다. 같이 남산 가자고." "그래? 넌 뭐라 그랬어?" "생각해본다
고 그랬죠." "그러지 말고, 월급 맞춰주마. 너 가지 마." 그때 내가
60만 원인가, 70만 원 받을 때인가? 더블을 주겠다는 거야. 그때
140만 원이면 정말 큰돈이었어. 나보고 "넌 내가 보기에 착실하고
젊고, 여기서 한 2년 일했으니까, 주방장 맡아줘." 그때 열빈 주방

에 요리사만 스물일곱 명인가 있었어. 홀 웨이터 직원도 한 60명 정도 됐고. 그때 내가 스물다섯인가 그랬어. 근데 졸지에 대열빈 주방장이 된 거야. 장사 잘됐어. 월 매출이 한 달에 거의 1억 2천인가, 1억 3천인가 그랬거든.

● 그때가 벌써 30년 전인데?

30년 넘었지. 31년 됐지. 사품냉채, 유산슬, 왕새우 요리가 4천 원 받았어. 하루 평균매출이 한 3, 4백만 원 팔았을 거야. 일반 짜장은 없고 삼선짜장이 아마 600원인가 받았을 거야. 거기 내가 있었던 거야. 내가 열빈 주방장 할 때는……. 내가 좀 엄했어요. 내가 어렵게 배워서 그런지. 내 밑에 있는 사람들, 아주 좀…… 좀 그랬어. 그래도 어쩔 수 없어. '나이도 어린 놈이 그렇게라도 해야 주방장 역할 할 수 있다' 그런 생각 들어서 그렇게 했는데. 결론은 뭐냐? 그때 당시 중국집에 인력이 그렇게 많이 남아돌지 않았어요. 그래서 항상 남대문 인력시장 가서 사람들 데려왔어요. 면 뽑는 애들, 잡일하는 애들……. 이것들 싹 다 문신들이에요. 식당 출신들 그런 거 좀 있어요. 다들 젊을 때니까. 이것들 하도 심심하면 "어이, 주방장 이거 한번 할래?" 팔씨름. 이 지랄들 하는 거야. 다들 건달 기질 있어. "그래? 너 좀만 기다려." 사실, 혼자는 안 되거든. 젊었을 때 나도 한 가닥 했지만. 내 친구 칼판장 있잖아? "야, 이 새끼들 좀 꺼칠꺼칠한데?" "알았어." 그리고 둘이서 반쯤 죽여 놓지. 패버리는 거야. 사전에 우리가 사장한테 가서 그거 다 얘기해. "사실 일하는 놈들, 남대문시장에서 데려온 사람들, 아시다시피 다 건달 새끼들입니다. 심심하면 집적거리는데 대신 사장님 한 가지 부탁이 있어요. 내가 패버릴 테니까 나머지는 사장이 책임지세요." "알았다. 그 대신 너희나 맞지 마라." 젊었을 때, 참 배짱도 좋았어. 그런 방법도 썼고, 하하! 물론 이유 없이 사람 패지는 않죠. "어이, 주방장 팔씨름 한번 해볼래?" 맞먹어. 이거 해서 지면 어떡할 거야, 안 그래? 그러니까 할 수 없이 패버려. 그런 새끼들 수그러들 땐 잘 수그러들어. 코피 터지잖아? 화장실 가서 씻겨줘. 앞치마로 얼굴 닦아줘. "야, 내려와." 일층 가면 슈퍼 있어. 술도 많이 먹을 때야. 삼바 25, 캡틴 Q, 이런 거 있어. 그것도 양주라고…… 안주는 알사탕 하나씩 입에다 물려 줘. "야, 이거 안주다." 종이컵에다 삼바 25시 한 잔씩. 소주병으로 하면 그게 4홉이야. "마셔, 인마! 남자새끼, 그거 맞았다고 울긴 왜 울어. 마셔." 한두 잔씩 먹으면 한 병 금방이야. "야, 그만 먹자. 올라가서 일하자." "나, 그만둘래요." "그래? 한 번 더 올라갈까?" "예, 알았습니다." 이렇게 해서……

● 인력시장에서 온 사람들은 한국인들일 거 아니에요?

한국 애들 데려오는 거지. 물론, 화교 놈들도 있고. 암튼 그땐 아주 소문났었어. 열빈 주방장 손덕준이 아주 독종이라고. 저 새끼 아주 젊은 놈인데 아주 성질 더럽고 잘못하면 줘 팬다 이거야, 사람을. 근데 그 사장도 재미있었어. 이미 돌아가셨는데…… 나보고, "덕준아, 이거(주먹질) 할 때 조심해라." "왜요?" 그러면, "괜히 말이야. 이빨 하나 얼마인지 알아? 이빨 같은 데 까면 안 된다." 연말이면, 우리 하루에 1,200만 원도 판 적 있어. 그때 장사 된 이유가 뭐냐면, 그…… 정치, 국회의원 선거할 때 되면 여의도 정치인들 딱지를 돌렸어. 한 장에 5만 원이야. 종이딱지. 코스요리가 제일 싼 거 오만 원이야, 코스 요리 한 상에. 제일 비싼 게 12만 원이야,

코스요리가. 선거할 때 되면 아주 정신이 없어. 내가 볼 때, 다 공짜로 먹는 것 같아. 정말 젊어서 한창 일을 할 때는 진짜 일 열심히 잘했어요. 그 사람한테 정말 돈 많이 벌어줬다고, 젊

었을 때. 심심하면 데리고 가서 양주 사 먹이고. 나보고 그래. "덕준아, 네 월급 정말 많은 거다." 그 경상도 사람, 참…… 하하! 그럼 그러지. "그래서 나보고 어쩌라고요? 우리는 이거 특수 직종이에요." 월급 올려 달라고 하면 꼭 그런 소리 했다고. "사장님 마음대로 하세요. 월급 좀 올려주면 원래 프라이팬 세 번 흔들 거, 월급 안 올려주면 두 번밖에 안 흔드는 법이에요. 그걸 아셔야죠." "알았다, 알았어." ……그때 열빈 다닐 때, 우리 아버님이 돌아가셨어요.

● 그럼, 그 후에도 열빈에 죽 계셨어요?

내가 열빈을 두 번 그만두고 세 번 들어갔어요. 첫 번째 그만둘 때는, 내가 대우빌딩 가서 주방장을 했나? 아니, 프라자호텔에 스카우트되어서 갔어. 왜, 시청 근처 프라자호텔. 스카우트돼서 갔어요. 왜 거기로 갔냐면…… 한마디로 그때 당시에는 요리사로 호텔에 들어간다는 건 하늘에서 별 따기야. 그런데 그것도 프라자호텔에서 직접 조리부장 통해서 나를…… 그때 왜냐하면 열빈이 장사도 잘되고 음식도 소문났어요. 맛있었다고, 열빈이. 스카우트되어 가지고 갔지만, 그리 오래는 하지 않았어요.

● 그럼, 열빈에 계시다가 프라자호텔 잠깐 계셨고. 다시 열빈으로 돌아가셨어요?

내가 열빈 그만뒀잖아요? 그리고 내가 프라자에서 일하고 있는데, 사람 운이란 게 그런가 봐. 내가 그만두고 그때서부터 열빈 장사가 푹 떨어지는 거야. 안 되는 거야, 열빈이. 매출이 한 절반 뚝 떨어지는 거야. 매상이 확 떨어지는 거지. 사장이 총지배인 시켜서 나한테 전화했어. "덕준아, 너 오늘 여의도 좀 와라." 난 아무것도 몰랐어. "왜 그러시는데요?" "룸살롱 가서 술 한잔 살게, 와." "그럽시다." 술 한참 먹을 때니까. 술 한참 먹고 노래 부르고 있는데, 열빈 사장이 딱 들어와. "손덕준, 야 인마! 이 삼천만에 의리 없는 놈아!" "사장님 어떻게 오셨어요?" "어떻게 오기는 인마! 너 어떻게 그렇게 의리도 없어? 네 아버지 돌아가실 때, 나 인천까지 갔다 온 사람이야. 근데 너 어떻게 나한테 그럴 수 있어?" 열빈에서 그만둘 때, 그 양반 나한테 한 얘기 있어, 프라자호텔 간다니까. 프라자호텔, 그때 당시 최고였어. 월급도 더 올려준다는 거 싫다고 그랬거든. "손덕준, 네가 마음에 든다. 너 거기 가는 거, 내가 더 이상 못 말리니까 가라. 하지만 한 가지 약속하마. 너 언제든지 여기 위생복 다시 입는 날이면 주방장 있든지 없든지 그날부로 너 주방장 시켜준다." 나한테 그런 약속을 했었어. 나를 잘 본 거지. 열빈 있는 기간, 다 합치면 10년 가까이 되는데, 얘기하면 엄청 많아요. 간단하게 한 가지 추려서 얘기하면…… 하루는 학생이 하나가 열빈에 왔어. 한국 대학 졸업하고 얼마 있으면 미국인지 어딘지 유학 간다는 친구인데. 그 친구가 중국요리에 대해서 좀 관심이 많았나 봐. 여의도에 사는 친구야. 하루는 지배인인 나를 불러. 젊은 친구인데 돈 좀 있는 집안 자식 같대. 주방장 좀 만나고 싶다고. "나를 왜 만나?" 열빈 단골손님이래. 그래 알았다고. 자기가 아주 어렸을 때부터 열빈 요리 먹었다 이거야. 근데 궁금하대. 중국요리가 도대체 몇 가지나 되는지. 그 학생, 중국요리 관심 있었어. 그래 그랬지. 그건 한이 없다고. 베이징요리도 있고, 쓰촨요리도 있고, 저장요리도 있고, 산둥요리, 광저우요리도 있는데 가짓수는 누구라도 말할 수 없다. 다만, 현재 메뉴판에 있는 건 한 200가지 정도 되고, 내가 할 줄 아는 요리는 대충 900가지 정도 된다. 부탁 하나 해도 되냐고. 메뉴판에 없는 요리를 먹고 싶다고. 매일 올 테니 하루에 요리 세 가지만 해 달래. 그때 당시는 속으로 그랬지. 젊은 놈이 하루 세 가지 먹어봤자 얼마나 먹겠느냐고. 근데 요리는 재료에 따라 다른 거야. 물론, 재료값이 비싼 요리도 있지만, 기술 값이 비싼 요리도 있어. 그건 인정해야 한다, 그랬지. 해주시는 것만으로도 감사하다고. 하루는 나를 다시 찾더라고. "주방장님, 감사합니다. 약소합니다만 제 성의이니 받아주십시오. 나이 어린놈이 건방지다고 생각 마시고." 그러면서 수표 한 장을 내밀더라고. "저를 위해 신경 써주신 데 대한 감사 표시입니다. 저 내일 유학 갑니다." 그동안 감사했다고, 약주 한잔 사 드시라고. 나도 하도 고맙기도 하고 해서, 그럼 오늘 마지막 요리니까 내가 서비스하겠다고 했지. 무엇으로 해줄 거냐고 묻기에, 통닭에다가 계란 삶은 거 양 날개에 끼우고, 조그만 완자를 그 안에 채운 거라고 했지. 이 요리 이름이 뭐냐고 물어. 그 친구, 항상 요리에 대해 적어 갔대. 그래 내가 그랬지. 닭은 원래 잘 가라는 뜻인데 양쪽에 끼운 계란은 좋은 일 많이 하고 잘 다녀오라는 뜻이라고. 사실, 이건 내가 개발한 거야. 사실, 자칭 요리 연구가들 많잖아요? 하지만 우리 같은 사람들은 옛날 스타일, 요릿집 스타일, 호텔 스타일 다 해본 사람들이야. 가짓수도 많고 창의적인 부분도 있어야 하고…… . 나도 마음먹었으면 큰 호텔 조리부장도 할 수 있었어요. 근데 우리 같은 사람들 항상 두려운 게 있어. 그건 못 배웠다는 거야. 배우지 못한 주방장들, 공부 좀 하고 영어 좀 할 줄 아는 애들 비서로 써. 돈 많이 주고. 하지만 요즘은 학벌 주방장이야. 시대가 바뀌었어. 다들 전문대 조리학과 나오고, 영어도 하는…… . 다 학벌 주방장이야. 일류대학 호텔경영학과 나와야 하는 거야. 나도 공부 좀 했으면 호텔 조리부장 했을 거야.

● 그럼, 다시 열빈으로 가셨어요?

그렇지. 열빈 지배인이 그러는 거야. "야, 손덕준. 말해. 얼마를 원해?" 내가 얼마 달라면 얼마 준대. 그때 당시만 해도 아마 대한민국 주방장 중엔 월급을 제일 많이 받았을 거예요. 그때 당시 보통 일반 사람들 월급이 한 이십몇만 원 할 때야. 옛날에 열빈 있을 때, 내가 140만 원을 받았잖아? 그래 내가 그랬어. 월급 얘기는 하지 말라고. 옛날 그대로 주든지 마음대로 하라고. 솔직히 한편으로 생각하면, 나도 그때 돈이 필요할 때야. 한 푼이라도 더 받으면 나도 좋지. 하지만 지금 생각하면 나한텐 다 은인이야. 내가 다시 열빈 오니까 이상하게 장사가 잘돼. 그때 사실 월급 180만 원 받았어. 사실 그랬으니까 지금 대만 가 있는 우리 여동생들 가르치고 했지. 그냥 거기 그대로 있었으면 그때 당시 돈 좀 벌었을 거야. 근데 난 다시 인천 내려와서 주안에서 장사를 시작했어요. 내 장사 해보겠다고. 내가 말 안 해서 그렇지, 배달하는 장사도 중간중간에 몇 번 했어. 그러다가 결국은 또 열빈에 끌려가고 했지. 아, 근데 우리 사부님, 그 열빈 장 사부님한테 술 배운 얘기 했나?

● 안 하셨어요.

그 양반 지금 치매 걸렸어. 치매 걸린 사람 내가 가보면 뭐 해? 알아보지도 못하는데…… 그 양반 술 먹었다 하면 삼 일 밤낮 안 가리고 먹어. 그 양반이 날 술 가르친 장본인이야. 내가 전철 개통되면서 타고 다닌 사람인데, 대방역에서 내려서 여의도까지 걸어가요. 아침에 열빈에 도착하면, 열빈 지하에 가면 다방 있어. 그 양반이 그래. 커피 한잔 하러 가자고. 말이 커피지. 다방에 가면 위스키 더블, 위스키 팔았어요. 국산 양주, 도라지 양주인가 있어. 거기에다가 설탕물 한 잔 타. 마담이, "야, 아가야. 두 잔 줘." 위스키 한 잔씩 마셔. "두 잔 더 줘." 그렇게 한 잔씩 더 마셔. 그러면, "야, 올라가서 일하자." 열한시 반에 올라가. 준비는 밑에 애들이 하는 거야. "야, 장사 준비 빨리 해. 바빠!" 그렇게 두어 시간 땀 뻘뻘 흘리고 나면 아침에 위스키 먹은 거 다 깨지. 그럼, 또 다방 내려가는 거야. 아니면 일층 슈퍼 가가지고 네 살짜리 하나 더 하지, 뭐. 네 살짜리가 뭐냐 하면 삼바 25시, 캡틴 Q야. 그게 소주 4홉만 하거든. 그렇게 술 배웠다니까. 알사탕하고. 캡틴 Q 한 병씩 먹어. 난 이상하게 알사탕 안주 하면 안 취해. 딱 올라가면 여섯시야. 다방은 현찰 준 적 없어. 외상 걸어놔. 누가 계산하느냐 하면 재료상들이야. 재료상들이 한 번씩 오면, "아, 주방장님. 커피 한잔 하러 가시지요? 제가 쏠게요." 재료상이 물건 팔아먹으려고 온 건데, 주방장한테 커피 사라고 하겠어? "사장님, 제가 낼게요." "아, 많이 나올 텐데." "뭐가 많아요? 얼마요?" 그럼, 다방 아가씨들 미리 다 알아. 마담이 위스키 장부 다 꺼내놔. "아, 그래서 내가 내지 말랬잖아?" "아, 아니에요. 됐어요, 됐습니다." 그렇게 내고 간다고. 나도 그 양반한테 많이 배웠어, 그런 걸. 하하! 나도 나쁜 짓 많이 했지. 그러면, 이제 외상값 다 냈잖아? 그럼 다시 아가씨들 앉혀. 한 잔씩 더 해. 나중에 세 시 정도 바쁜 거 다 끝나고 또 내려가. 아가씨들은 마담 눈치 보고 매상 올려야 하니까 막 권하지. 그러다 보면 여섯 시에 저녁 장사 준비해야 하는데…… 한 잔 두 잔 그렇게 먹다가 의자에서 푹 떨어져. 그날 다방 문 닫아야 해. 장사 다 한 거지. 또 하나 얘기해줄까? 시장은 남대문시장에 가. 갈 때 일부러 빵구 난 신발 신고 가. "야채를 발로 차면서 이거 얼마야?" 눈치 있는 사장, 다 알아. "주방장님, 왜 떨어진 신발 신고 오셨어요?" "살 돈이 있어야지." 이게 뭐냐면 일종의 수금이야. 주방장한테는 재료 팔아주면 술값 좀 들어와. 그 주방장 노인네, 점심때 밥 먹고 아홉 시에 저녁 먹어. 가게에서 요리하면 술 써야 하잖아? 하루 두 병씩 나와. 그럼, 내 앞으로 하나, 자기 앞으로 하나. 일하면서 그 한 병 다 먹어. 그럼 막상 요리할 때 없잖아? 그럼, 간장 몇 방울 떨어뜨리고 물 채워. 요리할 때, 그걸 써. 술은 자기들이 다 먹고. 퇴근하면, 노인네가 그래. "대방동 가서 한잔 더 해야지?" 포장마차 있어, 대방동에. 칼판장 몇 명 데려가요. 낮에 남대문시장 가서 돈 좀 걷었으니까 그걸로 먹어. 포장마차에서 소주 먹는데, 테이블에 소주병이 하나 가득이야. 못 치우게 해. 테이블에 꽉 차면 가야 된다는 거야. 날마다 새벽 두세 시에 집에 들어가는 거지. 대방동에서 한 정거장 오면 영등포야. 거기서 총알택시 타는 거야. 2,500원, 3,000원이면 인천 왔어. 나중엔 총알택시 기사들 중에 나

모르는 사람 없었어. 총알택시 있잖아? 한 사람만 타면 안 가. 꼭
채워야 가지. 어디라고 안 해도 송월아파트 앞에 딱 내려줘. 그때
내가 송월아파트 살았거든.

● 열빈에 두 번째로 가셨다가 그 다음은 어떻게 되었어요?

아, 그 얘기는 빠뜨려 먹었는데, 첫 번째 그만두고 다시 두 번째
그만둘 때에는 만다라에 들어갔어요. 대우빌딩 지하에 있는. 이건
설악개발주식회사라고 대우 소속이야. 대우 있을 때는 과장 대우
였지. 내가 거기서 한 2년쯤 있을 땐데 그때부터 거기는 2부제를
했어요. 비 오는 날이면 그날 아주 힘들어서 죽는 날이야. 대우빌
딩 상주인구가 얼마인지 알아? 수천 명이야. 하지만 대우 직영이
니까 조건은 아주 좋았어요. 8시간 근무하는 거요. 요리사도 2부
제였거든. 내가 총조리과장을 했지. 설악개발까지 포함해서.

● 그곳은 누구 소개로 가신 거예요?

옛날 거기 총지배인이 잘 아는 사람이야. 내가 열빈에 있을 때, 장
사 잘될 때 소문이 났었나 봐. 제 자랑 같지만 서로 데려가려고 스
카우트 경쟁하고 그랬어요. 내 짧은 생각엔, 거기는 정식 대우 가
족이에요. 애들도 생기고 그러니까 회사 들어가는 게 훨씬 안정적
이고 나을 것 같았어. 다 보장이 되잖아요.

● 그렇죠. 학자금도 나올 테고.

그렇죠. 학자금 다 나오고. 대우 김우중 회장이 제일 좋아하는 요
리 뭔지 알아요? 난자완스야. 또 왕만두 좋아했어요. 열빈에도 난
자완스 먹으러 오고 했어요. 내가 대우빌딩 있을 때 왕만두를 팔
기 시작했어요. 그 사람 만다라 오면 그날 점심에 손님 개미 한 마
리 없어.

● 손님을 아예 받지 않는 거군요?

사장이고 뭐고 다……. 대우 직영이니까 회장님 회사 안에서 먹는다고 하면 일반 손님 일절 안 받아. 기본 메뉴가 난자완스, 왕만두. 전복은 요리할 때, 옆에 지느러미 다 잘라내야 돼. 그걸 안 먹거든.

● 대우 만다라에서는 대우가 어떠셨어요?

스카우트되어서 갔지만 만다라에서는 열빈만큼은 못 받았어. 당시는 만홍(萬虹, 손덕준의 장녀)하고 만평(萬苹, 차녀)이 벌써 태어났을 때야. 내가 못 배웠으니 이놈들은 잘 좀 키워야지. 그게 내 생각이었어. 그래서 대우 가족으로 들어간 거야. 한 2년 있었어. 원래 아침 11시에 출근해서 7시에 퇴근하는 거야. 밥도 주방에서 못 먹게 해. 빌딩 안에 구내식당 있어. 식권 따로 나와. 완전 회사 체제죠. 보너스는 4백이었던가? 그렇게 되고. 힘들게 일하던 사람이 회사체제 들어가니 외려 안 맞아. 11시에 출근했다 좀 있으면 점심시간이야. 그 1시간만 바쁜 거야. 내가 뭔 일을 해? 할 일 없어. 일하는 애들도 많아. 사무실 하나에 비서 하나 있어. 그게 오히려 사람 못 할 짓이야. 고생하던 놈은 팔자가 너무 편해도 안 돼. 인천역에서 전철만 타면 빌딩 지하실로 바로 들어가. 전철 통로로 해서. 어떤 줄 알아? 편하면 편할수록 사람은 더 편해지려고만 하는 거야. 어떤 때는 출근도장만 딱 찍고 다시 전철 타고 돌아와. 낚싯대 준비해서 하인천으로 망둥이 낚시하러 가. 있잖아? 만석동. 집에 와서 망둥이 회쳐서 소주 한잔 해. 친구들은 다 일하는데 나 혼자 편하니까 그거 재미없는 거야. 나한텐

안 맞아, 그게. 거기가 회사체제니까 날마다 프로테이지 따져서 장부에 재료 들어온 거 기입하고…… 난 영어도 할 줄 모르잖아? 정말 귀찮아서 못 해 먹겠더라고. 그런 찰나에 옛날 열빈에 있을 때부터 단골 한 분 계세요. 신성건설 회장이 바로 그 열빈 단골손님이었어. 나도 처음엔 잘 모르던 분인데…… 뚱뚱하신 분인데……. 그분이 어떻게 수소문해서 날 스카우트했어. 그때 막 인천에 신성쇼핑 지었을 때거든. 원래 신성건설 계획은 호텔 지으려고 했던 건데, 하도 주먹 쓰는 것들이 이권 가지고 다투니까 쇼핑센터로 바꾼 거래. 어느 날 신성건설 인사과 직원이 날 찾아왔어. 자기네 사장이 날 잘 안다고. 여의도 열빈에 수년 동안 단골이었는데 음식 참 맛있다 하더라고. 신성쇼핑 5층이 식당가인데 조리부장으로 모시고 싶다고. 부장 대우래. 그래 내 그랬지. "인천이고 하니까 오픈할 때 한번 가볼게요." 며칠 후에 쇼핑센터 가봤지. 그런데 그렇게 안 큰 거야. 인사과 들어가서 내가 그랬어. "이게 규모가 너무 작아서 내가 있을 데가 아닌 것 같아요. 내가 딴 사람 소개해줄게요." 그러니까 그 직원이 이게 규모는 작아도 한식, 양식, 중식, 일식 다 있대. "이거 다 관리하시는 거예요." 보수는 원하시는 대로 다 드릴 테니, 면접 한번 하시라는 거야. 거, 참 신기하게 오히려 나한테 매달리는 거야.

● 그러니까 식당가를 경영하시는 거네요?

그런 셈이야. 일단 좋다. 그리고 며칠 후에 만나기로 했지. 형식은 갖추어야 하니까 면접 날짜를 잡은 거야. 그 사장 뚱뚱해. 완전히 미식가야. 먹는 거 좋아하게 생겼어. 술도 좋아할 것 같고. 토끼띠야, 그 양반이. 쇼핑센터 마크도 토끼야. 만나니까 나를 보고 그냥 웃기만 하더라고. "당신 열빈 주방장 오래 하셨네. 나 거기 단골이라고. 혹시 기억나는지 모르겠지만, 가끔 가다 잡탕밥 시키면서 꼭 밥을 볶아 달라는 사람이 있었을 거야. 그게 나야." 그러더라

고. 나도 어렴풋이 기억
나는 것 같아. 원래 잡탕
밥은 맨밥으로 하는 건
데, 어떤 손님이 꼭 잡탕
밥 시키면서 볶음밥으로
만들어 달라고 했던 것
같아. 나도 기억나. 맞아.

"중식당은 내가 기술 좀 가지고 있지만, 일식하고 한식은 제가 잘
모릅니다." 그렇게 말하니까 그 사장 하는 말이, 앞으로 자기네는
이걸 발판으로 외식산업을 본격적으로 해보겠다는 거야. 그러니
까 지금만 보지 말고 멀리 보라고. 인사과에 다 지시해 놓았으니
아마 불편한 게 없을 거라고. 그러더니 갑자기 "한 가지 물어봅시
다. 술 주량이 어떻게 돼요?" 재미있는 분이야. "많이는 못 먹고요.
소주 세 병 먹으면 취하지는 않습니다" 그랬더니 "나하고 비슷하
군." 참 털털하고 사람 좋더라고. "인사과에 말해 놓을 테니까 될
수 있으면 우리 회사 오셔." 만다라는 근무시간이 8시간이고, 부
장 대우였고 무엇보다 대우 가족이었다. 보수는 얼마였고 보너스
는 400%였다. 그러니까 같은 대우 해준다면, 또 집이 인천이니까
올 수 있다. 그럼, 맞춰 보겠대. 한식, 중식, 일식, 양식, 일하는 사
람 다 나보고 뽑으래. 그래서 보수만 맞으면 내가 알아서 채우겠
다, 했지. 오픈 전인데도 월급 주고 사무실 책상까지 내주더라고.
출근하시라고. 그래서 내가 오픈해줬지.

● 만다라에 얼마쯤 계시다가 옮기시게 된 거에요?
한 1년 넘었을 거야. 어차피 신성도 회사체제고 외국에 외식산업
진출한다니까 전망도 좋을 것 같고……

● 정식으로 신성 사원이 되신 거네요?

사실 정식으로 계약하면 정
식 직원이고 부장 대우가
되는 거야. 근데 정식으로
계약하자는 거, 나 안 했어
요. 사실, 신성이 장사가 별
로였어. 일식, 한식, 내가
주방장 다 심어줬는데 이상
하게 장사가 안 돼. 지금이

야 쇼핑센터 식당가, 많이 세련되어 있잖아요? 근데 그때는 일반
사람들 잘 몰라. 인식이 안 되어 있어. 한 1년쯤 지났을까? 사장이
간부직, 이사, 과장들 다 모아 놓고 회식을 시켜주더라고, 일식집
에서. 사장이 일일이 술 따라 주더라고. 그 양반 술 참 좋아하시더
라고. 그날 그 양반 직원들한테 업혀 갔어, 취해서. 난 그날부로
거기 관두었어.

● 왜요?

그날 술자리에서 다 모여 있는데 식당가 적자 얼마 봤냐고 묻는
거야. 정말 사람 김 팍 새더라고. 그래서 내가 다시 세 번째로 열
빈 간 거야. 만약에 신성에서 잘되었으면, 외식사업에 진출했으면
어떻게 되었을지 모르지. 근데 사실 쇼핑센터 자체가 장사가 별로
였어. 분양받는 사람들 사장실 들이닥쳐서 항의하고 그랬어. 그렇
지만 그 사장, 나하고 많이 친해졌어. 술도 자주 먹고 했으니까.
그 양반이 하루는 나한테 이러는 거야. 자기 빌딩이 역삼동에 있
는데, 거기 앉아 있으면 인천 쪽으로는 오줌도 싸기 싫대. 하도 사
람들이 욕을 하고 항의하고 그러니까. 마지막 날 술 한잔 사주면
서, 만리향, 거기 중국집 이름이 만리향이었어. 만리향 깨진 거 너
무 신경 쓰지 말라고. 참 괜찮은 분이야. 그래서 다시 열빈으로 갔
다가 나중에 하림각으로 간 거야.

● 여기서 잠시 기록을 보면서 정리를 해볼게요. 사장님은 1956년 1월 29일에 출생하셨고, 1962년 8월에 인천화교소학에 입학하셨고, 1969년에 인천화교중학을 중퇴하시면서 바로 사장님 아버님이 경영하셨던 송월반점에서 일을 하시게 된 거죠?

그렇죠.

● 그리고 1971년에 인천 송도에 있는 동태관에서 2년간 수타를 하셨고, 제주도에 아버지와 함께 잠시 계시다가 1972년에 서울 종로에 있는 대관원, 74년에 을지로에 있는 홍보석에 차례로 입사하셨고……. 여기까지 맞죠?

네.

● 홍보석 그만두시고 인천에 내려오셔서 1975년 동천홍 그리고 1978년에 평화각에서 일하셨고……. 그렇죠?

맞을 거예요.

● 그러다가 다시 1980년에 서울 여의도에 있는 열빈으로 가셨고……. 아, 중간에 만홍이 낳던 해, 1984년에 드디어 정식으로 사모님과 결혼하셨고. 다시 1986년에 서울 프라자호텔 중식관 1급 요리사로 입사하셨다가 1988년에 두 번째로 열빈에 총주방장으로 들어가시고. 그리고 1991년에 대우 만다라에 스카우트되어 가시고 1992년쯤에 신성쇼핑 만리향으로 옮기셨고, 다시 잠시 열빈에 계셨다가 마지막으로 하림각으로 가시게 된 거죠? 1993년에. 그런가요?

중간에 우리 만평이 태어나고, 1986년에. 그리고 우리 만승이 1988년에 태어났지. 지금 그 기억나요. 그리고 중간 중간에 내 장사도 몇 번 하고…….

● **마지막으로 직장생활 하신 게 하림각이셨죠?**

네. 지금 세검정에 있는 하림각, 그 터가 원래 돌산이에요. 청와대 앞에. 사실, 열빈에 있을 때, 하림각에서 나를 여러 번 오라고 했어요. 그렇지만 난 차마 열빈을 못 떠났어, 의리 때문에. 근데 그 하림각 사장님이 날 잘 본 거요. 요리사는 널렸지만, 손덕준이만큼 통솔력이 있는 사람은 없다는 거야. 하림각은 직원이 한 100명 돼요. 프런트, 주방 다 합쳐서. 완전히 회사야. 장사도 정말 잘됐어요. 단체손님도 많고. 근데 직원들이 많으니까, 요리도 중요하지만 직원들을 통솔할 수 있는 사람이 필요한 거야. 원래 내가 가기 전에는 열빈에 있던 그 장 주방장 있잖아? 그분이 거기 계셨는데, 그분이 그걸 잘 못하셨던 것 같아. 통솔력이 부족했던 거지. 근데 난 성깔이 좀 있잖아. 직원들은 내가 아침에 출근하면 아주 꼼짝 못했어. 나이 먹었든 안 먹었든 간에. 그래서 그 장 주방장은 다시 열빈으로 가고, 대신에 내가 하림각으로 간 거지. 그러니까 서로 맞바꾼 셈이지. 열빈에서 내가 키운 제자들, 지금도 열빈에서 일하고 있어. 주방장 하고 있어. 한 20년 넘었을걸? 하여튼 그 장 주방장, 나하고 인연 많아. 그때는 그 양반하고 나하고 여의도에서 한창 주름잡을 때야. 국풍 81 알죠? 삼바 25시, 그때 그 술 나왔어. 참, 그 술 생각나네. 나도 벌써 알코올중독 되었지만…… 안 먹으면 이상해. 나 옛날에 그 양반한테 술 배우면서 안 먹어본 술 없어. 완전히 알코올 쓰레기 되었다고. 진짜 쓰레기야. 먹고 취하면 돼. 그렇게 술 배웠어. 나 지금도 생각하면, 그 옛날 주방장 장 씨 아저씨…… 이미 70이 넘었어. 참 나한테 잘해주었는데…… 그 사람, 인복도 있었어. 그 양반도 어렸을 땐, 성깔도 좀 있고 그랬대. 그래서 그런 경험으로 나한테 좋은 말도 많이 해주고 보듬어주고 했는데…… 그렇게 좋은 사람 밑에 있었기 때문에 오늘의 내가 있는 거요. 사실, 나쁜 친구 만나면 어떻게 될지 모르는 거거든? 안 그래? 근데 다행히 그런 양반들 만나다 보니까……

● 하림각 계실 때 얘기도 간단하게 해 주세요.

그 하림각 사장님 자체가 한국에서 중국요리 최고였어. 아주 실력이 좋은 사람이에요. 그분, 한평생 열몇 살 때부터 중국집 다녀 가지고 진짜 죽을 고생 해서 식당계에서 대한민국 최고가 되었어. 하림각은 대한민국뿐 아니라 중국집으론 세계에서 제일 클 거야. 그 하림각에서 내가 월급 360 받았어요. 대한민국 최고의 월급이요. 경제적으로 참, 도움 많이 됐어. 옛날 대관원 사부님 계시잖아? 그분 아들이 하림각 구관에서 주방장을 하고 있었어. 난 신관 주방장 하라고 해서 간 거야. 구관은 900평에 3층이고, 신관은 1,200평에 2층이요. 연말이 되면 예약손님 4천 명씩 받아. 연말에 하림각 하루 매출이 1억쯤 되었어요. 월 매출이 30억이야. 아무튼 하림각은 식당이 아니고 공장이라고 해야 돼. 냉동보관창고로 트럭이 들어가. 예를 들어, 한 테이블에 열 명씩 따져서 4천 명이면 4백 테이블이야. 냉채 하나 썰면 400개야. 하루에 코스요리 얼마나 나가는지 알아? 왜 매상이 1억이 되냐 하면, 코스요리 보통 2만 원, 3만 원이야. 근데 난 하림각에 오래 안 있었어요. 원래 요리계통엔 족보가 있어. 내가 하림각 가면서 내가 데리고 있던 애들 다 데려갔어. 군대나 마찬가지야. 걔들 다 내 밑에서 얻어터져 가면서, 내가 두드려 패가면서 가르치고 했던 애들이야. 다 형제나 마찬가지죠. 내가 원래 미워서 그렇게 했겠어? 다 훌륭한 요리사 만들려고…… 난 원래 성격도 급하고 좀 팍팍해. 게다가 젊었으니까 일을 얼마나 열심히 하겠어? 그래서 이런저런 이유로 그만두었어. 자세한 이유는 여기서 말 못 해. 이건 이해해주셔야 돼요. 하여튼 복잡한 사정이 있었어요. 그만두고 나올 때는 그냥 딴 핑계를 댔어. 나도 내 사업 해보려고 한다. 다른 뜻은 없다고. 오히려 내가 계속 있으면 하림각에 지장을 주는 것 같으니 미리 그만두는 거라고. 나갈 때, 그 구관 장 주방장 식구들이 아주 성대하게 송별식을 해주더라고. 그 사람들도 다 알고 있었던 거야, 이유를. 장 주방장이 그래. "그래도 화교 중에 너 같은 친구가 있다는 건 나로서는 같이 하고 안 하고를 떠나서 정말 고맙다."

차이나타운 입성

● 하림각 나오시고 나서, 그 이후 얘기를 좀 해주세요.

난 성격이 남한테 해코지하면서 안 살아봤어요. 그래서 그만둔 거지. 그런데 막상 거기서 나오니까 사실 막막하더라고. 그만둔다고 큰소리는 쳤지만…… 그러니 어떻게 해? 이젠 더 이상 갈 데도 없어요. 대한민국 제일 큰 데서 주방장 생활 한 거요. 최고로 한 거요. 요리사들 사이엔 이런 거 있어요. 100평에서 주방장 했는데 50평으로는 갈 수 없는 거야. 360만 원 받았는데 150, 160 받을 수는 없잖아? 이건 자존심 문제야. 어쩔 수 없이 내 장사해야 된다. 이

젠 정말 이 악물고 뼈가
부서지는 한이 있더라
도 지독하게 장사에만
매달려야 한다. 그렇게
마음먹었지. 근데 그게
마음대로 안 돼. 우리
마누라 얘기했을 거야.

배달장사 이거? 짜장면 한 그릇 배달해줬어. "고춧가루 가져왔어
요?" "안 가져왔는데?" "그럼, 안 가져왔으면 돈 못 드려요." 할 수
있어? "알았습니다." 고춧가루 갖다 줘. 대열빈 주방장이, 대하림
각 주방장이……! "아저씨, 단무지 좀 더 갖다 줘요." 안 갖다 줬어.
열받으니까. 그릇 찾으러 가니까, 단무지 갖다 달라는데 왜 안 가
져왔냐는 거야. "바빠서 그랬습니다." "그럼, 다음에 와서 찾아가
세요." 정말 더러워서 못 해 먹겠더라고. 그대로 명색이 대열빈 주
방장이었는데……. 하하! 그래도 할 수 있어? 셋째 동생한테 그랬
어. "우리 같이 장사하자. 난 도저히 배달 못 가니까 배달은 네가
하고, 주방은 내가 책임질 테니까."

● 하림각 그만두시고 인천에 내려오셔서 처음 장사하실 때는 어디에서
  하셨어요? 차이나타운은 아니었죠?

원래 열빈 다닐 때에도 중간 중간 주안 같은 데에서 장사했어요.
주안역 뒤에서. 근데 결론은 뭐냐? 돈 못 벌었어요. 장사는 기술만
가지고 하는 거 아니더라고요. 두어 번 장사 했었는데 다 실패했
죠. 사실, 하림각에서 그만두고 좀 막막할 때, 내 생각은 그랬어.
'이제 주방장 생활, 직장생활은 끝이다. 내가 만약 내 장사를 하면
서도 주방장 생활 그리워한다면 아마 장사가 성공 못 할 것이다.
주방장 그만해야겠다. 내 장사 사업에 마음을 굳혀야겠다.' 두 번
장사의 실패 원인을 찾아보니까, 나는 앞에서 굽실굽실하는 걸 못

해요. 내 자신을 더듬어보니까 그래. 그래서 그 다음에 장사할 땐, 우리 와이프가 앞에서 카운터 보고 나는 그냥 주방에서 일했어. 큰 집 주방장이 아니잖아? 설거지든 뭐든 다 내가 할 각오를 가져야지. 그래서 그 생각만 했어. '내가 있을 곳은 주방뿐이다.' 그래서 카운터는 와이프, 배달은 셋째 동생, 주방은 나. 이렇게 해서 시작했지. 동생한테 그랬어. "돈은 내가 투자하마. 버는 건 나하고 반반씩 나누자. 그 대신 열심히 하자." 어차피 동생이니까. 셋째는 원래 뭐 했냐 하면요? 영화식품 있잖아? 춘장 만드는 회사. 거기서 오래 근무했어요. "남의 집 생활 그만하고 너는 앞에서 뛰어라. 배달 담당하고. 음식은 내가 담당하마." 앞에서 와이프하고 홀 보고, 나는 주방담당. 지금 중화루 카운터 있잖아? 우리 제수씨야. 아, 아까 물은 거……. 처음엔 차이나타운 아니었어요. 연수구 연수동 신도시 막 시작할 때야. 아파트 짓고 땅 파고 할 때요. 각오되어 있었어. '다시는 주방장 않겠다. 장사에만 매진해야겠다.' 마음 아주 굳게 먹었어요. 처음 시작할 때는, 그 자리가 어디냐면 연수동 동아·금호아파트 상가 2층이었어. 한 30평 되었을 거야, 분양평수가. 주방 꾸미고, 홀에 테이블 한 여섯 개인가 일곱 개인가 놓고……. 남이 하던 걸 인수했어요. 보증금, 권리금 해서 그때 당시 4천만 원. 적은 돈은 아니었어요. 맨 처음 신도시다 보니까, 아파트 입주할 때 아파트 배달……. 운이 닿아서 그런지 시작하자마자 잘되었어요.

● 상호명은 뭐였어요?
자금성이었어요. 간판 이름은 원래 내가 만든 게 아니에요. 원래 그 가게 이름이 그거였어. 내가 인수한 거지. 사장이 복덕방 했는데, 사람 관리를 잘 못했나 봐. 걸핏하면 주방장이 술 처먹고 안 나오고…… 골치를 썩였나 봐. 그걸 내가 인수한 거예요. 장사는 괜찮았는데 인력 관리를 도저히 못 하겠다고 해서 나한테 넘긴 거

죠. 내가 가서 제대로 하고 그러니까, 나중엔 배달하는 애들 대여
섯을 써야 했어요. 많을 때는 열 명까지. 그러니까 오토바이가 열
대인 거지. 보통 저녁에 계산하잖아? 평균 2, 30만 원, 3, 40만 원
했어요. 배달 한 사람당 말이야. 대신 95% 이상이 배달이었어요.
배달장사는 위험하긴 하지만 수입은 좀 괜찮았어요. 그러다가 연
수동 대동월드로 옮겼지.

● 바로 건너편이잖아요?
그때 당시는 대동월드 막 입주할 때야. 거기 분양사무실에 있는
사람 잘 알게 되었어, 장사하면서. 그래 내가 물었지. 상가 임대하
는 데 짜장면 장사도 주냐고? 그래서 거기 1층에다가 30평짜리 하
나 얻었어요.

● 가게를 하나 더 새로 얻으신 거네요?
아리성이란 간판으로 2호점을 연 거죠. 대동월드 안에는 당시로는
인천에서 제일 큰 아이스링크도 있었고, 집세도 비쌌어요. 아마
월세로 180만 원 줬을 거예요. 거기는 배달보다 가게 손님이 더
많았어요. 그 자금성을 3년인가 했을까? 하다 보니까, 배달장사는
오토바이 사고가 많이 나요. 보험을 들기는 했지만…… 인도에서
남의 애를 치는 일도 있었어. 그렇게 한 번씩 사고가 나면 정이 팍
팍 떨어져. 그래서 셋째 동생한테 그랬지. 네가 둘 중에 하나 가져
라. 동아·금호냐 아니면 대동월드냐? 네가 하나 선택해서 가져
라. 사실, 아리성 차린 돈 다 자금성 운영해서 번 것이잖아? 자금
성, 그때 장사 잘됐어요. 아리성은 배달꾼만 한 열 명 되었어. 열
명이면 한 사람당 4, 50만 원 하니까 다 합치면 4, 500만 원 하는
거야. 그렇지만 그놈의 오토바이 사고에 하도 시달려 가지고……
우리 셋째 그놈도 질렸고 나도 질렸어. 우리 동생 그러더라고. 아
예 다 팔아 버리자고. 형은 형대로 가고 나는 나대로 가겠다. 그래

서 가게 둘 다 넘기고……. 돈 좀 벌었어요. 그리고 난 석바위에 1억 8천 주고 56평짜리 단독주택 하나 샀어. 원래 내 소원이 뭐냐면, 마당 있는 큰 집에 나무도 심고……. 셋째도 똑같이 근처에 상가주택을 샀어요. 그때는 재산이 나랑 비슷했어. 똑같이 나누었으니까. 그전까지는 송월아파트 살았는데, 한 20년 살았어요. 그렇게 가게 둘 다 처분하고 ……. 그동안 하도 장사에 시달렸는데, 아주 팔고 나서 단독집 사서 이사 가니까 정말 속이 후련하더라고. '그래, 우리 이제 좀 쉬자. 일단 쉬고 나서 나중 일은 나중에 생각해보자.' 난 사실, 내 소원 푼 거야. 원하는 집도 샀고. 와이프랑 대만도 놀러 가고, 중국도 가고. 우리 와이프 취미가 중국 장식품 있잖아? 동남동녀등(童男童女燈), 용등(龍燈) 같은 거 모으는 거야. 우리 가게 가면 그런 색깔 진해. 대만이나 중국 가면 그런 거 사오고 했지. 사실 그동안 우리 부부, 장사 몇 년 하면서 마음이 너무 힘들었어요. 생각했어. '지금은 준비기간이다. 제2의 도전을 시작하기 위한 준비다.' 그렇게 좀 쉬고 있는데 옛날 신성 있잖아? 거기서 연락이 온 거야, 박 이사라고. "손 부장, 손 주방장이 신성 중국집 만리향 좀 맡아서 해보지?" "그 가게 지금도 해요?" 알고 보니까, 옛날 거기서 주방장 하던 친구가 지금 맡아서 하는데 하루 매출이 10만 원, 20만 원 한다는 거야. 와이프하고 같이 경영하는데 관리비, 월세 내면 남는 게 없다는 거야. 문 닫기도 그러니까 나보고 한번 해보라고. "우리 손 주방장 맡아서 하면 괜찮을 거야. 이 친구는 장사하면서 별로 신경도 안 쓰는 거 같아." 보증금도 없이 그냥 하래. 내가 직접 가서 그 당사자를 만났어. 그 친구 말이, 그냥은 못 나간다는 거야. 얼마라도 달래. 그래 그럼 얼마 주면 되겠냐고, 말해보라고. 뭐 한 500이라도 줘야 한다는 거야. 그럼, 그러지 말고 한 300 줄게. 장사라도 되는 집이면 500이 아니라 1,000이라도 주지. 어차피 하루 십만 원 파는 집인데…… 이거 다 죽은 건데 그렇게 많이 달라고 하면 되냐? 그럼, 350 달래. 알았다고. 밀져 봐야 본전이지, 뭐. 와이프랑 상의하고 인수했어. 분양평수가 108평이야. 실 평수는 60평일 거야. 매장이 70, 80석 돼. 가게는 참 괜찮아요. 게다가 난방비, 전기세 같은 거 신경 안 써도 되고. 관리비 한 달에 80만 원인가 내면 됐어요. 그래서 들어갔지. 푹 쉬고 나서.

● 어느 정도 쉬셨던 거예요?

한 2, 3개월 쉬었나? 그동안 고향도 가고. 그리고 다시 장사 시작했지. 마침 그때 와이프 아는 한국 아줌마 한 명 있었어. 그 사람하고 와이프가 홀에서 일하고. 건물 안에 사무실들 있잖아? 거기 배달 좀 하고. 밖에 배달 안 하는 거니까. 난 주방에서 주방일 하고. 지금 우리 중화루 주방장 있잖아? 우리 와이프 언니 아들이야. 군대 갔다 와서…… 군대에서 취사병 했어. 그 친구, 음식 만드는 취미 있어요. 그래서 내가 연수동에서 장사할 때부터 같이 데리고 있었어. 그 친구 다시 불렀지. 이렇게 네 명이서 시작했어. 맨 처음엔 정말 10만 원, 20만 원 팔았어. 나중에 점점 좋아진 거야. 거기서 1년 몇 개월 했나? 하루에 백만 원 이상 팔았어, 나중에. 잘되는 달엔 월매출 3,500만 원. 월급 다 줘도 한 달에 천만 원 넘게 가져갔어.

● 그때가 1990년대잖아요?

90 몇 년도더라? 내 나이, 서른일곱인가 여덟인가 그랬어. 95년, 96년도쯤. 내가 거기서 한 2년 가까이 했으니까. 그거 하면서 재미 좀 괜찮았어요. 주변에 선배님 한 분 계셨어. 지금은 부천에서 장사하시는 분인데. 올 때마다 그 가게를 탐내는 거야. 배달도 안 하지. 근처에 교회도 있지. 주안 무슨 장로교회인데. 교회 신도가 그렇게 많아요. 평소 가게에 별로 손님 없어도, 주말에만 교회 신도들이 와서 팔아주어도 매상을 다 받쳐주는 거야. 교회에서만 백만 원, 이백만 원 팔아 줬으니까. 2년 가까이 아주 편하게 살았지. 아침에 일찍 갈 필요도 없고, 점심 때 한두 시간이면…… 손님 꽉꽉

찾어. 저녁엔 손님 없어요. 일찍 들어가면 돼. 배달도 신경 안 쓰고. 그 선배님이, "야, 나한테 넘겨." "형님, 자꾸 왜 그러시냐?"고. 마침 그때 하인천에서 부동산 하는 내 친구 있었어. 그래도 친구라고 자기네 회식하면 우리 가게까지 와서 회식하고 그랬어. 의리 있는 친구지. 그 친구한테 차이나타운에 대한 정보도 많이 얻었어. 그때 중구청에서 차이나타운 중국동네 활성화한다고……. 그때 당시 차이나타운에선 풍미가 장사 독점했었어. 엄청나게 장사도 됐고. 내가 차이나타운 오게 된 계기는 우리 대만 사는 막내 여동생 덕분이야. 우리 막내 여동생, 티는 안 내지만 사실 대만에서 재벌 집안이에요. 그 여동생이 시집가고 나서 한국에 한 번 들어왔었어. 그때 우리 식구는 주안 석바위 살았었잖아? 단독주택에. "오빠, 엄마가 쓸쓸해하시는 것 같아요. 엄마 친구 분들도 다 차이나타운에 계시잖아요? 제가 투자할 테니, 차이나타운에 건물 하나 사세요." 원래는 거기에 건물 사서 엄마한테 불당 하나 차려드리려고 했던 거야. 난 원래 우리 어머니한테 동생들 집도 잘 못 가게 했어요. 무조건 내가 모시고 있어야 된다고 생각했고……. 내가 장남이잖아? 우리 애들도 장사하는 동안 우리 어머니가 다 키웠어요. "그래, 어디 한번 알아보자." 그때 마침 IMF 시절이야. 97년, 98년. 그때 한국 정부, 외국 자본 유치하려고 외국인 부동산취득법 완화하려는 찰나였어. 그때 달러가 1,800, 1,900 하던 시절이야. 대만에서 달러 가져오면 한국에선 엄청 큰돈이었어요. 내가 알아봤을 때, 어떤 건물 나왔느냐 하면 바로 이 태화원 건물하고 자금성 건물이었어.

● **그때 당시 자금성이나 태화원은 여전히 중국집 하고 있었어요?**

아니지. 그냥 창고였어. 여기 태화원은 소파 공장이었어. 건물 전체가 다 창고였어. 자금성은 건물 보니까, 대지가 127평이야. 건물은 84평. 1층은 80평, 2층은 40평. 그래서 내가 막내 여동생한테 그랬어. "그러지 말고, 이건 오빠가 석바위 집 팔아서 살 테니, 넌 신경 쓰지 마라. 어머니는 내가 모셔야 하니까. 정 그러면 우선 네가 빌려 주라. 집 팔리면 내가 돌려주마." 여동생은 굳이 그럴 필요 없다는 거야. "그냥 내가 사면 되지, 오빠가 뭘 그리 신경 써? 그 석바위 집은 오빠가 좋아하는 집이라며? 정원도 있고, 마당도 있고. 돈도 이미 다 준비되어 있는데. 정 오빠가 사고 싶으면 딴 건물 또 사면 되잖아? 어쨌든 오빠가 어머니 모셔야 되니까. 너무 클 것 같으면 밑에다 다른 거 해. 이젠 편하게 살아요. 어렸을 때, 고생도 많이 했는데." 그래서 지금 자금성 건물, 우리 여동생 건물이요, 막내 여동생. 사실, 우리 집, 우리 형제들 얘기하려고 하면 진짜 책 한 권이 아니라 여러 권 쓸 거요. 얘기하면 길어요, 진짜……

● 자금성 건물 매입하셔서 바로 중국집 차리셨어요?

80평이 왜 그렇게 커 보였는지……. 수리해도 비용이 만만치 않을 것 같아. 그래서 절반만 수리하고 나머지는 창고로 쓰려고 했었지, 처음엔. 일단 부동산 통해 매입하고 곧바로 수리 들어갔어요. 그땐 중구청에서 차이나타운 활성화 때문에 권장하는 부분도 있었고. 그때 내가 일부러 중구청장을 찾아가 만났어. "사실 제가 이 동네에서 태어났는데, 여태까지 주방장 생활 했는데, 주안에서 장사하던 사람인데 차이나타운 활성화한다고 해서 여기로 왔습니다." 그랬더니 오픈할 때 연락하래. 마음으로라도 도와드리겠다고. 그분 만나고 나니까 마음이 변했어. 정말 잘되겠다는 느낌이 오더라고. 괜히 처음에 조그맣게 했다가 나중에 늘리려고 하면 돈이 더 드니까 일층 전체를 요릿집으로 꾸몄죠. 리모델링하는데 8,000만 원 들었어요. 2층은 여동생이 불당 만든다고 새로 지었고. 그렇게 장사를 시작했어. 그때 중구청장님도 우리 집 자주 왔어요. 음식도 잘 먹고, 참 서민적이야. 그때 이미 중한수교 되었을 때라, 중구청에서 중국하고 우호도시 추진했어요. 그때 나도 한 역할 했어요. 처음에 자금성을 오픈하고 한 6개월은 잘 안 되었어요. 그러다가 신동엽 있잖아, 개그맨? 그 신동엽의 <신장개업> 때문에 대박 터졌지.

● 그때 차이나타운 활성화 많이 되었어요?
처음엔 중국집이 딱 세 집이었어요. 대청반점, 풍미, 자금성. 자금성이 세 번째 들어온 거야.

● 그 당시 화교들은 여기 차이나타운 활성화되면서 대거 들어오신 건가요? 아니면 그래도 예전부터 많이 살고 계셨나요?
화교들은 대부분 송월아파트 근처에 분포해 있었어요. 또 인천역 뒤에 동인아파트에도 화교들 많이 살았어요. 박사님도 아시다시피, 그때 여기 차이나타운은 지금처럼 잘되지는 않았어요. 그래서 장사하는 화교들도 별로 없었고. 그런데도 사는 주거지는 대개 이 주변 송월아파트나 빌라 같은 데 많이 살았어요. 이유가 뭐냐 하면요? 애들 학교 보내기 위해서. 애들 여기 중산학교 보내려고. 지방에서 올라와 여기 송월아파트에서 사는 사람들도 많았어요. 아파트 전세 얻어서. 다 학교 때문이야.

● 동인아파트나 송월아파트에 사시던 화교들은 대개 어떤 일 하셨어요?
물론 다 식당 했지. 여기 차이나타운 말고, 주안이나 부평에서.

● 직장은 다른 곳에 있어도 아이들 교육 때문에 이 주변을 떠나시지 못한 거네요?
그렇지. 애들 학교 때문에. 애들은 걸어서 학교 다녀야 하잖아? 설사 딴 데서 장사해도 그래서 자기는 출퇴근하는 한이 있어도 집은 다 여기 뒀다고. 나 같은 경우에는, 왜 송월아파트에 오래 살았나 하면, 애들 학교 걸어서 보내고 우리 집 노인네 때문에. 이 주변에 지금도 아직 수십 가구 살아요. 동인에도 한 2, 30가구 살고.

● 석바위 쪽에 단독주택 얻어서 이사 가셨을 때는 애들 학교를 어떻게
보내셨어요?

다 버스 타고 다녔지. 나야 좋았지만. 어머니는 한국말 잘 못하는
데 친구 한번 만나려면 버스 타고 가야 하니까……. 나한텐 괜히
미안해서 말 못 하고 대신 딸한테 말한 거야. 차이나타운에 살았
으면 좋겠다고. 막내딸이 효녀지. 엄마 생각해서 그렇게 투자해
서……. 사실, 우리 여동생이야 한국에다 집을 사서 뭐하겠어? 그
게 한편으론 다 오빠를 돕고 싶은 마음이 있었던 거야.

● 이 태화원 건물은 언제 사신 거예요?

그것보다 먼저 내가 딴 얘기 좀 할게. 그때 자금성 시작하면서, 난
대외적인 일 많이 했어요. 차이나타운 패루 유치, 우호도시 맺는
데 나도 한 역할 좀 했어요. 주로 중구청 지명 통역이야. 술 상무
도 많이 했지. 그렇게 대외적인 부분을 하는 건 한편으로 나한테
는 좋은 기회였어요. 사회활동도 하고 친구도 많이 사귀고. 물론
장사에도 도움이 많이 되었지. 옛날에 조그만 장사 할 때는 주방
에서만 살았기 때문에, 어쩌다가 손님이 찾는다고 하면 "안녕하세
요. 맛있게 드세요." 그 정도 수준이었는데, 여기 자금성 하면서 대
외관계가 슬슬 넓혀진 거죠. 구청장하고 술도 먹게 되고 앞치마 매
고 가는 게 아니라 앉아서 술도 먹고 그때 그런 훈련 많이 했죠. 훈
련이 되었어. 옛날엔 손님하고 말도 잘 안 했어. 성격이 바뀐 거야.
옛날엔 술도 주로 혼자 먹었어. 혼자서 먹는 술? 그럼, 폭주야. 밥
먹을 때 혼자 소주 한두 병 까고 내쳐 자버리고 그랬어. 주방생활
이란 게 그래요. 근데 그런 계기로 중구청 통해 중국도 같이 가고.

● 그렇게 대외적인 일 많이 하시다 보면, 아무래도 영업에는 지장이 좀
있었을 것 같은데?

자금성에는 따로 사람 두었지. 우리 조카하고 우리 둘째 동생. 그

때 셋째 동생은 딴 데서 장
사했었는데 개도 데려왔지.
지금 자금성 여자 지배인
도. 다 자금성 오픈할 때 멤
버야. 장사가 바쁘니까 다
영입을 했죠. 다 창업공신
이지. 하하!

● 그럼, 태화원은?

하다 보니까 사람이 욕심이 생기는 거요. 자금성 살 때, 보아 두었
던 건물이 바로 태화원이거든. 그때 3억을 달라고 했어요. 주인이
아주 꼬장꼬장했어. 3억 안 주면 안 판대. 처음엔 나도 튕겼어. 건
물이 어디 가는 것도 아니고. 근데 자금성 앞에 손님들이 자꾸 줄
을 서는 거야. 자금성 규모로는 다 수용할 수 없었어. 한꺼번에 손
님 4, 50명 정도 오면 좁아서 다 앉을 수도 없는 거야. 그래서 자존
심도 좀 상하고. 한편으론 이상하게 열도 뻗치더라고.

● 그래서 결국 사셨어요?

그때 마침 우리 복덕방 친구 있다고 했잖아? 그 친구 전화 왔어.
그 해안성당 옆에 건물, 누가 계약을 했는데 아마 잘 안 될 것 같
다고. "얼마에 계약했대?" 2억 3천에 계약했다는데 아무래도 계약
이 해지될 것 같다고. 그 계약한 이가 바로 지금 시청 근처에서 시
옌(喜宴)하는 내 친구야. 전화했지. "성당 그 옆에 건물, 네가 샀다
며?" "취소했어." 알아보니까, 원래 그 건물의 주인아들이 압류를
걸어 놓았더라고. "그럼, 너 안 살 거지?" "나, 안 사." "알았어." 복
덕방 내 친구한테 전화했어. "계약 해지했다는데 바로 우리가 계
약하자." 마누라 보고 은행 가서 돈 싹싹 긁어오라고 했지. 통장에
2천 몇 만 원 있더라고, 현찰이. "손 사장, 계약금 맞춰서 가져와.
주인이 이쪽으로 오니까." 계약까지 했었는데 파기되니까, 그 사

람도 김이 샌 거야. 복덕방에서 만났어. 그 노인네 하는 얘기가, 원래 계약한 사람이 화교사람인데, 우리 아들놈이 그 사람 찾아가서 안 팔겠다고 난리를 피웠었다고. 이걸 아들놈 혼자 다 먹으려고 그런다. 다른 자식도 있는데 하나같이 못 산대. 그래서 내가 죽기 전에 팔아서 나누어주려고 그런다. 그렇게 못 하면 죽어도 눈 못 감을 것 같다고. 자기가 아들 설득할 테니 나보고 인내심 좀 가지래. 그래 알았다고, 좋다고. 계약했어. 나중에 전화 왔어. 그 아버지가 건물 2억 3천에 팔아서 그 절반 아들 주는 걸로 합의를 봤나 봐. 그래서 인수하게 된 거지. 일단 사놓고 보니까, 이건 완전히 비둘기 집이야. 비둘기 똥 천지더라고. 처음엔 여기에 집을 지을 생각도 못 했어. 완전히 무슨 귀신 나올 것 같은 집이야. 비둘기 욱실거리고. 완전히 창고야.

● 그 다음엔 어떻게 하셨어요? 완전히 폐가였을 것 같은데.

몇 달 동안 고민 많이 했어요. 새로 지으려고 하니까, 이게 엄두가 안 나는 거야. 원래 이 건물이 백 년 이상 된 거잖아요? 물론 보수는 해야겠지만, 처음 내 생각은 원형을 그대로 보존하려고 했어요. 그런데 견적 뽑아보니까, 그냥 새로 짓는 거랑 500밖에 차이가 안 나는 거야. 업자가 나한테 그래. "사장님, 뭘 고민하세요? 그냥 밀어버리고 새로 지으세요." 날 완전 이상한 사람 취급하더라고. 그땐 문화재 관념이 없었어. 지금 생각하면, 참 후회스러워. 사실 난 이런 아이디어 있었어. 옛날식 사합원 그대로. 나무도 그대로 두고 마당은 마당대로 그냥 두고. 2층만 룸으로 개조하고. 그게 원래 다 대리석으로 된 건물이야. 옆에 천주교 성당 교육관 밑에 봤죠? 다 대리석 돌이야. 이렇게 두꺼워. 사합원은 입 구(口) 자 형식이야. 그거 사합원 그대로 복원했으면 정말 볼품 있었을 거야. 우리 와이프, 통이 나보다 커. 난 돈도 없어서 그냥 그렇게 리모델링해서 장사하려고 했는데, 우리 와이프가 그냥 밀어버리고 새로 건물

짓자는 거야. 그래 그냥 그렇게 해버렸지. 후회스러워.

● **안타까운 일이지만, 그땐 또 나름의 사정이 있었겠죠.**
그 사합원 청소하고 치우는 데 큰 트럭으로 40차 분량 폐기물 나오는 거야. 그 폐기물 한 차 버리는 데 40만 원, 총 1,600만 원 비용 들었어. 쓰레기만 치우는 데 말이야. 그리고 결국 그거 사려고 석바위 내 집 팔아버렸어. 그걸 빌라 짓는 사람한테 팔고 이거 사는 데 보태고 은행대출 받고 그래도 모자라. 그래서 우리 처남한테 돈 좀 빌렸어. 그러니까 이거 사서 건물 올리고 하는 데 다 합해서 10억 들어갔어. 그땐 정말 큰돈이었어. 한국사람 같으면 이거 안 했어. 현찰 10억이면 중소기업 하나 만들어. 하지만 자금성 장사가 정말 잘됐어. 술집 같은 데 가도 나쁜 짓 못 해. 사람들 내 얼굴 다 알아. 저 아저씨 짜장면 장사라고. 태화원 오픈하니까, 직원 월급이 한 달에 2천 몇 백이 들어가. 오픈하면서는 장사가 안 됐어요, 태화원이. 직원 월급으로 2,000만 원 들어가면, 하루에 최하 200은 팔아 줘야 현상 유지가 되는데. 첫 달에는 하루에 30만 원, 50만 원 팔았어. 그게 1년 되니까 3억이 그대로 깨지는 거야. 그러니까 자금성에서 팔아서 다 여기에 쑤셔 박은 거지. 그렇게 3년을 보냈어.

● **그게 감당이 되셨어요?**
정말 잠도 안 오고. 그러면 사람이 긴장하지 않겠어요? 그렇지만 난 직원을 한 명도 해고하지 않았어. '장사는 언젠가는 된다.' 자신 있었어. 나중에 바빠지면 일손이 모자라면 안 돼. 그렇게 자금성에서 벌어서 태화원에 쑤셔 넣는 일을 3년 했어. 그때 내가 술 상무 역할 많이 했다고 그랬잖아? 손님들, 자금성 오면 일부러 태화원으로 끌고 와. "태화원으로 가자. 술은 내가 다 서비스할게. 음식만 먹어라." 그러면 소주, 맥주만 딱 먹고 휭 가버려. 그렇게 3년 고생을 했어요. 여기 태화원 오픈한 지, 만 11년 됐어요.

● 그럼, 2000년쯤 시작하셨겠네요?

이거 시작하고 나서 그래도 자금성 장사가 받쳐줬으니 다행이지. 3년 지나니까, 조금씩 태화원이 살아나는 거야. 매출이 자금성하고 막상막하였어. 그래서 빌려 온 돈, 빚 다 금방 처리했어. 맨 처음엔 날개가 하나였는데, 태화원까지 살아나니까 이젠 날개가 둘이 달린 격이야. 그런데 하루는 그 복덕방 친구 전화 왔어. "자네 집 옆에 있는 상가가 매물로 나왔는데 네가 사라. 2억에 나왔는데 네가 사려면 한 천만 원 정도 더 써라. 그럼 살 수 있을 것 같다." 그게 바로 옆 중홍(中虹) 상점 건물이야. 이제 양쪽 집 다 잘되고, 빚도 다 갚았겠다, 와이프한테 "은행에 돈 얼마 있냐? 돈 좀 찾아와. 뭐 하나 나온 게 있대." 우리 와이프는 통이 커. 그런 거 반대 안 해. 그래서 이 옆 건물, 2억 1천에 사게 된 거야. 대지가 53평이야.

● 특별히 건물 하나 더 구입하실 필요가 있었어요?

그거 내가 왜 샀냐면, 그땐 중국에서 오는 요리사들 많았어요. 그 사람들 잠자는 방을 얻어주어야 했으니까. 그 건물은 지하 1층, 지상 2층이야. 지하실에 큰 방 하나, 작은 방 여섯 개 있었어. 그러니까 숙소로 지하실을 쓴 거지. 그 사람들 여기 와서 일하게 되면, 방을 얻어야 돼. 월세 방 하나에 20만 원 하면, 본인이 10만 원 내고 내가 10만 원 내줘야 돼. 내가 주인, 사장이니까. 그래서 내가 차라리 건물 사서 숙소로 주면 되겠다 싶었던 거지. 사실, 중국에서 와서 여관방 같은 거 얻어봐. 시끄러워서 자지도 못해. 그래, 숙소로 하자. 또 하도 사람들이 주변에 그런 거 차이나타운에 있으면 괜찮겠다고 해서. 그 건물이 백 년 넘은 거야. 그래서 건물 낡아서 한 1억 정도 들여서 리모델링하고……

● 중국서 와서 일하는 분들 대부분 여자들이죠?

태화원, 자금성, 중화루에서 일하는 중국요리사 한 열 명 돼요. 여자도 예닐곱 될 거야.

● 지금 자금성은 옛날 황 씨 아저씨 아드님이 주방장 하시는 거죠? 그리고 그 밑에서 중국인 요리사들이 일하는 거죠? 태화원도 마찬가지로 그런 식이고…….

태화원은 막내 처제하고 동서가 주방에서 일하고. 우리 가족들이 많아요. 중화루에는 외조카가 주방장이고. 여기 태화원 주방장은 셋째 남동생이…….

● 그러니까 그 밑에 있는 보조 요리사들은 중국인 요리사들이고?

다 중국 호텔에서 요리사 하던 친구들이에요. 그 사람들 중국에서 일해 봤자 1년에 2천 얼마밖에 못 벌어요. 그래서 한국으로 나오는 거예요. 한국에서 일하는 게 중국보다는 좀 힘들지만 보수 측면에서는 훨씬 높거든. 4대 보험 다 들어주고. 여기서 한 달 일하면 중국에서 6개월 일하는 거나 마찬가지거든. 왜, 우리 화교들도 옛날 일본 가서 돈 벌고 그랬잖아? 우리 친구들 중에도 그렇게 돈 벌러 갔던 사람 많았어.

● 대부분 산둥에서 많이 와요?

그렇지. 주로 옌타이나 웨이하이에서 와요. 근데 그들도 여기 오면 한국식을 새로 배워야 돼요. 한국인 입맛에 맞게. 하지만 다들 기본이 있으니까. 지금은 그런 친구들 없으면 중국집 장사하기 힘들어요. 요즘 우리 화교  젊은 사람들, 한국서 요리사 안 하려고 해요. 옛날에 우리도 중국

집 주방장이라면 딸도 안 줬어요. 요즘이야 요리사들 사회적 수준
많이 올라갔지만. 나도 옛날 우리 와이프 만날 때, 처음엔 주방장
이라고 안 했어요. 그냥 여행사 직원이라고 했어. 물론 나중에 다
들통 났지만.

아무리 기술이 좋아도
쌀 없이는 밥을 지을 수 없어

● 이건 좀 다른 얘기지만, 하나 궁금한 점이 있어요. 아버님도 당신 가게를 직접 하셨잖아요? 근데 아버지 때 가게를 하던 방식과 지금 사장님이 가게를 운영하시는 방식이 좀 다를 것 같아요. 창업하는 데 있어서도 방식이 다를 것 같고 또 그걸 운영하고 경영하는 데 있어서도 방식이 좀 다를 것 같고, 그래서 그런 얘기를 중심으로 해서 한번 말씀을 듣고 싶어요. 아버님도 평화각, 중화루에서 주방장 하셨지만, 그게 다 월급쟁이 아니에요, 그렇죠? 월급을 받으면서 일하시다가 또 이제 가게를 차리고 나오셨는데……. 그때 가게를 차리는 데 돈은 많이 들지 않았어요?

우리 아버님 장사하는 거하고, 제가 한 거하고는 차이가 좀 있었어요. 우리 아버님은 태어난 데가 중국이잖아요? 사실 따지고 보면, 그 양반은 이산가족이었어요. 그 마음이 제일 중요하다고 생각하거든요. 그 양반도 물론 돈 벌려고 장사하기는 했죠. 또 한 부분은 애들 자꾸 많아지니까 직장생활 해가지고는, 월급쟁이 해가지고는……. 그 양반도 물론 마음속으로는 애들 위해서…… 좋은 학교도 보내고 싶고……. 그러려고 했겠죠. 그런데 제가 짐작해보면, 한편으로는 '언젠가는 고향 가야 된다' 항상 그런 생각 있었던 것 같아요. 이산가족이니까. 실향민이니까. 그래서 늘 그런 마음 갖고 있는 양반이었어요. 돈을 좀 벌면, 돈이 좀 모아지면, 보통 사람이면 좀 더 투자해가지고 더 좀 잘하려고 생각하지 않겠어요? 그런데 그 양반, 그게 없었어요. 그냥 고향 갈 날만 기다리고 있었어요. 투자도 거의 안 하고. 그때 당시 아버님 생각으로는, 언젠가 고향 가야 되기 때문에, 돈 좀 벌리면 그걸 현찰 좀 만들어서 어떻게든 금이라도 좀 사놓으려고. 늘 그런 생각 갖고 있던 양반이에요.

● 처음 아버지가 가게를 여셨을 때는 가게를 열 만한 자금은 충분하셨던 거예요?

그렇지 않죠. 왜냐하면요? 자기 고향 등지고 객지 나왔는데……. 그렇다고 친척들이 도와주지도 않는 상황에서 자기 월급 몇 년 좀 모아가지고 그게 되겠어요? 그래서 가게도 조그맣게 할 수밖에 없는 것이고.

● 다른 데서 돈을 빌린다거나 그런 식으로 하시고?

친구들하고 계 조그마한 거 했어요. 중국사람들은 칭훼이(請會)라고 있어요. 계도 작은 거지. 돈이 없으니까. 그렇게 가게 조그맣게 열고……. 매출도 크지 않았어요. 겨우 먹고살 정도지. 우리 아버지, 장사를 열한 번인가 했어요. 열한 번. 그런데 결국은 자기 집 한 채도 살 수 없는 그런 열한 번이죠. 물론 그게 아니라도 외국인이 집을 산다는 것 자체가 힘들기도 했지만. 결론은 뭐냐? 장사에서는 성공을 하지 못했다는 거예요. 그냥 겨우겨우 처자식 밥 굶기지 않을 정도? 그 정도를 하신 거예요.

● 혹시 맨 처음에 아버님이 가게를 여셨을 때 기억하세요?

저는 기억이 잘 안 나고요. 어머니한테 들은 얘기로는, 맨 처음엔 짜장면 장사 하지 못했대요. 지금 얘기로 하면, 겨우 테이블 두세 개 정도 놓고 하는 왕만두 가게, 그거 했대요. 바로 여기 하인천역 앞 주변에서. 내가 재미난 얘기 하나 할까요? 제가 아주 어렸을 때 예요. 이거 다 우리 부모님한테 들은 얘기요. 내가 아마 막 걸음마 떼고 아장아장 걸어 다닐 때였을 거예요. 우리 부모님이 왕만두

싸 가지고 쪄서 파는데 언제부터 계속 왕만두 속이 비더래요. 왕
만두 팔려고 손으로 집으면 안에 속이 없는 거예요. 만두 안이 터
져 있는 거지요. 나중에 알고 보니까, 내가 그 만두 뜯어 가지고
속에 고기만 발라먹고 도로 덮어 놓고 그러더래요. 그러니까 우리
아버지 그걸 보고 혼을 낸 거지. "이놈의 자식! 먹고 싶으면 하나
통째로 들고 먹지. 어린놈이 벌써부터 남 속이기나 하고."

● 그래서 매를 맞으셨어요?
혼을 내니까 놀래가지고 우는 바람에 엎혀버린 거지. 그래서 어릴
땐 음식 먹을 때 야단치면 안 되는 거예요. 나 지금도 왕만두에 고
기 들어 있으면 안 먹어요. 돼지고기는 아직도 구운 것만 먹어요.
왕만두에 싼 고기만두는 절대 안 먹어요. 그래서 어렸을 때가 중
요한 거예요.

● 사장님 때문에 왕만두 가게 잘 안 되었겠네?
그때 당시 만두장사 해서 무슨 큰돈 벌겠어요? 안 그래?

● 그 왕만두 가게 이름이 뭐였어요?
아마 대중화(大中華). 그 만두집 이름이 대중화로 알고 있어요. 그
때 우리 아버님, 지금 우리들처럼 이렇게 한국말 못 했어요. 그때
온 지 몇 년 안 되었기 때문에. 지금 중국 한족(漢族)들 한국에 온
거랑 똑같지. 겨우 몇 마디만 할 줄 알았기 때문에…… 이건 내가
어렸을 때, 아버지가 친구 분하고 얘기하는 말 들은 건데…… 옛
날 통행금지 같은 거 있었을 때예요. 술 먹고 순경한테 걸려서 하
인천 파출소 있잖아요? 거기에 잡혀들어 갔었나 봐. 집이 어디냐
고 해서, 대중화라고 바로 옆집이다. 중국말로 "따쭝화, 따쭝화!"
한 거지. 경찰이 그 말 알아들어? 하도 못 알아들으니까, 한자로
써줬대. 대중화라고. 그런 에피소드도 있었어요. 좌우지간 이렇게

저렇게 장사를 하긴 하셨지만
결국 성공을 못 했어요. 그리
고 중풍 걸려서 돌아가신 거
지. 한마디로 마음을 두지 못
했어, 여기에. 그리고 자기 기
술을 너무 믿었어요. 장사 망

하면, '그래도 난 기술 있으니까 취직하면 어떻게든 밥 먹고 산다.'
그러니까 그런 마음으로 장사를 했으니, 잘되었겠어요? 뒤에다가
뭘 남겨 놓으면, 마음을 한곳에 쏟을 수 없는 거야. "난 그래도 인
천에서 이 요리계통에서 최고다!" 아버지의 그런 마음이 오히려 내
가 장사를 하는 데 엄청 교훈이 된 거예요. 난 그러지 말아야지.

● 아버님은 사장님처럼 장사하시는 데 전부를 걸지 않으셨다 그거
군요?

거 있잖아요? 원래 중국집 주방장 출신은 있잖아요? 자기가 가게
하면 자기 실력이 최고인 줄 알아요. 예를 들어서, 나 옛날에 명색
이 공화춘 주방장 한 사람인데, 손님이 자기 가게 와서 음식이 맛
없다 그래 보세요. 그러면 단번에 "너 먹지 마! 그냥 가!" 해버려.
그게 주방장들 자존심이에요. 그래서 주방장 출신은 있잖아요? 장
사해서 돈 버는 사람 별로 없어요. 돈 버는 사람 드물었어요. 중국
집에선 누가 돈 버는지 알아요? 홀에 있던 사람이 돈 벌어. 왜? 손
님이 맛이 없다고 하면, "아, 죄송합니다. 다시 해서 드릴게요. 오
늘 정말 죄송하게 됐습니다." 그럴 수 있거든. 근데 이 주방장 출
신들은 자기 자존심이 엄청……. 자기가 정말 대단한 사람인 줄 알
아. "내가 해줬는데 맛이 없다고 해? 그럼 오지 마!" 이런 부분 있
어요. 저도 사실 그런 거 많이 느껴요. 저도 주방 출신이라 성격이
이상하게 안 좋아. 진짜 그런 면 있어요. 솔직히 말해서, 옛날 주
방장 출신들 있잖아요? 문제가 뭐냐면, 자기 기술을 너무 믿는 거

예요. 중국 속담에 이런 말 있어요. '天大的手藝, 做不出來無米飯' 아무리 최고의 기술을 가지고 있는 사람이라도 쌀 없이는 밥을 지을 수 없다는 뜻이에요. 아무리 기술이 좋아도 재료를 제대로 써야 좋은 음식이 나오는 법인데, 이 기술 있는 사람들은 자기 기술만 믿고 장사하는 부분이 있어요. 그러면 쓸데없는 기술만 늘어요. 나도 그거 느꼈어요.

● 어떤 기술이요?

예를 들어서 말씀드리면 이거예요. 이거 설명 좀 드려야겠어. 탕수육 만들잖아요? 원래 탕수육 1인분이면 고기 300g 가지고 해야 정상이에요. 그런데 그런 기술 좋은 사람은 200g밖에 안 써요. 왜? 200g 가지고 같은 양 만들 수 있거든. 그럼 어떻게 하겠어요? 고기 대신에 밀가루랑 전분 가루를 많이 넣는 거야. 원래 탕수육 만드는 데 고기를 이 정도 굵기로 썰어야 되는데 그 절반만 썰어요. 그리고 거기에다 전분 가루를 더 묻히는 거야. 그게 내가 말하는 기술 부리는 거예요. 그거 기술 있는 거 아니야. 기술 부리는 거지. 그럼, 먹는 사람은 바보인가? 자주 먹는 사람은 식감이라는 게 있거든. 그래서 장사가 될 수 없어요. 그러니까 기술 좋으면 다 돈 벌 것 같은데 그게 아니거든요. 사실, 저도 그런 기술 좋은 사람이에요. 그렇지만 제가 장사하는 스타일은…… 첫 번째는 우리 아버님하고 완전히 달라요. 왜? 사실 옛날에 내가 장사할 때는, 초창기 때는 나도 우리 아버지랑 똑같았어요. 막말로 말해서, 그 아버지에 그 자식이에요. 내가 총각 때였어요. 왜, 거기 동천홍 주방장 하면서 내가 가게 하나를 열었어요, 바로 동인천 뉴코아 그 뒤쪽이었는데. 2층인데 조그만 가게였어요. 한 10평 될까 말까 했어요. 그때 동천홍 주방장하고 있었지만, 좀 여유가 있으니까 나도 한번 내 장사해 보자 해서 시작한 거예요. 내가 동천홍 주방장으로 있으면서 보니까 매출이 엄청난 거예요. 사실, 배가 아팠던 거지. 그거 내가 다 벌어주는 건데, 내거 직접 하면 그만큼을 못 벌까 했던 거지. 좀 나쁜 생각이었지. 우리 둘째 여동생 카운터 앉히고, 우리 둘째 남동생 주방 보게 하고. 내가 그랬지. "우리도 가게 하나 하자. 투자는 내가 할게." 난 동천홍에 있으면서 점심시간 바쁜 거 지나면 가서 도와주고. 그런데 이런 일 있었어요. 손님 하나가 와서 탕수육 하나에 우동인가 뭐를 시켰어요. 나, 지금도 그 일 안 잊어먹어요. 내가 직접 해줬는데 이 사람이 맛이 없다는 거야. 그래서 내가 물었어. "왜 맛이 없어요?" 그러니까, 그 사람 뭐라는 줄 알아? 동천홍 것은 이렇지 않다는 거야. 내 속으로 그랬죠? '내가 동천홍 주방장이야, 이 양반아.' "있잖아요, 아저씨? 나중에 있잖아요? 여기 오지 마시고 동천홍 가서 드세요." 그래 버렸지. 그게 바로 우리 아버님 가는 길 그대로 내가 가는 거예요. 물론 우리 아버님뿐만 아니라 그때 당시 조그만 장사 하는 사람들 다 그렇게 했어요. 주방 출신은 큰돈 못 벌어요. 결국 얼마 안 되어서 문 닫았지. 진짜 누구 말마따나 몇 개월치 월급을 그냥 날린 거예요. '에잇, 그까지 것 나중에 다시 큰 데 주방장하면서 벌지, 뭐' 그러면 안 돼요.

● 이왕 말씀 나오신 김에, 인천에서 중간 중간 조그만 장사하실 때 얘기 좀 해 주세요.

두 번째로 내가 장사한 거는 주안역 바로 뒤, 공단 옆 2층이었어요. 승리원(勝利園)이라고 이겼다는 승리. 그때 당시는 우리 와이프가 우리 홍이 임신하고 있을 때요. 결혼식은 안 올리고 그냥 동거생활 할 때지. 그 2층에 방 조그만 거 2개 하고, 테이블 한 4개 있었어요. 배달장사지. 그때 난 오토바이 탈 줄도 몰랐어요. 지금도 안 잊어먹는데, 그때 짜장면 한 그릇에 500원 했어요. 그때 당시 내가 열빈 주방장 하다가 내 장사한다고 그만두고 그걸 한 거예요. 사실, 돈도 별로 없었어요. 그냥 조그맣게 했어요. 그때 당시 보증금이 3백인가? 가게 밑에는 집주인이 고기 집을 하고 있었어. 월세가 그때 10만 원인가? 아마 그랬을 거예요. 우리 마누라 홀 보고, 나는 주방에서. 근데 손

님들이 짜장면이고 짬뽕
이고 다 맛이 없다는 거
야. 이거 진짜 환장할 노
릇이더라고. 난 정말 그
이유를 잘 모르겠는 거예
요. 그래가지고 배달만 갖
다 오면, "저, 사장님. 다

맛이 없다고 하던데요?" 그래서 '야, 이건 아니다' 싶었지. 근데 도대
체 어떻게 해야 할지 통 모르겠는 거야. 그래서 할 수 없이 조그만
가게 주방장 하던 사람을 일당으로 하나 써봤어요. 도대체 조그만
집에선 어떻게 하는지 궁금하더라고. 그 일당벌이 주방장이 딱 오자
마자, 내가 볶은 짜장 소스를 손가락 딱 찍어먹어 보더라고 그러더
니 소금을 탁 집어넣고 척척 젓는 거야. "그래, 이 맛이야." 하면서.
서울에 있는 대열빈 주방장이 졸지에…… "저, 사장님. 면은 수타하
지 마시고 기계로 뽑으세요. 사장님, 이건 너무 싱거워서 안 됩니다.
이렇게 해가지고는 안 팔려요." 사실, 큰 요릿집에서 나오는 요리는
대개가 싱거워요. 짜면 안 되거든. 그렇게 해서 내가 한 수 배웠다니
까, 그 친구한테.

● 그 사람이 하는 음식이 오히려 일반 한국 서민들한테는 맞는 거였군
요? 짭짤한 게.
우리가 만드는 고급요리하고는 차이가 있는 거지. 내가 그래서 알
았다니까? '아, 그렇구나' 하하!

● 그런데 어떻게 일당을 쓰실 생각을 하셨을까?
왜냐하면요? 그게 참 답답한 거라. 내가 암만 잘해도 이거 안 맞는
거야, 이게. 조그만 집의 짜장, 짬뽕, 탕수육은 달라. 어떻게 다르냐
하면, 조그만 집 탕수육 같은 경우는 고급 전분을 안 써. 다 옥수수

전분을 쓰는 거야, 그게. 밀가루도 싼 것만 쓰는 거야. 그렇지만 손님들은 그 조그만 음식점 음식이 입에 밴 거야. 사실, 난 더 좋은 재료로 더 맛있게 한 거라고. 그런데 손님들은 자기 입맛에 안 맞는 거지. 자기 먹던 게 아니니까. 그래서 원인을 찾은 거지. 나 진짜 졸지에 조그만 집 주방장한테 배운 거야. 깨달은 것 많았지. 고집 좀 꺾어야겠다. 하지만 난 지금도 그렇게 안 해. 그렇게 하다가 얼마 안 돼서 접었어. 매출도 시원찮고…… 무엇보다 내가 못 견디겠는 거야. 옛날엔 주방에 내 밑으로 수십 명 있고, 나 거기 대장인데. 내가 딱 들어가면, 앉아 있던 친구들 다 일어서 가지고 꾸벅 인사하고. 밥 먹을 때도 아줌마들이 탁 챙겨주고, 내 사무실까지 있었는데. 아니, 여긴 내가 주방에서 혼자 다 해야 하고, 설거지까지. 혹시나 배달하던 애가 그만두면 그거 누가 배달해. 할 수 없이 내가 가야죠. 그때 당시는 다 자전거 배달이었어요. 자전거에 배달통 딱 들어가게 틀 짜고. 다른 사람은 자전거 잘 탔어요. 한 손에 배달통 딱 들고 자전거 쫙 몰고 가는데. 난 그게 안 돼. 자전거 잘 못타. 큰 차 지나가면 겁나서 섰다가…… 그래서 겨우겨우 아파트 도착하면, 왜 이렇게 늦게 가져왔냐고 혼나고. 짜장면 다 불고…… "아저씨 지금 가져오면 어떻게 해요? 다 불었잖아요? 도로 가져가세요." 그거 한 1년 넘게 한 것 같은데, 더 이상은 못 하겠더라고. 참는 데도 한계가 있어. 또 어떤 일이 있었는지 알아요? 택시회사에 배달 갔었어. 배달 가면 택시 기사들 있잖아요? "아저씨, 볶음밥 하나 더 가져와." 또 갔다 오면 음식 시킨 사람 어디로 없어졌어. 누가 알아? 그렇게 허탕치고 떼어먹히고…… 내가 그 경리 아가씨한테 그랬어. "아가씨, 안 먹고 가버리면 난 돈 어떻게 받으라는 거예요? 아가씨가 전화로 주문을 했으면 누가 시킨 지 알 거 아니에요?" "아저씨, 저도 몰라요. 그냥 시켜 달래서 시켜준 거예요." 마침, 그 옆에 사장 아들이란 놈이 있었어. "사장님, 죄송한데요? 돈 좀 받아주면 안 돼요?" "이 양반아. 내가 왜 돈을 받아줘?" 에이, 시팔! 나도 성격 한 가닥 하거든? 배달통 확 집어던지면서, "야, 새끼야! 너 내가 배달통 들고 다니니까 우스워? 내가 사람같이 안 보여?" 그러면서 있는 쌍소리 없는 쌍소리 다 해버렸지. "너희들, 앞으로 시켜먹지 마. 내 정말 더러워서 못 해먹겠다." 그리고 그냥 자전거 타고 집에 왔지. 얼마 있다가 그 택시회사 진짜 사장, 그 노인네가 오신 거야. 그 사람은 항상 오면 울면 먹어. "사장, 이리로 와 봐." "예, 사장님 오셨어요?" "젊은 사람이 말이야, 성질 그러면 장사하겠어? 나 얘기 다 들었어. 다음에 배달시키면 그냥 갖다줘. 내가 경리한테 얘기해놓았어. 젊은 사람이 좀 참으면서 장사해." 그 노인, 참 사람 됐더라고. "알겠습니다, 어르신. 고맙습니다." 그렇지만 배달은 내 생리에 안 맞아. 이거 정말 자존심 상해서 못 해 먹겠더라고. 난 배달하기 싫으면 전화기 뽑아버려. "야, 배달 안 한다고 해!" 그러면, 우리 마누라 하나라도 더 팔려고 자기가 갖다 준다는 거야. 우리 와이프는 그러지. "여보, 자존심이 밥 먹어줘?" 그러면 더 짜증나더라고. 에이, 시팔! 배달하지 말자고. "야, 우리 접자. 가게 접자. 그만하자. 내가 다시는 장사 안 한다." 그렇지 않아도 그때 열빈에 사람 달릴 때야. 지배인 통해서 열빈 사장이 자꾸 오라고. 그래서 다 접고 다시 열빈 갔지.

● 그래도 결국 나중엔 다시 장사를 하셨잖아요? 그렇죠?
그때 우리 진짜 그 가게 옆방에서 마누라하고 같이 살았어. 그러다 가게 접고 홍이 낳고 해서 송월아파트 간 거야, 열빈 다닐 때. 사실, 난 주방장이 편해. 월급 많이 받고, 솔직히 부수입도 잘 들어오고. 그래서 다시는 장사 안 한다고, 장사할 마음을 접어버렸던 거예요. 그렇지만 하림각에서 마지막으로 접고는 또 생각이 바뀌더라고. 나, 그때 반성 많이 했어. 내가 왜 실패했을까? 세 번째까지는 분명히 나도 우리 아버지처럼 한 거야. 그렇지만 이제 마지막 기회다. 나 혼자 스스로를 위로한 거야. 사실 장사에 대한 유

혹은 버릴 수 없어. 왜냐하면, 내 밑에서 일하던 애들, 동료들 있지? 다들 나가서 장사 잘 해서 돈 잘 벌어. 그것도 홀에서 웨이터 하던 친구들 말이야. 근데 '난 도대체 왜 안 되는 걸까? 난 기술도 있는데. 오히려 이 사람들은 실력도 없는 사람들인데.' 사실, 속으로 얼마나 열 받겠어? 나도 내가 성질 안 좋은 거 알아요. 그 성격도 고쳐야 되고. 솔직히 내 그 더러운 성질 때문에 우리 와이프 나한테 욕 엄청 먹었어.

● 그림이 그려집니다.
아마 다른 여자 같았으면 벌써 나하고 안 살았을 거예요. 자존심 엄청 세지. 성격 급하지.

● 산둥따한(山東大漢)의 성격 나오는 거지. 그럼, 결국 그때까지는 사업이 잘 안 된 게 아버님이랑 비슷하셔서……. 성격도 그렇고 가게 운영 방식도 그렇고? 또 요리사로서의 자존심도 그렇고……?
그렇다고 봐요. 사실, 장사는 우리 와이프가 잘해. 난 조금만 바쁘면 짜증나서 전화기 뽑고 그러거든. 혼자 일하니까. 예를 들어, 손님 여섯 명 왔어. 짬뽕 하나, 우동 하나, 볶음밥 하나, 간짜장 하나, 울면 하나……. 이런 식으로 시켰어. 우리 마누라 전표 가져와. "빨리 해달래요." "에이, 시팔! 네가 와서 해." 그럼, 손님 옆에서 듣고 있다가, "아저씨, 그럼 천천히 해주세요." 그럼, 또 미안해가지고…… 전화기 뽑아놓았다가는 또 좀 있다 궁금하면 다시 가서 꽂아. 주방장 출신들 하나같이 그래. 마지막으로 하림각 나왔을 때는 더 이상 갈 데가 없더라고. 그보다 작은 집에서 다시 일하는 건, 자존심도 그렇지만 무엇보다 서울에 있는 요리사 출신 동료들한테 소문 다 퍼진다고. 손덕준, 하림각에서 똥 폼 잡더니 지금은 갈 데가 없어서 하꼬방에서…… 하하! 그래서 전에도 얘기했지만, 우리 셋째 동생네 부부하고 회의를 했어요. 둘째 동생, 걔는 솔직히 말해서 성격이 나보다 더 급해. 우리 셋째 동생은 성격이 온순해. 내 말도 잘 따르고 형이 뭐 하자고 하면 말도 잘 들어. 그래서 선택을 했지. "야, 셋째야. 너 형하고 같이 장사 좀 해 볼래? 그 대신 우리 계를 하자."

● 식구들끼리 계를 하신 거예요?

아니, 그건 아니고. 아는 친구들 몇몇 하고. 200만 원짜리 20명 모으면 그때 돈 4천이야. 그래서 연수동 간 거야. 자금성. 그 대신 장사하면서 계를 갚자. 매달 200만 원씩. 20개월 하면 4천만 원 다 갚아요. 배달은 셋째 동생이 맡았어. 배달하는 한두 명 데리고. 배달하고 홀은 내 동생이 맡고, 대신 난 면 뽑는 사람 두 사람 데리고 주방을 책임졌지. 난 솔직히 말해, 도저히 못 하겠는 게 배달이야. 오토바이 탈 줄도 모르고. 아니, 오토바이 안 타고 걸어가는 것도, 배달통 들면 대문 열고 안 나가져. 서울의 열빈, 하림각에서 똥 폼 잡던 주방장 놈인데…… 배달 갔다가도 도로 와버려. 내가 그랬어. 난 그거 하면서 이게 마지막이다 생각했어. 내 마음하고 싸우는 거예요. 내 자존심하고 말이야. 만약 이번에 또 망하면 나는 어디 가든 끝이다. 장사는 더 이상 하면 안 된다. 내가 거기서 아주 마음을 굳게 먹었어요. 이거 죽기 아니면 살기다. 주방장은 아무리 월급 많이 받아도 정해진 돈을 버는 수밖에 없는 거야. '난 그것만으로는 부족해. 더 큰돈을 벌어야 한다.' 다행히 우리 셋째 놈도 협조를 잘 해줬어. 주방은 정말 내 뼈가 부러지는 한이 있어도 다 책임졌어. 하루는 내가 주방에서 발을 데였어, 튀김하다가. 팅팅 부어도 그냥 붕대 싸가면서…… 진짜 설거지부터 다 했어. 난 사실 설거지에 '설' 자도 모르는 놈이었어. 그 데인 발 쩔뚝거리면서 새벽 다섯 시에 봉고차 몰고 연수동 근처 아파트 스티커 다 돌렸어. 그건 우리 와이프도 몰라, 내가 그렇게 한 걸. 정말 장사 안 될까 봐 노심초사하면서. 이게 나한테 마지막인데. 그런 생각하면서. 다행히 잘되었어. 그 1년 동

안 내가 진짜 치고 박고……. 우리 셋
째 놈도 배달 착실히 하고. 아주 열
심히 했지. 그땐 그릇도 일회용 썼잖
아? 그릇 찾아올 필요도 없어. 잘될
땐 배달꾼 열 명도 썼어. 오토바이가
열 대야. 머리에는 빨간 천 두르
고……. 주방에도 나 말고 네 명인가
다섯 명 더 썼어. 홀에도 열 명 쓰고.
하루에 4, 5백 벌었어.

● 자금성도 작은 건 아니었네요?

아냐. 30평밖에 안 되는 조그만 2층 상가야. 그것도 주방이 절반쯤
차지하고. 완전 배달 전문이지. 그렇게 잘되었는데 내가 그만뒀어.
전에도 말했지만, 그놈의 오토바이 배달 때문이야. 오토바이 사고
가 너무 나는 거야. 지금 내 친구가 연수동 홍보석 하고 있어. 근
데 그 집 배달하는 애가 화교인데 오토바이 사고로 죽었어. 그것
에 내가 충격을 받은 거지. '야, 이게 계속할 짓이 아니다.' 진짜
그 배달 있잖아요? 돈은 많이 벌어요. 근데 진짜 하루도 편할 날이
없어. 배달 가는 애들 있잖아요? 조금만 늦어도, '야, 이거 혹시 사
고 난 거 아니야?' 긴장의 연속이야. 너무 불안해.

● 앞에서 말씀하셨지만, 그때 잠시 쉬면서 제2의 도전을 준비하겠다고
하신 것 같은데 어떤 것이었어요?

내가 그때 2차 목표를 세운 게 뭐냐 하면, '배달은 하지 않겠다. 홀
에서만 파는데 매출은 더도 덜도 말고 하루 100만 원만 하자.' 그
러니까 월매출 3천 하자는 얘기지. 그때 당시 그거 작은 돈 아니
에요. 그 대신 투자를 좀 해야겠다. 나도 열빈이나 하림각만큼은
못하지만, 그래도 아담하게 배달 안 하고 내 실력을 발휘할 수 있

는…… 룸도 있고 원탁도 좀 있고.

● 그러니까 일종의 고급스러운 요릿집? 한 단계 높은 그런 가게?
그런 걸로 가야 된다. 근데 이건 내가 느낀 건데, 장사도 다 운이
좀 닿아야 돼. 내가 그때 사주팔자 점 보러 갔는데, 그러는 거야.
손덕준은 나이 마흔 되면 '바람 부르면 바람 오고, 비 부르면 비
온다.' 하하!

● 그 점집 어디에요? 나도 좀 가 보게.
그건 좀 거시기하고……. 때마침 '아다리'가 맞은 게, 바로 그 신성
쇼핑 안에 있는 만리향이에요. 왜, 그거 얘기했잖아요? 우리가 전
번에 얘기하던 거. 그 만리향 인수한 게 나한테 충분한 시간을 준
거예요. 자신감을 심어준 거예요. 이거 상당히 중요한 부분이에요.
잘하면, 열심히 하면 된다. 내 실력 발휘하면 손님 호응 얻을 수
있다. 그게 자신감이에요. 장사든 뭐든 할 때는 자신 없으면 하면
안 돼. 자신감 있어야 성공하는 거야.

● 그거 참, 중요한 말씀이시네요?
그런 부분이에요. 나머진 전번에 얘기한 거 참고하면 되고……. 물
론 중간 중간 더 할 얘기는 있지만, 이 부분은 아마 이렇게 얘기하
면 될 거예요.

● 그럼, 사장님이 연수동이나 신성쇼핑에서 영업하셨을 때는, 여기 차이
나타운은 어땠어요?
그때만 해도 풍미하고 대창반점밖에 없었어요. 원래 풍미는 호떡
장사 했어요. 왕만두장사.

● 아, 그럼 처음부터 짜장면 판 것은 아니었군요? 제가 듣기로는, 한 100년쯤 되었다고 하던데?

사실, 풍미에 대해서는 내가 아는 게 그렇게 많지 않고…… 원래 그 집은 할아버지가 큰 무역업을 하셨을 거예요. 청나라 때부터인가 큰 무역상이었어요. 아주 오래되었어요. 짜장면 장사 한 지는 한 10년 되었나? 지금 자금성보다 2년 더 되었을 거예요. 옛날엔 공갈빵, 호떡, 왕만두 팔았어요.

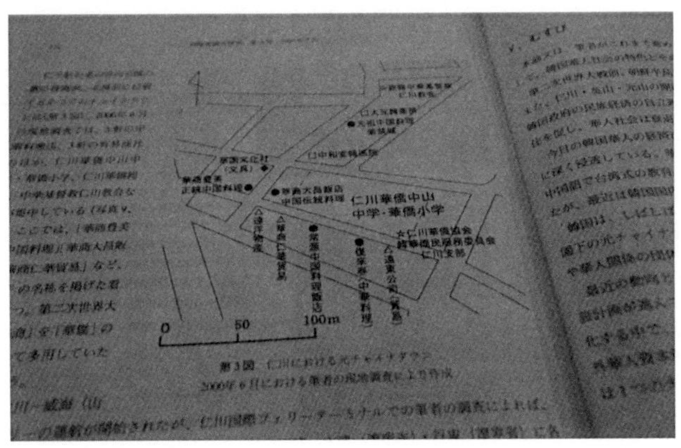

이 세상에서 마누라가 제일 고마워

● 이제 좀 분위기를 바꿔서 사장님, 결혼 얘기를 좀 들려주세요. 결혼은
어떻게 하시게 된 거예요?

솔직히 말해서, 내가 열빈 있을 때 우리 와이프 친구가 홀에서 웨
이트리스 했었어요. 그 친구 통해서 소개받아 사귀게 된 건데, 우
리 와이프 김천 사람이요. 내가 그때 젊을 때잖아? 그래서 그런지
내가 여자를 좀 쉽게 생각한 것 같아. 나는 그냥 무심코 그런 건
데, 그게 애가 들어서고…… 우리 처갓집에서 전화 오고 난리가
아니었어. 그래서 인연이 되려니까 우리 만흥이 난 거요. 뭐, 어떡

하겠어? 하하!

● 그럼, 사모님은 그때에도 김천에 죽 계셨어요?

대구에서 우리 와이프 오빠가 당구장 할 때, 그 일도 좀 도와주고……. 나중엔 영등포에서 직장생활도 했어요. 홍삼 파는 정관장 있잖아? 거기에서 종업원 한 경험도 있고. 그때 당시 남자들 다 그런 거 아니요? 이 얘기 하면, 우리 마누라 쨍알쨍알대겠는데? 그렇게 인연이 닿아서 알게 되고, 사귄 지 1년인가? 6개월인가? 배가 나왔다는 거야. 사실, 난 그때 당시만 해도 그런 거 한두 번 해봤겠어? 내가 스물다섯에 열빈 조리장 했어. 월급도 빵빵하지. 뭐, 그럴 때인데……. 어느 날 우리 마누라가 대구로 내려오라는 거야. 그래서 내가 그랬지. "내가 왜 대구에 내려 가냐?" 자기 언니가 결혼식인데 식구들이 다 모인대. 그래서 내려갔는데, 그 집이 딸이 다섯인가, 여섯인가 그리고 아들이 하나야. 대구 내려가니까, 자기 언니가 사는 아파트 가자는 거야. 난 처음에 멋도 모르고 따라갔지. 아파트 문 여니까, 신발이 꽉 차 있는 거야. 집안 식구들이 아파트 안에 꽉 차 있는데……. 한마디로 내가 당한 거지. 졸지에 거기 가서 꼼짝없이 당한 거라고. 하하! 벌써부터 손 서방 어쩌고 하는데……. 그렇게 된 거야.

● 그럼, 몇 째 사위가 된 거에요?

셋째 사위가 된 거야. 날 아주 끈에 꽁꽁 묶어 놓아버린 거야. 그게, 아주 찍소리 못 하게.

● 그럼, 처갓집에선 전혀 반대가 없었던 거예요?

지금은 늙었지만 그때만 해도 나 정말 괜찮았어. 옷도 입을 줄 알았어. 백구두 신고 다니고 그랬어. 지금이야 이렇게 뚱뚱하고 볼품없지만 그때는 아주 날씬하고 괜찮았어.

● 예, 그런 것 같아요. 그때 사진 보니까, 한 가닥 하셨을 것 같아요.

그렇지? 근데 그때 아주 코 꿴 거지. 그때 우리 장모님, 동네 새마을 부녀회장 했어. 손이 아주 코끼리 가죽이야, 우리 장모가. 장인은 일찍 돌아가셨지만, 가끔 장모랑 서울 오면, 내가 우황청심환 같은 거 사드리고 그랬지. 그때 한국사람 제일 좋아하는 게 그거였어.

● 처음 사모님 인천에 데려와서 인사시켰을 것 아니에요?

인천에 데리고 와서 우리 어머니한테 소개시켜줬지. 사실, 이런 말 하면 안 되지만 나 그때 딴 여자 있었어. 화교인데. 어렸을 때부터 날 그렇게 따르더라고. 지금 생각하면 우스운 얘기지만, 하루는 나한테 그러더라고. 자기가 날 좋아한다고. 근데 그 다음 말이 더 가관이야. 나보고 돈 얼마 있냐는 거야, 이 여자가. 그때 진짜 엄청 자존심 상하더라고. 나 그때 돈 한 푼 없었어. 그래서 내가 그랬어. 나 지금 주머니에 3천 원 있는데 그게 전부라고. "앞으로 나한테 다시는 연락하지 마!" 그 자리에서 바로 잘라버렸어. 그 친구는 지금 대만에 시집갔어. 그 후로도 몇 번 연락 왔는데 전화 안 받았어. 단칼에 베어버린 거지. 그런데 우리 와이프는 안 그랬어. 돈 없는 사람한테 돈 얘기 하면 그거 정말 자존심 상하는 거라고. 우리 와이프는 그런 거 없었어, 한 번도. 사실, 그때 우리 아버님이 돌아가실 날 받아놓고 있었을 때야. 그러니까 사람 마음이 참 그렇더라고. 외롭기도 하고, 위로도 받고 싶고. 뭐, 그렇게 해서 우리 마누라하고 인연이 닿은 거지, 그게.

● 어머니는 사모님 처음 보시고 어떠셨어요? 좋아하셨어요?

우리 어머니는 현명한 사람이에요. 말 함부로 안 해요. 설사 마음에는 그렇게 안 들어도 그걸 함부로 표현 안 해요. 우리는 처음에 결혼식 안 하고 동거생활부터 했잖아요? 그때 내가 우리 어머니한테 위로 겸해서 이렇게 말씀드렸어요. "일단 우리가 같이 지내보다가 어머님 마음에 드시면 그때 가서 결혼할게요." 근데 다행히 우리 어머니 마음에 드셨나 봐. 좋게 봤어요. 그리고 허락하든 안하든 이미 벌써 우리 홍이 배 속에 들어 있었는데, 뭘. 그러니 우리 어머니도 크게는 반대 안 하셨어요. 우리 처갓집도 형편이 그렇게 좋은 편은 아니었어요. 그래서 결혼식 할 때, 내가 우리 마누라한테 그랬어요. "결혼식, 그거 간소하게 하자. 괜히 돈 들일 필요 없다. 차라리 너랑 나랑 열심히 일해서 한 가지씩 사자. 그게 재미있지 않겠냐?" 그렇게 큰소리쳤지. 송월아파트 살 때만 해도 나 빚 많았어요. 다 아버지가 남겨 놓으신 빚이지. 그거 다 갚아가면서 우리 마누라하고 동생들 뒷바라지하면서……. 나중에 우리 형제들 시집, 장가 내가 다 보냈어. 그렇게 해서 오늘날까지 왔지.

● **그럼, 결혼식은 홍이 낳고 하셨어요?**

결혼은 좀 있다가 했어. 그때 우리 아버지 돌아가시고 한참 못살 때야. 그때 우리 식구들은 화교협회 옆에 있는 옛날 집 있잖아? 거기에 세 들어 살고 있었어. 그러다가 우리 마누라 올라와서 지금 중구청 옆에 300만 원짜리 전세방 얻었어. 2층이었는데 방이 두 개였어. 그때 우리 둘째 동생하고 셋째 동생은 집에서 출퇴근 안하고 밖에서 자취했어. 그래서 큰 방 하나에는 우리 여동생들하고 어머니하고 살고, 작은 방은 내가 쓰고. 우리 마누라는 그때 동거한 게 아니라 가끔씩 왔다 갔다 했지. 그러다가 당시 내가 열빈에 있을 땐데, 방이 너무 작아서 좀 더 큰 데로 이사했어. 그게 주안에 있는 삼보주택이요, 주안역 뒤에. 방도 크고 또 여러 개고. 그 때부터 우리 마누라 들여앉혔지. 동거생활부터 하게 된 거지. 우리 홍이는 김천에서 태어났고. 그러다가 바로 송월아파트 샀어. 내 생전에 집이라곤 그게 처음 산 거요. 27평짜리.

● 송월아파트에서도 식구들 다 같이 모여 사셨어요?

그때 송월아파트 방 세 개 있었어요. 큰 방은 어머니하고 여동생들 쓰고, 우리는 작은 방 쓰고, 나머지는 남동생들 쓰고. 그렇게 같이 살았죠. 열빈 주방장이었을 때니까, 경제적으로 좀 괜찮고…….

● 그럼, 거기 사시다가 결혼식 하셨고?

네. 중화루에서 결혼식 했어요. 우리 홍이 돌 정도 되었을 때야.

● 결혼식 장소가 중화루? 중화루는 여러모로 인연이 깊은 곳이네요. 지금 중화루 사장님이시니까.

그때 중화루에서 결혼할 때 내가 이런 이야기 했어요, 우리 와이프한데. "야, 조금만 두고 봐라. 내가 열심히 해가지고 우리도 이런 큰 요릿집 한번 하자."

● 결국 목표를 달성하셨네요?

그렇게 해서 우리 만평이도 태어나고 만승이도 태어나고. 사실, 우리 만평이 태어났을 땐, 내가 그랬지. "에이, 또 계집애야?" 그랬더니, 우리 만평이도 그걸 들었는지, 막 소리 내서 우는 거야. 나도 좀 미안하더라고. 근데 우리 장모님 한 술 더 떠. "울긴 왜 울어, 이 계집애야!"

● 만평이도 애기이기는 했지
만, 아마 서러워서 더 크
게 울었을 거야.
　그런데 우리 만승이 태
어났을 땐 야, 그거 사람
어쩔 수 없는 거요. 완전
히 뽕 가더라고. 그때 내
가 간호사 아가씨들 있

잖아요? 일일이 2만 원씩 다 줬어. 수고했다고. 그때 2만 원이면
컸어. 사실, 딸 연달아 둘 낳았을 때만 해도 우리 와이프한테 그만
낳자고 그랬어요. 근데 그게 사람 마음이 마음대로 되나? 자존심
도 좀 상하고…… 우리 마누라 딸 둘 낳았을 때까지만 해도 나한
테 찍소리 못 했어. 우리 장모님도 오시면 아무 말씀 못 하셨어.
근데 아들 낳으니까 이게 간이 배 밖으로 나오더라고, 글쎄. 하하!

● 사모님은 손 씨 집안을 위해서는 역할 다 하신 거지, 아들 낳았으면.
그런데 화교들도 아들, 아들 하세요?
　중국사람들 더 해요. 그런데 박사님은 자식 없어서 잘 모르겠지만,
부모가 자식 교육할 때는 함부로 해서는 안 되는 거예요. 아무리
어려도 함부로 말해서는 안 돼요. 옛날에 어른들이, 우리 동생한
테 "너, 말 안 들으면 누구 줘버릴 거야!" 이런 말 많이 했어요. 난
그때 어렸지만, 충격 많이 받았어요. 그래서 난 어려서부터 우리 형
제들하고 헤어지지 않으려고, 어떻게 해서든 뭉쳐 살려고…… 그래
서 지금도 같이 어울려 사는 거예요. 형제는 기본적인 거예요.

● 그런데 사모님 입장에서는 시동생들 잔뜩 있지, 돈은 없지…….
시집 오셔서 굉장히 고생을 많이 하셨을 것 같은데…….
　나하고 살면서 처음엔 고생 많이 했어요. 물론 나중엔 경제적인 면

에서 힘든 건 별로 없었지만. 내가 처음에 우리 와이프한테 그랬어요. "난 당신 사랑한다. 근데 한 가지는 약속해라. 우리 어머니한테 잘해라. 어머니는 한 분뿐이다. 난 우리 어머니하고 안 맞으면 마누라를 갈아치울 수도 있다." 이 얘기 하면 우리 마누라도 다 알아. 한마디로, 우리 어머니 중심으로 해라, 하는 말이지. 나는 월급 타면 우리 와이프 안 줬어요. 우리 어머니한테 줬어요. 용돈 타 쓰게 했어요. 그러니까 우리 와이프한테 주도권 안 준 거예요. 나도 어머니한테 용돈 타 썼어요. 나중에야 우리 어머니가 귀찮으니 너희들이 알아서 해라, 했지. 사실, 난 월급 말고도 부수입이 많았거든. 가끔 재료값 삥땅도 치고……. 내가 술 취하면 누가 내 지갑에서 몇 장 빼도 난 몰라. 그 정도로 지갑에 돈 많았다니까. 그때는 그랬어요. 예를 들어, 큰 업소니까 전복이나 자연송이 들어온다고 하면 한 번에 몇 톤씩 들어와. 그럼, 주방장한테 봉투 좀 찔러줘. 한번 찔러주면 100만 원이야. 또 고기장사도 찔러주지. 그때는 사실 어머니한테 월급 갖다 드려도 부수입가지고도 난 충분히 거시기했다니까. 하하!

● **그럼, 부수입은 사모님한테 드렸어요?**

그건 얘기하기 곤란해. 하하! 하지만 그때 당시 화교들은 다들 그랬어. 우리 와이프는 원래 장사 소질이 있는 친구야. 옛날에 상점에서 판매직도 했고, 대만에서 귀걸이, 목걸이, 반지 같은 걸 가져다가 남대문 도깨비시장 액세서리 코너에 물건 대주고. 우리 와이프가 그런 쪽에 안목이 좀 있어. 그거 해서 돈도 많이 벌었어요. 대만에 비행기 타고 다니면서……. 그러니까 지금 말하면, 보따리 장사를 한 거요. 또 그거 하기 위해서 국적도 대만 국적으로 바꿨어요. 우리 와이프 대만 중화민국 국적이에요. 옛날엔 그렇게 하지 않으면 대만 왔다 갔다 하기가 힘들었어요. 한국 국적으로는 안 돼요. 그러니까 화교 신분으로 아줌마들 팀을 짜서 자기가 총

책을 한 거요. 수완 있었어요. 우리 가족들, 형제들 뒷바라지하려
면 그럴 수밖에 없었어요. 그래도 우리 마누라 불만 한번 없었어
요. 그래서 고맙지. 만약에 찡얼대고 그랬으면 아마 그렇게 되지
못했을 거예요.

● 그럼, 대만에서 물건 떼어오고 하는 그 보따리장사 오래 하셨어요?
그거 몇 년 했죠. 사실 그게 항상 불안한 거요. 중간에 한국 들어
오다가 빼앗길 수도 있고. 그러면 마누라 어떻게 될지도 모르는
거고. 솔직히 그게 정식 수입이 아니잖아요?

● 그럼, 애들은 할머니가 봐주시고?
나도 주방장 일 했고, 우리 와이프도 그런 일 했고……. 그래서 우
리 어머니가 애들을 떠맡았지. 갓난아이 때부터.

● 그럼, 현재도 사모님은 대만 국적이시겠네요? 그럼, 당시에 한국에서
건물이나 부동산 같은 걸 살 때는 오히려 곤란하셨겠네요? 사실, 한국
국적을 가지고 있어야 땅 같은 것 사기 편했잖아요?
어느 정도는 좀 그랬지. 당시 외국인이 부동산 사려면 허가받아야
했어요. 그게 허가제요. 누구한테 허가받아야 하느냐면, 한국 외무
부장관 허가받아야 해요. 허가 사항에 제한 있었어요. 주거지역은
200평 미만이고, 사업장은 50평 미만이에요. 그래도 그때는 뭐 큰
거 살 능력도 안 되고 했으니까, 큰 문제는 없었지. 그래서 대만
국적 갖게 된 거고……. 그 보따리장사는 늘 사람 마음을 불안하게
해. 그래서 내가 그랬어. "야, 그거 그만하자. 할 때마다 당신도 안
절부절못하고 그러잖아? 돈도 중요하지만 이제 우리 마음 편하게
살자." 그래서 내가 하림각 주방장 그만둘 때, 우리 마누라도 같이
그만둔 거요. 그때 그러니까 난 주방장에서 손 씻고, 우리 마누라
는 보따리에서 손 씻고. 그리고 같이 장사를 시작한 거죠. 그게 제

2의 시작이요. 그 다음부터는 우리 둘째, 셋째 동생, 여동생들 그리고 우리 처갓집 식구들까지 이 계통에 끌어들였지.

● 사장님 나이 또래에 한국 분하고 결혼하는 화교 분들이 많았어요? 사장님처럼.

우리 때만 해도 많았어요. 그전까지는 좀 힘들었지. 지금 한 60 넘은 사람들 때는 집안에서 아주 죽어라고 반대하고 그랬었는데……. 우리 때는 그런 게 좀 줄었어요. 우리 때만 해도 이런 부분 있었어요. 화교 여자들 가운데 대만에서 공부하고 대만에서 시집가는 애들이 많았어요. 우리 셋째, 막내 여동생들 봐. 다 대만에서 대학 나와서 거기서 시집가고 거기서 정착해 살잖아? 그때 만약 대만 대학교 나왔으면, 여자들 백 프로 대만에서 시집갔어요. 그거 그렇지 않겠어? 한국으로 돌아와 봤자, 남자들이라곤 다 짜장면 파는 놈들밖에는 없는데……. 대만까지 가서 대학 나왔는데, 짜장면 파는 놈한테 시집가고 싶겠어? 그러니까 어떤 면에선, 대만으로 대학 가는 게 시집 잘 가기 위한 목적이기도 한 거야. 그러니까 여기는 어떻겠어? 여자들 없어. 다 대만으로 학교 가고, 취직해서 가고……. 여자가 달렸어. 만날 주방에서 짜장만 볶다가 여자들 다 대만 남자들한테 빼앗긴 셈이지. 그러다 보니까 부모들도 어느 정도 이해했어요, 한국 여자들하고 결혼하는걸. 화교 여자 별로 없으니까. 우리 때부터 그런 경향 있었어요. 그전에야 여자들 어디 학교나 갔어? 대학은 꿈도 못 꾸는 거고. 그러니까 화교 여자들 남아돌았지. 그런데 우리 때부터는 안 그랬어. 또 설사 대만으로 대학 못 갔다고 해도 이렇게 저렇게 얽히다 보면 다 친척들이야. 그러니 서로 결혼 못 하는 거지. 그래서 남자들은 한국 여자 얻고, 여자들은 한국사람한테 가고. 화교사회 너무 작아요.

● 그런 점이 있었군요.

인천화교 해봤댔자, 다 연결하면 친척이야. 그래서 화교들끼리 결혼하려면, 부산, 대전, 대구 이렇게 지방 사람을 수소문했어. 거기에 전문적으로 중매하는 중매쟁이들이 있었어. 인천 안에서 찾으려면 너무 작으니까 멀리 간 거예요.

● 그렇게 연결시켜주는 전문 중매쟁이가 있었어요?

전문적인 건 아니고, 재료 팔러 다니는 사람들이 여기저기 왔다 갔다 하면서 중매를 서고 한 거지. 그 사람들이 중매쟁이지. 자기한테 딸 있으면 그런 사람한테 부탁해. 어디 화교 놈 중에 괜찮은 놈 없냐고. 아니면 열심히 공부 뒷바라지해서 대만 보내는 거요. 대만 놈이라면 아무 놈이라도 괜찮다. 여기 짜장면 파는 놈들보다는 낫겠지. 그 아버지도 자기가 짜장면 장사 하니까, 짜장면 장사 하는 놈 싫은 거야. 딸도 똑같이 자기처럼 고생할까 봐. 그게 그렇잖아요? 날마다 보면 사람 좋게 안 보이는 거야. 자꾸 나쁜 게 보이거든. 자기도 짜장면 장사 하지만 짜장면 파는 놈들한텐 자기 딸 주고 싶지 않은 거야. 그때 당시는 다 그랬어요.

● 그래도 옛날 부모님 세대 어르신들은 국적 같은 걸 좀 따지셨을 것 같은데…….

처음엔 그랬지만 나중엔 국적 안 따져. 또 따질 이유도 별로 없고. 안 그러면 자기 자식들 시집, 장가 못 보내는데?

사내놈들은 막걸리고, 딸년들은 배갈이야

● 말씀 나오신 김에, 화교 분들은 음식점 하나 하는데도 식구들끼리, 형제들끼리 같이 하는 경우가 많죠?
옛날엔 그랬는데, 지금은 많지 않아요.

● 그래도 사장님은 친가, 처가 다 끌어 모아서 장사하셨잖아요?
그거 보면 내가 통솔력 좀 있는 사람이에요, 안 그래? 사실, 같이 모여 산다는 게 쉬운 일 아니에요. 그렇게 같이 하려면 제일 중요한 게 뭔지 알아요? 바로 베푸는 마음이에요. 베풀 줄 알아야 하고

배려도 할 줄 알아야 해요. 우리 와이프 언니네 아들 둘, 다 내가
데리고 있어. 우리 막내 동서 부부도 같이 있고, 옥련동 자금성도
내 처남이 하잖아? 또 둘째 여동생, 셋째 동생, 막내 동생도 다 내
가 데리고 있어. 그 부부까지. 중화루 카운터 보는 사람도 내 셋째
동생 와이프야. 또 우리 큰 여동생은 재료상 해요. 중국 재료상.

● 두(杜) 사장님네 말씀하시는 거죠?
그렇지. 두 사장이 바로 내 큰 매제잖아? 그렇게 해서 사는 거요.

● 말씀 나오신 김에, 형제분들 말씀도 좀 해주세요. 지금 팔남매시죠?
사장님이 장남이시고, 그 밑으로 얼마 전에 돌아가신 둘째 동생, 그
다음에…….
셋째는 여동생. 그러니까 큰 여동생이고, 넷째는 남동생…….

● 아, 그러니까 사장님이 말씀하시는 둘째 남동생은 실은 첫째 남동생이
고, 셋째 남동생은 실은 둘째 남동생인 거네요?
아, 그렇게 되나? 난 그렇게 부르는 게 습관이 되어가지고…….

● 그냥 습관대로 부르셔도 돼요.
그리고 다섯째는 태화원 카운터 보는 여동생.

● 그분이 둘째 여동생이시고?
네. 그리고 여섯째가 대만에 사는 애들 셋째 고모고, 일곱째가 또
대만 사는 애들 막내 고모.

● 그럼, 여덟째는?
막내가 남동생이에요. 그래서 총 팔 남매. 사실, 우리 형제들은요?

거의 연년생이야. 막내만
빼놓고. 나하고 우리 막내
하고는 나이 차이가 열일
곱 살 차이 나.

● 그럼, 막내 동생 분이 올해
마흔 정도 되었겠네요?

마흔이야. 사실, 팔 남매 같으면 요즘은 상상이 안 될 거야. 하지
만 옛날에는 집집마다 자식들 많았어요. 먹고살기도 힘든데 애는
왜 그렇게 많이 낳았는지…… 그래도 우리는 아버지가 먹는 쪽에
계셨으니까 풍족하게는 못 먹어도 굶지는 않고 살았던 것 같아요.
난 그렇게 생각해. 배불리 먹지는 못했지만 그래도 굶지 않고는
살았으니 다행이라고.

● 둘째하고는 연년생이었으니까 어렸을 때 많이 싸우고 그랬겠네요?

그렇지. 많이 싸웠지. 솔직히 한 살 차이니까 친구나 마찬가지예
요. 그래도 우리 아버님은 형제들 간에 선을 분명히 그으셨어. 형
한테 대든다는 건 상상도 못 하는 거지. 그렇지만 어렸을 때만 해
도 나도 불만 많았어요.

● 어떤 불만?

아니, 우리 아버지는 내가 장남이니까 동생들 잘못해도 항상 날
혼냈어요. 사실, 나도 제대로 못 배우고, 우리 둘째 놈 그것도 중
학교 다 못 마쳤고, 큰 여동생하고 셋째 남동생도 마찬가지고……
그래도 우리 둘째 여동생부터는 고등학교 나왔어요. 사실, 우리
둘째 여동생도 공부 참 잘했는데…… 우리 집안 보면요, 참 이상
해. 남자형제들은 공부에 별 취미 없었는데, 여동생들은 달랐어요.
다들 공부 잘했어요.

● 그게 아무래도 아버님이 일찍 편찮으셔서 누워 계셨고, 위의 형제들은 돈을 좀 벌어야 그래야 동생들 먹이고 집안도 건사하고…….

맞아요, 그런 점도 있어요. 우리 아버님이 좀 건강하셨으면 달랐을지도 몰라. 근데 일찌감치 중풍에 걸리셔서……. 내가 나이 열여섯에 수타면 취직을 했다고 그랬잖아요? 송도 가든 쪽에서. 그때 우리 둘째도 숭의동 근처에 있는 신세계라는 중국집에서 일했어요, 홀에서. 또 셋째 놈은 오산인가 어디에서 식당 잔심부름꾼으로 일했어요. 겨우 열 몇 살 때. 우리 큰 여동생도 서울에서 남의집살이 했어요. 걔도 아주 어렸어. 또 그 다음엔 대만이나 홍콩 관광객 상대로 인삼 같은 거 파는 데에서 점원으로도 있었고, 우리 큰 여동생이. 어려서부터 그런 상점에서 점원으로 일했지. 어떻게 해? 나이들은 어리지만, 아버님 누워 계시지, 형제들 많지, 생활하기 위해서. 어쩔 수 없었어요. 그렇게 해서 우리가 둘째 여동생, 셋째 여동생, 막내 여동생, 막내 남동생 다 가르쳤지. 우리 여동생들은 공부 참 열심히 잘 했어요. 사실, 우리 둘째 여동생도 당시에 눈치도 있고 해서 얘기는 안 했지만 공부 더 하고 싶었을 거야. 그때 우리 아버님이 뭐라고 했는지 알아? "우리 남자 놈들 머리는 막걸리고, 여자는 배갈이다." 그러셨어. 배갈이 뭐야? 그게 머리가 맑다는 얘기요. 이상하게 여자애들은 공부 잘했어. 우리 셋째 여동생 같은 경우는 초등학교 1학년 때부터 죽 1등을 잡았어. 고등학교 졸업할 때까지 남한테 1등을 안 내줬어요. 그래서 학교 다닐 때도 장학금 다 받고. 이 학교에도 장학제도 그런 거 있었거든요? 많지는 않지만. 그래서 대학교 안 보내기가 너무 아까워서……. 사실, 대만에 있는 우리 여동생들, 셋째 여동생, 넷째 여동생 있잖아요? 둘 다 대학교 나왔잖아요? 둘째도 사실 공부 잘했어요. 자기가 눈치가 있어서 대학교 못 갔지만. 셋째 놈하고 막내 놈은 학교에 가고 싶어 죽겠지, 날마다 눈물 짜지. 그래가지고 그때 당시 우리 셋째 여동생을……. 그때 100만 원이면 큰돈이었어요, 우리한테는. 월급쟁이 하면서 한 달에 돈 20만 원 받으면, 1년 동안 안 쓰고 안 먹고 해야 겨우 모을까 말까 한 돈이었는데. 그래서 내가 달러돈 빌려 가지고 우리 어머니한테 줬지. 셋째 여동생 대학 보내라고. 우리 셋째 여동생 공부 잘했어요. 전교 1등 했어요, 이 학교(인천화교중산학교) 있을 때. 내가 그랬지. "야, 오빠가 너 대학교 가고 싶어 하는 거 다 안다. 하지만 오빠가 돈 없는 거 너도 알지?" 그때 당시에는 대만사범대학(臺灣師範大學), 오히려 용돈 줬어요. 사범대학은 그때 그런 혜택이 있었나 봐. 그래 내가 대만 가는 비행기 표 사줄 테니까 나머진 네가 알아서 해라. 좌우지간 용돈 아껴 쓰면 견딜 만했나 봐. 학교에서 밥 주지, 옷 주지. 그렇게 내가 걔를 보냈어요, 대만에. 그러니까 사범대학 떡하니 합격하더라고. 걔가 얘기 안 해도 난 다 알아. 얼마나 알뜰하게 공부했는지. 나중에 걔가 대학교 3학년 되었을 땐데, 막내 놈이 또 그러는 거야. 대학 간다고. 돈은 없지 어떻게 해? 그런데 우리 셋째 여동생이 그러는 거야. "오빠, 걱정하지 말고 대만에 보내. 내가 졸업하고 선생님 되면 내가 가르칠 테니까, 오빠가 한 1년치만 보태 달라"고. 이 막내 놈도 그런 식으로 해서 보내고 나중엔 셋째 여동생이 걔를 가르쳤지.

● 셋째 여동생이 대만에 갔을 때는 대만에 아무도 없었을 거 아니에요? 친척도 없고…….
친척은 있었죠. 우리 이모 있잖아요? 우리 어머니 여동생. 그때 대만에 있었어요. 하지만 사촌들인데 큰 도움 받았겠어요? 그냥 친척일 뿐이지. 그렇게 해서 우리 동생들 대만에서 다 학교 졸업하고 시집갔지. 또 우리 와이프 그때 당시 나하고 결혼했으니까 가끔 대만 가서……. 그때 우리 와이프 뭐 했냐면 대만 보따리 좀 뛰었어요. 거 물건 있잖아요? 그것 좀 뛰어서 돈 좀 벌면 고모들 용돈도 좀 주고 그렇게 했어요.

● 사모님도 고생 많이 하셨겠네
요. 보따리장사도 하시고, 사모
님은 어떻게 만나셨어요?

그거 뭘 얘기해? 쑥스럽
게……. 우리 와이프도 나
한테 시집온 지 한 30년 넘
었는데, 같이 산 지가. 이
사람은 솔직히 말해 나한테는 참 고마운 사람이에요. 그렇게 했는
데. 나는 솔직히 말해서 동생들 다 둘째 놈, 셋째 놈 다 시집, 장가
갔고……. 동생들은 말은 안 해도 다 고마워해요. 우리 와이프한테.
우리 마누라 참, 다른 사람하고 달랐어요, 그게. 베풀 줄 아는 그
런 부분이 있어요.

● 그때 사장님 포함해서 위의 형제들은 일하느라고 거의 다 외지에 계
셨을 거 아니에요? 그럼, 아버님 병 수발이나 이런 건 어머님하고 동
생 분들이 다 하셨겠네요?

그렇죠. 물론 나이들은 어렸지만. 지금도 가끔 가다 모이면 그때 얘
기해요. 다 나이들은 어렸지만 집안을 위해서 애를 많이 썼어요, 나
뿐만 아니라 다들. 그래서 형제 중요한 거요. 생각해봐요. 사실, 그
때 우리가 벌어봤자 몇 푼이나 벌겠어요? 치료비 장난 아니었어요.
침 한 번 맞으려면 택시 타고 왔다 갔다 해야 하고. 거동 못 하시니
까. 동생들 학비 같은 거 다 대야 하고, 생활비 대야 하고……. 그때
우리 아버님, 편찮으신데도 말은 많았어요. 하루 종일 일하고 집에
오면 날 붙잡고 이건 어떻다, 저건 어떻다 하는데. 그게 좀 사실 귀
찮더라고. 지금 생각해보면, 그게 다 날 가르치려고 한 건데…….

● 주로 어떤 말씀을 하시던가요?

주로 사회생활 얘기지. 예를 들어, 그 양반 당시만 해도 인천에서

최고 요리사로 인정받던 사람이요. 그러니까 요리 부분에서 내가 모를 것 같은 거, 그런 거 얘기 많이 해주셨어요. 그래도 그때 많이 배운 것 같아요. 요리계통에선 내 스승이나 다름없었어요. 또 뭐 이런 것 있잖아요? 친구는 잘 사귀어야 한다. 보증 서 달라고 해도 보증은 절대 서주지 마라. 뭐 그런 부분이죠. 얘기가 딴 데로 샜는데, 아무튼 그때 우리 둘째 여동생은 자기가 스스로 대학교 가는 거 포기하고 인천항운노조인가 거기에서 직장생활 시작했어요. 그래도 딴에는 집안 살림에 보태려고. 거기에 대해선 나도 자세한 기억이 없네. 그리고 우리 셋째 여동생은 원래 이과인데 자기도 대학교 가보려고 사범대학 지원했어요, 대만사범대학에. 사범대학교는 국립대학이에요. 그렇죠?

● 맞습니다. 대만사범대학은 국립대학이에요.
그때만 해도 대만 교육제도가 상당히 좋았어요. 국립대학이라 그런지 생활비도 주고 용돈도 주고.

● 아마 화교였기 때문에 특혜가 더 있었을 거예요. 당시 대만정부에서 화교 학생들 유치하려고 특혜도 많이 주고 그랬거든요.
그런 것 같아요. 나야 잘 모르지만, 그렇게 해가지고 대만에서 겨우겨우 생활한 거요. 대만 갈 때, 내가 비행기 표 해준 얘기는 했지? 진짜 딱 비행기 값만 달러 빚 얻어서 해줬어요. 나머지는 자기가 책임 다 진 거죠. 공부 열심히 했어요. 장학금 다 타고 그랬으니까. 그래도 말은 안 하지만, 돈 한 푼 없이 객지에서 공부한다는 게 쉬웠겠어요? 사고 싶은 거 못 하고, 먹고 싶은 거 못 먹고……. 우리 마누라가 대만으로 보따리 그거 하면서 가끔씩 찾아가는데, 하루는 갔다 와서 그러는 거야. "셋째가 많이 말랐어." 그 말 들으니 참 가슴이 아프더라고. 그래서 내가 용돈 좀 부쳐주고 그랬지. 먹는 거라도 제대로 먹으라고.

● 사실, 대만에서 혼자 공부한다는 게 힘들죠. 객지생활 하는 거니까.

개는 진짜 굶어가면서 공부한 아이예요. 그렇게 힘들게 졸업하고 자기가 막내 여동생 다 가르쳤어요. 우리 막내 여동생 갈 때에도 셋째 여동생 갈 때처럼 똑같이 백만 원 줬어. 그래서 우리 셋째 여동생이 졸업하고 선생 하면서 막내 여동생 졸업시켰지. 지금 생각해보면, 공부하려고 하는 애들은 가르쳐야 돼. 공부 안 하려고 하면 그건 가르쳐도 소용없는 거야. 그래서 애들 다 자기가 스스로 공부하고 시집들 가고…… 나중에 셋째 여동생 결혼한다고 해서 내가 대만에 갔어. 신랑이 군인이야, 직업군인. 내가 그때 농담으로 우리 그 매제한테 그랬어. "난 군바리 싫어" 그랬더니, 바로 군대 나와서 직장에 취직하더라고. 그리고 결혼한 거야. 우리 셋째 여동생, 그놈은 정말 빈틈이 없는 놈이야. 성격이 어떤지 알아? 내가 대만 가면, 오빠 잃어버릴까 봐 내 손을 꼭 잡고 다녀. 오빠 지갑도 자기 달래. 잃어버리니까 자기가 가지고 있어야 한다는 거야. 그 정도야, 성격이.

● 막내 여동생은 어땠어요?

우리 막내 여동생은 성격이 뭐랄까? 좀 개방적이에요. 타이중(台中) 중흥대학(中興大學) 원예학과를 나왔어요. 그러다가 결혼했지. 우리 막내 매제, 치과의사야. 아주 종교에, 불교에 빠진 사람이야. 사실, 우리 그 여동생 둘은 걱정 안 해. 다들 잘되었어.

● 막내 남동생 분은 어떻게 지내세요?

사실, 난 우리 막내에 대해서는 얘기 잘 안 하는데…… 그놈이 좀 문제가 있어. 나랑 열일곱 살 차이 나. 내가 직장생활 할 때, 그놈이 대여섯 살인가 그랬어. 내가 퇴근해서 집에 오면 그놈 주려고 과자 사들고 가고 그랬어. 그러니까 이놈이 자기 형만 기다리는 거야. 그러면 용돈도 좀 주고, 과자나 사탕도 좀 사주고 그랬지. 근데 이놈이 언제부터인가 좀 삐딱해지더라고. 지금 생각하면, 내 책임도 커. 걔가 소학교 들어갈 때쯤인가? 내가 결혼을 했어. 그전까지는 내가 노는 날이면 그놈 데리고 놀러가기도 하고 그랬는데, 갑자기 형수 생기고 조카 생기고 하니까 그게 그렇게 돼? 어린 마음에 반발심이 생긴 것 같아. 그때부터 점점 그 어린 마음에 상처가 쌓여 갔던 거지. 이놈이 그때서부터 나쁜 애들 만나고 다니고 본드도 하고. 왜, 있잖아? 환각제. 그거 하다가 나이 먹어서는 약국에 가서 약을 조제해 먹는 거야. 그거 못 하게 하니까 이번엔 술을 먹기 시작하는 거야. 술도 환각상태 불러오는 거요. 이 얘기 하면 참⋯⋯. 만약에 어렸을 때, 정상적으로 귀염 받아가면서 컸으면 그렇게 되지는 않았을 거야. 다 이유가 있는 거지. 결국 이 꼴이 된 거야.

● 이 말씀 여쭈어야 될지 모르겠는데⋯⋯. 첫째 동생 분 그러니까 사장님 말씀하시는 둘째 동생 분⋯⋯?
우리 둘째 얘기하면, 진짜 좀 마음이 아픈데⋯⋯. 고생만 하다가⋯⋯. 사실, 이렇게 갈 줄은 나도 정말 몰랐어요. 우리 둘째도 술이 심했어. 주력(酒力)이 대단해. 우리 막내하고 똑같아. 내가 사람 만든다고 하면 말이 안 되는 거지만⋯⋯. 술만 먹으면 나가서 싸우고 괜히 시비 걸고⋯⋯. 주벽이 심했어. 그래도 내 말이라면 형 말이니까 들어요. 십 몇 년 동안 내가 데리고 있었어. 그러면서 내가 혼도 많이 내고⋯⋯. 결혼도 내가 시켰어. 만진(萬眞)이 있잖아? 그게 그 친구 자식이야. 그거 낳으니까 몇 년 동안은 술 끊더라고. 그런데 그게 어려워.

● 동생 분도 마음에 상처가 많았을 거예요. 화교가 한국에서 사는 게 쉬운 일이 아니잖아요. 그런 데서 오는 스트레스나 마음의 상처가 많았을 것 같아요.
그게 다 우리 아버지가 자리에 눕는 바람에 어렸을 때부터 일찍

사회에 발을 들여 놓아서 그럴 거야. 어려서 사회생활 시작했으니 별별 어려움이 없었겠어? 나도 그렇지만……. 하지만 고생한다고 다 나쁜 건 아니요. 다 열심히 해서 자수성가를 해야 하는 건데…….

● 첫째 동생 분은 학교 그만두고 홀에서 일을 시작하셨는데, 따로 전문적인 기술은 배우지 않으셨어요?

그 친구는 솔직히 경력이 나하고 몇 년밖에 차이 안 나요. 그 친구도 한 30년 했어요. 홀에서 웨이터부터 했지만 나중엔 주방에 들어왔어. 근데 요리사들도 족보가 있어요. 큰 스승한테 배워야 하는 거야. 근데 그 친구는 그러지 못했어. 그런 차이가 있어요. 그러니까 나처럼 큰 업소에 주방장 못 하고 일반 중국집에서 주방장 생활한 거죠. 근데 자존심은 아주 강해. 내가 좀 가르쳐주려고 하면 꺼려해. 애가 그런 성깔은 있지만, 좀 내성적이야, 성격이. 우리 둘째는 친구가 없어. 친구를 안 사귀어. 평소에도 별로 말이 없어요. 그 아들 녀석도 똑같아. 지 애비 닮아서. 애들 엄마가 한국사람이잖아? 경주 사람인데. 그래서 우리 동생, 한국으로 귀화 신청하려고 했어요. 그러는 중에 죽은 거야. 난 모르겠어. 화교로 사는 게 힘이 들었던 것 같아. 원래 걔는 나한테도 말이 없어. 대화도 잘 안 하려고 해. 내가 불러서 억지로 말 시켜야 그때서야 몇 마디 할 정도야. 근데 이 친구가 죽기 며칠 전부터 평소 안 하던 짓을 하더라고. 갑자기 나한테 "형님, 안녕하세요." 이건 다른 때 같으면 안 하는 말이야. 사람이 갈 때 되니까 안 하던 짓을 하는 거지. 평소엔 말도 없던 친구가 동네 다니면서 아는 사람들한테 인사를 해. 갈 준비를 한 거지. 그게 작별인사였던 거야. 죽을 사람은 자기가 갈 때를 아는가 봐. 참……. 간 사람은 간 거고, 살 사람은 또 열심히 사는 거지, 뭐.

● 동생 분도 혼자 가게를 차려서 한 적이 있었어요?

있었어요. 몇 번 했어요. 근데 그 친구가 성격이 좀 그래서 장사도 오래 못 해. 두 번인가 했는데 다 실패했어. 자기도 알아. 자기 성격이 어떤지. 그래서 차라리 형 밑에 있는 게 낫겠다 싶었던 거지.

● 그럼, 남은 가족들은 지금 어디에서 사세요?

이 근처 송월동에 단독주택 하나 사둔 게 있어요. 거기 살아요. 먹고사는 데에는 큰 거시기 없어요. 그게 80평짜리 건물이니까. 큰 문제없어요. 보험도 좀 받는 게 있고. 근데 아무래도 식구가 없다 보니까. 아들 하나 있잖아? 그놈 내가 코치를 좀 해야 하는데, 그 자식이 말을 들어 처먹어야지? 아직 어려. 이제 스물넷인데, 뭐. 그래서 내가 한동안 그랬어요. 조카도 아들이에요. 너 학교 다시 안 갈 것 같으면, 차라리 큰아버지 밑으로 들어와라. 와서 기술 배워라. 그런데 그게 내 마음 같지가 않아. 뭐, 억지로 하라고 할 수도 없고……. 그래도 나중에 그 조카 손녀딸은 내가 책임져야지. 내가 키워줄 테니까 신경 쓰지 말라고 했어요. 이렇게 형제지간에 뭉쳐서 산다는 게 어려운 거예요. 형제들 같이 모여 사는 거? 그게 마음 베풀지 않으면 못 하는 거요. 그래서 난 우리 와이프 고맙게 생각해. 난 평소엔 마누라한테 욕도 잘해. 하지만 속마음은 그렇지 않아. 항상 고마워해. 그 사람, 참 대단한 사람이요. 우리 와이프가 종알종알해봐. 그럼, 벌써 형제간에도 의리 깨지는 거야.

● 큰 여동생은 언제 시집을 가셨어요?

우리 형제 중에 큰 여동생이 제일 먼저 결혼했어요. 스물두 살인가? 중매였어. 그 매제는 그때 당시 강원도 양양이 고향이었어요. 집안이 어느 정도 잘살았어. 근데 결혼하자마자 미국 바람이 불었어요. 미국 이민 가는 거. 그땐 화교들 사이에 그런 게 있었어요. 그 미국 바람이 불어서 건물 팔고, 땅 팔고 했는데…… 브로커를

잘못 만나서 사기를 당한 거예요. 지금은 다 포기하고 열심히 살
고 있지만…….

● 그때 이 동네에서도 미국 바람이 많이 불었어요?
그때 당시는 있잖아요? 화교들 중에 돈 좀 있는 사람은 다 미국
가려고 했어요. 그 바람이 불었어요.

● 그래도 미국에 이민 가려면 돈이 좀 꽤 있어야 할 것 같은데?
돈 있어야죠. 미국 갈 정도 되려면 기본 재산이 있어야 되는 거예
요. 미국 가는 건 웬만한 사람 아니면 꿈도 못 꿔요.

● 실제로 여기에서도 많이들 가셨어요?
많이 갔어요. 한국에서 식당이나 한의원 해서 돈 좀 번 사람들은
거의가 미국 갈 계획을 했어요. 왜 미국을 가려고 했겠어요? 다 자
기 2세들, 자식들 교육 때문이지.

● 교육문제가 가장 컸군요?
또 있어요. 당시에 왜 그런 미국 바람이 불었냐면……? 그때가 대
충 박정희 시대 때예요. 그땐 정말 제약이 많았어요.

● 사업이나 장사하시는 데?
그렇죠. 지장이 많았어요. 그렇다고 그 사람들이 큰 부자는 아니었
어요. 그냥 어느 정도 먹고살 정도였지. 그래도 더 큰 목표를 위해
서 미국을 선택한 거죠. 한국은 더 이상 비전이 없다고 생각하고.

● 그럼, 사장님도 미국 갈 생각 해보셨어요?
기회는 있었어요. 미국에서 한국에 있는 중국요리사들 데려가는

경우가 있었어요. 그때 돈으로 한 사람당 3천 불씩 줬어요. 나한테
도 섭외 오고 그랬지. 근데 내가 안 갔어요. 나 혼자 잘 먹고 잘살
려면 내가 갔었을 거예요. 근데 방에 누워 있는 아픈 아버지도 있
고, 형제도 있고⋯⋯. 나만 잘 먹고 잘살자 했으면 갔을 거예요. 근
데 내 생각은, 죽을 먹든 밥을 먹든 여기서 형제들하고 같이 살아
야 된다, 내가 빠지면 안 된다, 그런 생각이었어요. 아주 어렸을
때에도 미국 갈 기회 있었어요. 사실 이런 얘기 안 하고 싶은데,
박사님 앞이니까 내가 이런 얘기 하는 거요. 옛날에 우리 아버지
하고 어머니하고 싸움 많이 했어요, 부부싸움. 그게 다 장사 잘 안
되고 못살았으니까. 근데 싸움만 하면 아버지가 이런 얘기 해요.
누구한테 몇 째 줘라. 누구 남한테 입양시켜라. 자식들 많다 보니
까. 그럼, 우리 어머니는 죽어라고 반대하고. 사실, 막내 여동생이
나 셋째 여동생 달라는 사람, 많았어요. 나도 어린 마음에 그런 말
들으면 무섭고 충격 받았어요. 그래서 옛날 나 어렸을 때, 미국 신
부가 날 미국에 데려가려고 했을 때에도 난 안 간다고 그런 거예
요. 어떻게든 형제들은 함께 뭉쳐서 살아야 한다. 난 우리 형제들
뿔뿔이 헤어지지 않은 것만 해도 참 다행이라 생각해요. 솔직히
말해서, 우리 형제들 우애 좋았어요. 난 동생들한테는 형이나 오
빠 역할이 아니라 아버지 역할 했어요. 우리 아버지가 방에 누워
있었으니까, 무슨 힘이 있었겠어?

● 셋째, 그러니까 둘째 남동생은 어떻게 지내세요?
죽은 둘째도 그렇고 셋째 놈도 어려서부터 고생 많이 했어요. 결
혼한 사람은 전라도 정읍 사람인데⋯⋯. 그 집은 원래 당면 공장 했
어. 왜, 있잖아? 양장피 만들 때, 그 피 만드는 공장 했어. 그 집안
도 옛날에 잘살았어. 결혼할 때, 우리 셋째는 영화식품 공장에서
판촉했어. 춘장 배달 같은. 그러다가 그 장인이 잘 본 거야. 애도
착하고 성실하고 하니까. 그래서 딸 준 거죠. 근데 사실, 우리 형제

들 얘기하면 할 게 참 많아요. 지금은 내가 대충 얘기를 하는 건데……. 사실, 그거 다 자세히 들으려면 본인들한테 물어봐야죠. 내 머리 가지고는 한계가 있어요. 하여튼 지금 여기 태화원 주방장 하고 있어. 딸이 둘이야. 둘 다 대만에서 대학 나와서 간호사 해.

● 대만에서요?
(손만평) 네. 둘 다 큰 병원에 취직해가지고 어느 정도 잘 벌어요. 첫째는 저하고 동갑이고.

● 그럼, 완전히 대만에 정 착해서 사는 거네?
(손만평) 걔네도 첫째가 동 생 대학 학비 다 댔어요. 그러니까 이놈들도 자기 고모들이 한 거 다 배운 거야. 이젠 다 컸어요. 시

집갈 나이지. 나중에 이놈들도 다 대만에서 대만 남자 만나서 결 혼하겠지. 한국에 있는 놈들이랑 시집갈 일은 없잖아?

● 그게 뭐 자연스럽겠죠.
자연스러운 일이에요. 내가 어렸을 때만 해도 화교 여자가 한국 남자를 사귀면 난리가 났는데…….

(손만평) 근데 저도 어릴 적 생각하면, 어른들이 한국사람 만나지 말라고 했어요. 왜냐하면 우리 어릴 적에 드라마 보면, 남자가 여 자 때리고 그런 거 많이 했잖아요? 그래서 그런 인식이 좀 있었어 요. 엄마, 아빠는 국제결혼 했으면서 우리한테는 한국 남자 만나 지 말라고…… 저희 할머니도 그랬어요, 그때만 해도. 근데 점점

시간이 지나면서 할머니도 엄마가 잘하는 거 보니까, 인식이 좀
바뀐 거죠. 저 같은 경우에도 남자친구가 한국사람이잖아요? 그래
서 처음에는 얼마나 경계하고 그랬다고요? 근데 점점 서로 만나는
횟수가 늘어나면서 지금은 반대를 안 하세요.

난 사실 오(吳) 군(손만평 남자친구), 맨 처음에 데려왔을 때, 솔직
히 딸 빼앗기는 기분이었어. 그게 다 그런 것 때문에 그런 거였지.
사실, 나야 반대할 이유가 없잖아? 나도 와이프하고 국제결혼 했
으니까. 우리 둘째 여동생도 그렇고.

● 만승이는 어때요? 지금 여기 주방에서 일 배우고 있다고 들었는데. 요
리하는 거 좋아해요?
좋아해요.

(손만평) 개가 원래 미각이 좀 있는 것 같아요. 해물요리 보면, 새
우도 종류가 많잖아요? 근데 애는 재료를 좀 볼 줄 아는 것 같아
요. 마트에 가면, 우리는 "야, 왕새우다. 이거 참 신선하다." 그러
는데 개는 이게 뭐가 왕새우냐고, 아니라는 거예요. 그럼, 판매하
는 사람도 찍소리 못해요. 보통 일반 사람들은 그거 구분 잘 못해
요. 근데 딱 알더라고요.

요리는 원래 취미가 있어야 해먹는 거예요. 취미 없으면 억지로
가르친다고 배울 수 있는 거 아니에요. 지금은 가끔 가다 주방에
들어가서 야채도 썰어주고 그래요.

(손만평) 그거야 장난치는 거지.

야, 장난치는 것도 그게 다 자기 뜻이 있어야 장난도 칠 줄 아는
거야.

● 그렇지. 자기가 흥미가 있으니까 주방에도 들어가지.
걔는 지금 경희대 다니고 있지만, 졸업하면 바로 여기에 족보 올려
야 돼. 근데 문제가 뭐냐면, 우리 와이프가 너무 장군님, 장군님 하
면서 키웠다는 거야.

(손만평) 그거야 엄마한테나 장군이겠지? 뭐라는 줄 아세요? 따봉
장군이래요, 글쎄. 그러다가 말 안 들으면 똥장군이라고도 하
고…….

난 장군도 좋고 뭐도 좋은데, 하여튼 무엇보다 사람이 되어야 한
다고 생각해요.

(손만평) 언니 친구들 중에도 요리하는 오빠들이 많아요. 그런데
그 오빠들이 어쩌다 여기 태화원에 놀러 왔었나 봐요. 엄마, 아빠
모르게 3층에 있는데, 그중에 요리하는 친구 하나가 집에서 요리
를 했나 봐요. 탕수육을 했는데 되게 맛이 없었대요. 그래서 친구
들이, "야, 이게 뭐 탕수육이냐? 맛이 왜 이렇게 없냐?" 아마 요리
입문한 지 얼마 안 되었나 봐요. 그러니까 그 친구가 "야, 너희 아
빠도 처음엔 이랬을 거야." 그런 거 보면……. 요새 젊은 친구들도
처음엔 다른 일 하지만, 결국 선배나 부모들 따라서 나중에는 가
업을 잇는 것 같아요. 내 친구 중에도 "나, 요즘 칼판 잡는다" 하
는 애들도 있어요. 그렇게 여기저기 전전하면서 요리 배우고…….

사실, 요즘엔 요리사도 직업 괜찮아요.

● 그렇죠. 또 가업을 잇는다는 게 나쁜 일이 아니잖아요?

요즘 대한민국 젊은 사람들 대학 나와도 취직 잘 안 된다고 그러
는데, 요리사들은 골라서 갈 수 있어요. 수입도 웬만한 회사보다
는 나아요. 잘 버는 친구는 연봉이 5, 6천 돼요. 호텔뿐 아니라 일
반 중국집도 그래. 벌이가 괜찮은 편이야. 일반회사 취직하려면
힘들잖아요? 그렇지만 이건 기초, 기본만 잘 닦아놓으면 아무 데
나 갈 수 있어.

● 그래도 만약 만승이가 가업을 잇겠다고 하면 아버지 마음엔 '나보다
더 크게 해야지' 하는 생각도 있을 거 아니에요? 가령, 경영기법이나
그런 것도……. 그렇죠?

그거야 자기 나름대로 해야 되는 것이겠지만, 나도 그런 마음이
있죠. 사실, 우리 스타일이나 우리 선배님들은 다 구닥다리야. 새
로워져야지. 나도 신세대들한테는 구닥다리야. 말도 많고 잔소리
도 많고…….

칭훼이(請會)

● 말씀 나온 김에, 계에 대해서도 말씀해주세요. 제가 듣기로는, 화교사회에서 누가 생활이 좀 어렵다거나 혹은 사업이 잘 안 된다 하면 서로들 도와주고 그랬다고 하던데? 계가 그런 것 같은데? 사장님 아버님도 창업하실 때, 계를 하셨고 사장님도 계를 하셨잖아요?

화교들 그런 습관 있어요. 주방장 하다가 장사하고 싶은데 돈이 없다. 그러면 칭훼이, 계를 모집해요. 가령, 1인당 500만 원씩 친구들 20명 모아. 그럼, 1억이야. 자기는 매달 500만 원만 내놓으면 돼. 20명이서 한 사람 도와주는 거야.

● 대부분 계를 통해서 창업을 하시고 그랬어요?

내 얘기를 할게. 내가 태화원 할 때, 계를 500만 원씩 40명을 모았어. 그럼, 2억이죠. 40개월씩 매달 500만 원 내면 돼. 갚으면 끝나는 거니까. 좋은 게 뭐냐면 여러 사람이 한 명을 돕는 거야. 그 대신 내가 계를 했을 때 들어준 친구가 계를 새로 하면, 나도 또 의무적으로 들어줘야 해. 그렇게 해서 다 창업을 한 거죠. 다 자기 장사하게 된 거죠.

● 그 칭훼이라는 건 원래 중국 산둥지방에서부터 내려온 전통인가요?

그렇죠. 근데 지금 오히려 산둥에서는 다 없어졌어. 그걸 왜 우리가 하게 되었냐면, 우리는 한국에서 외국인이잖아? 신용대출이 안 돼. 그래서 지난 백 년 동안, 전통으로 서로 돕고 한 거지. 은행 대출이 안 되니까. 물론 지금은 우리도 많이 없어졌어. 지금은 계하

는 것도 잘 깨져. 이상하
게. 옛날엔 그런 일 없었
는데. 나도 몇 개 떼였어.
계주가 도망가고 해
서…….

● 도망가면 외국으로 가나?
그냥 피해 다니는 거지, 뭐.

● 그럼, 어떻게 해요?
뭘 어떡해? 그거 악랄하게 쫓아다니면서 고발할 거야? 죽일 거야?
그 사람도 이판사판이지, 뭐. 장사가 안 돼서, 부채가 너무 많아서
그런 건데. 난 그런 사람들 어느 정도는 이해해요. 다들 친구 아
냐? "야, 나중에 네가 벌어서 갚아." 그러고 마는 친구도 있고…….
근데 그걸 상습적으로 하는 놈들도 있어. 물론 열 명 하면 한 명
있을까 말까 하지만……. 옛날부터 계는 친구 도와주는 거야. 물론
친척, 친구도 있고……. 친분 있는 사람끼리 모여서 누가 장사하겠
다, 집 사겠다 하는데 돈이 모자란다, 그러면 같이 해주고 그러는
거지. 물론 계도 여러 종류가 있어, 규모에 따라서. 적게는 백만
원, 좀 크면 5백만 원 하는 것도 있어.

● 한 달에 백만 원, 5백만 원씩 갚으려면 쉽지 않은 일인데. 주로 자기
장사 하시는 분들이 하시겠네요? 월급쟁이는…….
월급쟁이도 해. 만약 전세금이 좀 모자란다 하면, 백만 원씩 20명
모집해. 그럼 2천만 원이야. 그걸로 전세방 얻어. 월급이 한 2백
되면, 한 달에 백만 원씩 갚는 거지. 그렇게 직장생활 하면서 다달
이 갚는 거지. 건물 큰 거 살 때는 1억짜리도 해. 40명 모아. 그럼,
40억이야. 그건 좀 잘 사는 상류사회고. 어느 정도 있는 사람들이

지. 그러니까 계도 다 비슷한 또래끼리 하게 되는 거야. 있는 놈은
있는 놈끼리, 없는 놈은 없는 놈끼리.

● **자식들 결혼할 때에도, 돈 필요하면 계도 하고?**

나도 계했지만 우리는 이자 안 받았어. 그냥 당대 최고 요릿집 딱
가서 코스요리에 술 한잔 먹고 끝내는 거야. 500짜리 40명 모으면
돈 2억 걷히는 거야. 이자 안 줘. 그냥 식사 한 끼로 때우는 거야.
500짜리면 50만 걸어 놓고 순서로 받아 가는 게 아니라 50만 정해
놓고 10만 이자 낸다. 매달 십만 원 내놓고 내가 먼저 쓸게. 40만
원씩 걷는 거야. 걷어서 타는 사람한테 주는 거야. 그게 바로 십만
원 이자야. 39명한테 십만 원 이자 줄 테니, 내가 십만 원 다음 달
급한 사람 20만 원도 내. 나중에 마지막 사람 50만 원씩 39명 다
50만 원씩 거두어서 주는 거야. 한 달 이자가 십만 원이면 본인 빼
면 이자를 40개월 후에 이자를 받는 거야. 먼저 쓰고 한 달에 이자
를 주는 거지.

● **먼저 쓰고 나중에 쓰고 순서를 어떻게 정해요?**

계 오야가 집에 아침 열 시면 열 시, 종이쪽지에 50만 원 적어. 제
일 많이 적은 사람이 타는 거야. 제비 뽑듯이. 종이에 적어서 탄
거야. 그러면 어떤 때 보면 자기가 40명 계를 오야 했잖아? 계를
40개 들어야 돼, 나중에. 딴 사람 할 때는 들어줘야지.

● **한꺼번에 계를 여러 개 들다 보면 돈을 못 낼 수도 있겠네요?**

한 번에 40개 못 들어요. 그렇지가 않아요. 두고두고 갚아주는 거
예요. 예를 들어서, 우리 집이 어려울 때 저 사람 아버지가 계 들
어줬어. 그러면 그 아들 계할 때 내가 하나 들어줘. "내 이름도 넣
어." 옛날에 우리가 신세를 졌으면, 그 아들 때라도 갚아야 하는
거야. 그게 인지상정이야.

● 그게 서로 믿음이 없으면 안 되는 거잖아요?

원래 계를 하면, 보증인을 두 명 세워. 만약에 계가 깨지면 그 보증인 두 사람이 갚아야 해. 그러니까 서로들 보증을 잘 안 서주려고 하는 거지. 그렇지만 여기는 신용사회야. 계를 깨뜨리면 그건 여기에서 매장당하는 거야. 소문이란 게 무섭거든. 여기 화교사회는 아주 작은 사회야. 금전거래는 거기서 끝나게 되는 거야. 그러니까 웬만하면 안 깨뜨리려고 하지. 설사 깨져도, 형제들이나 가족들이 노력해서 갚아. 그게 명예가 안 좋거든? 다 식구들이 나서서 해결해줘. 신용사회니까. 요즘은 그런 거 없어졌어. 보증인들도 안 갚아. "내가 사람 보증했지, 돈 보증했냐? 이거야." 좋은 전통이었는데 지금은 다 변질되었어요.

● 아무래도 계는 많이 줄어들었겠죠?

줄어들었어. 지금은 신용대출은 안 되지만, 담보대출은 되거든. 옛날에는 계 한 번 타면, 시간을 쪼개서 집집마다 가서 받았어. 그런데 지금은 온라인 번호 몇 번인데? 시건방 떠는 거지. 시대가 바뀌었어. 들어주는 사람 오히려 피곤하게 만들어. 난 우리 친구가 계를 하면 그래. "온라인 번호 불러줄 거면 나 안 해." 난 그게 싫어. "네가 직접 와서 받아가." 물론 이건 다 농담이지. 다들 바쁜 세상인데 온라인으로 해줘야지. 하지만 전통이 변질된 거야. 전통대로 하면, 계모임을 하는 거야. 어느 한 집에 모여서 중국차, 다과 내놓고……. 다 모였을 때, 계 탄 사람한테 즉석에서 돈을 줘. 지금은 계 안 타는 사람은 오지 않는데, 옛날엔 그런 거 없어. 다들 모여. 그게 다 사라졌어. 이걸 핑계로 한번 만나자는 건데……. 전통이 없어졌어. 요즘, 화교전통 다 사라졌다고 봐야 돼요. 이젠 거의 한국화 다 되었어요. 이유가 여러 가지 있지만, 여기 화교들 대부분 한국 와이프하고 결혼해요. 나도 그렇고. 그러니까 중국, 한국 다 얽혀서 지금은 한국화 다 되었지. 이제는 화교라는 자리도 양보해

야 돼요. 누구한테? 신화교한테. 본토에서 온 중국사람들한테 양
보해야 돼요. 우리는 한국사람 준비 다 된 사람이고.

중화루(中華樓)와 짜장면

● 이제 중화루 얘기 좀 해주세요. 처음에 어떻게 매입하시게 된 거예요?

사실, 난 중화루 안 사려고 했어요. 처음에 중화루는 세 사람이 동업했어요. 한 명은 한국사람이고, 나머지는 위신천(于心辰) 씨, 양젠민(楊鑑珉) 씨. 화교야. 양젠민, 그 어르신은 인천화교협회 회장도 하셨고, 한국주재 대만 상무위원(商務委員)까지 하셨어. 한국화교 중에 대표 역할 하시던 분이야. 그분도 아주 술 좋아하셨어. 통도 크고. 위신천 씨는 공화춘 집안이야. 그분이 돌아가시면서 중화루 지분도 3등분이 된 거지. 결국 중화루는 그 한국 분한테 넘어가고, 경영은 양젠민 회장이 맡게 되었지.

● 결국 나중에 주인은 그 한국 분이 하시게 된 거네요?

그렇지. 대신 경영은 양 회장이 하시고. 근데 당시 양 회장, 그분의 건강이 별로 안 좋으셨어. 그때 65세인가 그랬는데. 나중에 그 한국 사장이 양 회장한테 다시 중화루 소유권 넘겼어. 이제 중화루 명의가 양젠민 씨 앞으로 된 거야. 그런데 장사는 크게 잘된 것 같지는 않고 그저 현상 유지할 정도였던 것 같아. 그렇게 양젠민 씨가 2, 3년 하다가 날 찾아오게 된 거지. 아무리 수소문해도 화교 중에 중화루 살 만한 사람이 없었던 거야. 그 어르신이 날 찾아와서 하는 얘기가, "난 본래 장사할 사람 아니다. 난 건강도 안 좋고……. 그렇지만 이건 그냥 접기가 아까운 물건이다. 내가 반평생 동안 심혈을 기울인 곳이다. 자넨 젊고 능력도 있으니, 네가 경영해주라. 난 이거 팔아서 노후대책이나 마련하련다." 근데 그때 은

행 대출 10억을 안고 있었어, 중화루가. 그걸 끼고 15억 5천에 사라는 거야. 결론은, 내가 5억 5천만 있으면 살 수 있는 거야.

● 그럼, 선뜻 사시게 된 거예요?

사실, 거기서 깎으면 뭘 해? "좋습니다" 했지. 그 중개는 화교협회 회장이 했어. 그때 화교협회 회장이 나한테 그러는 거야. "살 마음 있으면 그냥 사라. 그냥 계약날짜 잡아라." 그래서 계약을 했어요.

● 두 분 다 어려운 결정을 하신 거네요.

사실, 그 어르신 원래 자존심이 상당히 강한 분이야. 대만 국민당 출신이고. 그런 사상을 받으신 분이야. 서른 살에 화교협회 회장 하셨던 분이야. 말씀도 잘하시고. 사람 다루는 통솔력도 좋으셨고. 화교 중엔 한국 최고 대표였어. 권력이 대단했지. 파워가 있었어.

● 인수하시고 나서, 중화루는 영업실적이 어땠어요?

처음엔 내리 3년을 적자 봤어. 영업을 엄청 못 했어. 사실, 중화루는 인천 최고의 요릿집이잖아? 덩치도 크고 말이야. 직원월급만 2,700인데, 첫 달 매출이 2,000이야. 처음 1년은 엄청 망했고, 그 이듬해는 덜 망했고, 3년째 돼서 조금 흑자 봤지. 그러니까 흑자로 돌아선 게 이제 1년밖에 안 되는 거야. 사실, 적자가 나면, 이건 보통 힘든 거 아니야. 돈 한 푼도 못 벌고 3억씩이나 통째로 집어넣었다면 이건 보통 손해 본 게 아니야. 요즘 흑자로 돌아섰지만, 대출은 아직 다 못 갚았어. 이제 1억 갚고 9억 남았어. 자금성도 그렇고 태화원도 그렇고 그냥 겨우겨우 버티는 거야. 물론 자금성은 <1박2일>에 나와서 재미 좀 봤지만. 요즘은 물가도 너무 오르고 해서 특별히 마진은 없는 것 같아.

● 엄살이 좀 심하시네? 하하!
엄살 아니라고.

● 원래 중화루는 거의 백 년 가까운 이력을 가지고 있는 우리나라의 대
표적인 중국 요릿집이라고 해도 과언이 아닐 거예요. 또 사장님 집안
과도 떼려야 뗄 수 없는 연을 가지고 있는 곳이고요. 사장님 외조부께
서는 그곳에서 와이당을 하셨고, 아버님도 거기서 주방장을 하셨고 또
지금은 사장님이 그곳을 직접 경영하고 계시고…….
지난번에 박사님께서 그러셨죠? 옛날 중화루 현판이 인천시에 보
관되어 있다고. 그게 다행이에요.

● 네. 인천시립박물관에 보존되어 있는 걸로 알고 있어요. 이건 농담이
지만, 그걸 가져올 수만 있으면 얼마나 좋을까?
그건 우리 욕심이지요. 그럼 욕먹지. 그것보다도 하루빨리 옛날
중화루가 복원되어야 해요. 본토 앞에 주차장 있잖아요? 거기가
원래 중화루 터예요. 중화루는 복원할 의미가 있어요. 앞으로 인
천시에서 중국 관광객 유치할 수 있는 부분이에요. 중화루 옛터가
그전에는 또 대불(大佛)호텔이었잖아요?

● 그렇죠. 우리나라 최초의 근대식 호텔이라고 하는…….
맞아요. 대한민국 최초의 호텔이란 말이에요. 중화루뿐만 아니라
대불호텔 식으로 복원을 해도 값어치가 있단 거예요. 하여튼 시나
구청에서 나서서 어떻게든 복원을 했으면 좋겠어요.

● 제가 기록에 보니까, 대불호텔 인수해서 중화루 설립한 게 1918년으로
되어 있더라고요?
아니야. 1908년일 거예요. 중화루 백 년 넘었어요. 다시 한 번 보세요

● 그 부분은 제가 좀 더 조사를 해보죠.

내가 알기로는, 그때는 일본시대 아니었어요. 1918년이면 벌써 일본한테 넘어갔을 때 아니야? 1918년은 아닐 거예요. 공화춘도 백년 넘었어. 아니, 올해가 백 년이지. 중화민국 100년이니까. 공화춘 간판 이름이 공화국 원년 봄에 오픈했다는 의미잖아. 그러고 보니까 1908년이 맞는 것 같아. 내가 알기로는, 중화루가 공화춘보다 오래됐거든.

● 그건 제가 더 알아볼게요. 과거 중화루에 대해 들으신 말씀 없으세요?

사실, 저도 잘 몰랐는데, 몇 년 전에 중국 연태에 가서 연태박물관 관장 했던 왕환리(王煥利)를 만났어요. 박사님도 그 일 아시죠? 그 노인네 일흔이 넘었어요. 1935년생인가 그러니까 우리 어머니하고 나이가 비슷해. 근데 귀가 잘 안 들려요. 그래서 그 와이프가 필담을 해서 통역을 해주더라고. 그 양반이 연태에서 책을 한 권 쓴 적이 있었어요. 『烟台往事』라고. 그 책, 나한테도 한 권 있어요. 그 책 안에 '인천의 중화루'라는 글하고 옛날 중화루 사진, 아주 귀중한 사진 하나가 있었어요. 근데 그 사진 속에 우리 외할아버지가 있는 거예요. 난 정말 깜짝 놀랐어요. 그 양반 말씀이, 그 사진의 인물들이 중화루의 주주들이었다는 거예요. 사실, 전 그때까지만 해도 금시초문이었어요. 저는 사실 몰랐어요. 대충 얘기 들으니까, 그때 중화루 구동들이 한 40명 되었대요. 대표 라오반(老板) 성(姓)이 라이(賴) 씨라는 사람이고. 왕 관장 하시는 말씀이, 연태 사람이 한국에 가서 중화루를 세운 건 연태 사람의 자랑이라는 거야. 백 년 전에 한국에다 최초로 식당을 차렸다, 그런 자부심이 있더라고. 그래서 그게 작년에 연태일보(烟台日報)에도 기사가 나왔잖아요? 그걸 신문에 실어준 사람이 바로 그 왕 관장이야.

● 공화춘 하면, 1911년 중화
민국이 건국되면서 공화국
이 들어서면서 만들어진 이
름이잖아요? 그럼, 중화루
는 중화민국의 중화를 딴
게 아닌가 하는 생각이 드
는데?

그게, 그게 아니에요. 그때 당시는 있잖아요? 중국은 이치엔 쟈오
중화(以前叫中华, 이전에는 중화라 불렀어)야. 그러니까 중화는 중
화민국에서 나온 게 아니에요. 내 생각엔, 따이뱌오 화런(代表華人,
화인을 대표한다)의 뜻이 있는 것 같아요. 그때 자세히는 듣지 못
했는데 대충 그분 얘기하시는 거 보면, 지금 연태에 중화루 주식
가지고 있는 사람이 있대요? 나한테 그러더라고. 그게 지금도 효력
이 있냐고? 지금 얘기하면 구편(股份, 주식)이야.

● 그걸 좀 받아 오시지 그러셨어요? 아주 중요한 건데.
그걸 어떻게 그냥 달라고 그래. 돈 줘야 될 거 아냐? 또 그 사람은
그걸 기념품처럼 팔려고 하겠어? 그 주식 가치대로 받으려고 그러
겠지. 안 그래?

● 그 사람은 그걸 어떻게 가지고 있을까요?
잘 모르지만, 혹시 옛날에 그 사람 할아버지가 중화루에 투자한 주
주였을 수도 있겠지. 하여튼 잘 모르겠어. 혹시 알아? 그 할아버지
가 죽으면서 "야, 니들 혹시 한국 가게 되면 물어봐라. 혹시 돈 될
수도 있다" 그랬을지도 모르지.

● 그 할아버지가 구동이었을 수 있다?
그렇지. 근데 확인된 건 아니니까.

● 그래서 효력이 있다고 하셨어요?

아니 벌써 없어졌는데 어떻게 있다고 그래? 딱 잘라서 없다고 그 랬지. 그때 당시 벌써 한국사람 손에 다 넘어갔다고 그 얘기밖에 더 할 수 있겠어요? 그 라이(賴) 씨 후손은 지금 미국에 있어요.

● 초창기 중화루 상황에 대해서는 들으신 게 없으세요?

장사 잘되었대요. 그때 당시는 일본시대인데, 장사가 얼마나 잘됐 으면 중화루에 3개국 기생이 다 있었대요. 한국기생, 중국기생, 일 본기생. 중화루 한 번 가려면, 돈을 자루로 싸들고 가야 한다고 그 랬어. 그래도 나올 때면 빈털터리가 되어서 나오는 거지.

● 접대하는 여자들도 있었다면, 중화루는 단순한 식당이 아니었네요?

중화루는 옛날에 지금 얘기로 하면 호텔이랑 마찬가지야. 잠도 잘 수 있고 먹고 그런 자리예요. 숙박을 할 수 있었어요. 마작도 할 수 있고 노름도 할 수 있고. 3개국 기생 다 있고. 지금 중국말로 하면 커잔(客殘)이야. 객잔 역할 했다는 거야.

● 그럼, 공화춘도 그랬어요?

그건 잘 모르겠어. 내가 어렸을 때 생각하면, 그때 우리 외할아버 지, 그 중화루에서 돌아가셨어. 출근하다가 아침에 심장마비로 돌 아가셨는데……. 나중에 우리 외할머니한테 들었는데, 중화루는 일본사람이 하던 호텔 아니었어? 그러니까 룸이 있었대. 기록에 남아 있는 게 없으니까 뭐라고 말할 수는 없지만……. 그러니까 아 마도 중화루는 호텔식으로 되어 있지 않았을까 그런 생각이 들어. 물론 추측이지. 그래야 거기서 잠도 잘 수 있고 즐길 수 있고 그러 지 않겠어? 그게 3층 건물이에요. 들은 얘기로는, 1층은 식당하고 2층은 마작방, 그리고 3층은 객실이었다는 거야. 연회도 베풀고. 그러니까 중화루 드나드는 사람들은 다 무역상의 사장이나 동스

장(董事長, 이사장)같이 큰 무역회사 하는 돈 많은 사람들이었어. 상하이, 베이징, 홍콩의 그런 사람들이 드나들었지 않나 싶어. 내 생각이야.

● 외할아버님이 계실 때에도 커잔 형식이었어요?

그건 잘 모르겠는데, 그때는 일본시대이니까 당시에도 그렇지 않 았을까? 잘 모르겠어. 사실, 나도 전해들은 애기니까 함부로 말 못 하지. 그냥 연세 많으신 분들이 하는 애기야. 하여튼 외할아버지 사진 보니까 진짜 반갑더라고. 그게 1940년도인가 찍은 사진이야.

● 감회가 새로웠을 것 같아요.

내가 그 사진 현상 좀 크게 해가지고 중화루에 걸어 놓았어. 박사 님도 봤죠, 그 사진? 나중에 그 연태박물관 왕 관장한테서 편지 한 통 왔었어요. 내용이 뭐냐면, 나보고 현재 차이나타운 모습을 사 진에 좀 담아 달래요. 그래서 내가 사진 찍어서 보내줬어요. 보내 드렸는데 그게 또 연태일보에 실린 거예요. 신문에 실렸어요. 그 것도 중화루에 걸어났어. 아마 박사님도 보셨을 거예요.

● 지금 대불호텔, 중화루 자리 있잖아요? 거기에 공사를 하고 있던데?

땅 주인이 건물을 짓는가 봐요. 근데 터파기 하다가 공사가 중단 되었어요. 땅을 파다 보니까 문화재 같은 벽돌이 좀 나왔나 봐요. 그래서 중단 상태야. 나도 들은 애기니까.

● 맞아요. 유구(遺構)라고 해서 벽돌이 나왔대요. 근데 원래 중화루가 왜 헐리게 된 거예요?

그건 내가 할 애기 좀 있는데, 예민한 문제니까 여기선 안 할래요. 하여튼 그 주주들 중화루 문 닫고 다 대만이나 미국 갔어요. 그리 고 거의 폐가처럼 되었죠. 그게 나무로 된 목조건물이었는데, 사람들이 겨울에 추우니까 땔감으로 쓴다고 문짝 뜯어가고…… 문짝도 없고 벽도 나무도 하나도 없고 하물며 계단도 다 뜯어가 버렸어. 식당 식기들도 다 없어졌다니까, 글쎄. 완전 귀신 나올 것같이 되어버렸지. 중화루는 그렇게 해서 없어진 거예요. 임자가 없으니까. 그걸 한국사람이 샀는데 그 자재 벽돌만 허무는 데에도 엄청 돈이 들었대요. 중화루 바닥이 원래 대리석으로 되어 있었어요. 그 큰 돌로 바닥을 깐 거예요. 벽도 뜯으니까 아주 단단하더래요. 그것만 팔아도 중화루 살 돈이 나오고도 남았대. 들은 얘기야. 어렸을 때 나도 중화루 가끔마다 갔었는데 기억나는 거 뭐냐면, 화장실에 갔는데 똥을 누면 한참 만에 풍덩 하는 소리가 나는 거야. 화장실 하나도 그렇게 깊게 파 놓은 거지.

● 중화루 얘기를 하다 보니까, 갑자기 짜장면 먹고 싶다는 생각이 드네요. 짜장면에 대해서도 잠깐 얘기를 좀 해주세요. 짜장면은 처음에 어떻게 팔리게 된 건가요?

제가 알기로는, 옛날에 여기는 청관(淸館) 거리라고 했어요. 그때가 청나라 말기였으니까. 인천에만도 옛날에 유명한 요릿집이 많았어요, 중화 요릿집. 대표적인 게 중화루, 공화춘, 빈해루, 송죽루. 중화루나 공화춘 같은 경우는 다 백 년 이상 되었다고 보면 돼요. 초창기 때에는 다 상당히 큰 고급 요릿집들이었어요. 이런 요릿집에서 처음부터 짜장면 판 거 아니에요. 원래 짜장면이란 음식은, 솔직히 말해 서민의 음식이에요. 요리상 특히, 고급 요리상에는 못 올라가는 그런 음식이에요. 짜장면, 그게 어떻게 시작이 되었냐 하면요? 그때 당시는 배 무역을 많이 했어요. 범선 타고 순풍(順風)하면 산둥의 위해, 연태 같은 데에서는 인천에 금방 도착했어요. 또 당시에는 홍콩이나 상하이 같은 큰 도시에서도 큰 무역을 많이 했어요. 그러다 보니까…… 왜 있잖아요? 그 배 무역 하면 짐꾼들 많이 필요하잖아요? 특히 산둥사람들 덩치 좋고 힘 좋았어요. 산둥따

한(山東大漢)이라고 하잖아요? 옛날에도 얘기한 적 있는데, 촹관동(闖關東), 촹가오리(闖高麗). 인천은 산둥하고 제일 가까웠어요. 그래서 그때 당시는 일손이 많이 필요하니까, "야, 거기 중국에서 힘써 봤자 돈  몇 푼 벌겠냐? 샹가오리더화(上高麗的話, 한국에 가면), 무역상들 배 짐 내려주고 그러면 벌이가 괜찮다." 그렇게 해서 많이들 왔어요. 산둥 쿨리야. 처음엔 쿨리였어요. 그때는 힘 파는 사람들을 쿨리라고 했어요. 그렇게 짐꾼으로 오면 그 사람들 무슨 큰돈 있었겠어요? 다 힘만 파는 사람들인데. 그래도 점심 먹어야 할 것 아니에요?

● 덩치도 큰 사람들이니까 많이 먹어야겠지요.

그렇지. 솔직히 말해 그 사람들도 어떻게 하루 세 끼 빵만 먹을 수 있겠냐고? 그래서 맨 처음에 산둥사람들끼리 초창기 때, 집에서 칼국수 썰어서 구루마 끌고 그 사람들 밥 먹이려고 간 거예요. 기름에다 그 짜디짠 춘장 볶아서 구루마에 싣고 현장으로 간 거예요. 근데 현장 가면 몇 그릇 팔릴지 모르잖아요? 그래서 직접 솥단지 걸어 놓고 불 피워서 했어요. 물 끓으면 거기에다 국수 삶고 그 위에다 춘장 비벼서 한 그릇씩 싸게 파는 거죠, 부둣가에서.

● 그러니까, 짜장면은 처음 부둣가에서 시작된 거군요?

그렇다고 봐야 해. 이쪽에서 짜장면 다 팔면, 다시 딴 데로 옮기는 거야. 그렇게 옮겨 다니면서 포장마차 식으로 한 거지. 처음에는 이렇게 여기저기 옮겨 다니면서 장사를 했단 말이에요. 그런데 보니까, 이거 장사가 잘되는 거야. 돈이 되는 거야. 그 다음부터는 "야, 이거 안 되겠다. 중국에서 수타면 기술자 부르자." "넌 춘장

에 장만 볶아 주지? 우린 거기에다 돼지고기도 좀 썰어서 넣어야
지." "그래? 너 고기 넣어준단 말이지? 그럼, 난 고기에다 야채도
좀 넣어주지." 뭐 이런 식으로 너도나도 경쟁이 붙은 거야. 이렇게
시작이 된 거요. 그렇게 팔다가 나중에 세월 흐르다 보니까 이젠
아예 조그만 가게 차려 놓고 팔기 시작한 거야. 빵집에서 분식집
같이 하는 것처럼 왕만두 집, 빵집 같은 데에서 짜장면도 팔고 그
런 식으로 시작한 거예요. 이거 먹어보니까 맛이 괜찮거든? 그러
니까 사람들이 중화루에 가서도 "짜장면 좀 줘봐" 공화춘에 가서
도 "짜장면 좀 내놔봐" 한 거지. 아무리 고급 요릿집이지만 거기
도 장사니까 짜장면 팔기 시작한 거야. 그런데 그런 데는 짜장면
만 하겠어? 요리 기술자들 얼마든지 많으니까, 우동도 나오고 울
면도 나오고. 그러다 보니까 슬슬 시작하게 된 거지. 그렇게 세월
흐르다 보니까, 이젠 중국요리 하면 짜장면이 된 거지. 짜장면 없
으면 중국집 아니다. 짜장면이 필수가 된 거지. 옛날엔 간짜장 하
면 거기에다 계란 프라이도 하나 올려줬어. 요즘엔 없지만.

● 그럼, 처음엔 짜장면 만들 때, 수타로 한 게 아니라 칼국수였던 거
네요?

제가 개인적으로 노인네들한테 들은 얘기로는, 처음엔 수타면 아
니었어요. 다 칼국수 썰었어요. 한국도 아줌마들 칼국수 하잖아요.
똑같아요. 그러다가 중화루나 공화춘에서 정식 수타면 기술자 중
국에서 데려온 거요. 제대로 해주자 싶었던 거지. 왜, 중국은 푸산
라미엔(福山拉面) 유명하잖아요? 그때 당시 그 푸산(福山)에서 기술
자들 많이 들어왔어요. 주방장들, 유명한 요리사들. 내 생각엔, 기
술을 고급화시켜서 본격적으로 팔기 위해 정식 기술자들 초청하
지 않았나 싶어요. 중국에서 사부님 한 명 오면 그 밑에 줄줄이 제
자가 양성되는 거예요.

● 중화루나 공화춘 같은 고급 요릿집에서는 처음에는 팔지 않았는데, 손님들이 요구를 하니까 만들기 시작했던 것이고 나중에는 잘 팔리니까, 칼국수가 아니라 정식 수타 기술자를 데려다가 수타면을 만들기 시작한 거네요?

맞아요. 그렇게 맥이 이어져 내려온 거죠. 솔직히 말해, 베이징에 가면 짜장면 있어요. 아주 옛날식 짜장. 장이 아주 짜요. 그 장을 볶아 가지고 야채고 오이고 뭐고 다 퍽 엎어 가지고 비비는 거예요. 맛은 여기 짜장면하고는 전혀 다르죠. 아마 한국사람들은 입에 안 맞아서 못 먹을 거예요. 그런데 요즘에는 중국에서도 한국식 짜장 인기 있어요. 왜 그런지 아세요? 그게, 한국식 짜장은 한 백 년 넘게 여러 요리사들 손 거치면서 개발되고 연구되어 온 거에요. 질이 향상이 많이 되었다는 거죠. 요즘에는 한국식 짜장을 베이징 같은 데에 역수출해요. 가끔 가다 중국에서 나한테 전화 와요. 한국식 짜장면 어떻게 하면 맛있게 할 수 있냐고. 그럼, 내가 그러지. "한국 춘장 써라." 그게 답이에요. 정답이요. 중국의 스하이미엔쟝(四海面醬)이 아무리 백 년 역사를 가지고 있다지만, 한국의 영화식품 사자표 춘장 못 따라가요. 사자표 춘장은 이미 세계화되었어요.

● 영화식품의 사자표 춘장은 얼마나 되었어요?

60년 넘었어요.

● 60년이 넘었다고요? 그럼, 1950년부터 팔기 시작했네요?

그런 셈이죠. 옛날 60년 전만 해도 있잖아요. 한국 식당이나 가정집에서 집집마다 장 담그는 항아리 있는 것처럼, 당시 한국에서 짜장면 파는 집들도 집집마다 다 옥상이나 마당에 항아리 여러 개 있었어요. 큰 항아리.

● 춘장 담그는?

네. 춘장에는 온갖 것이 다 들어가요. 하다못해 국수 삶은 물도 들어가요. 우린 날마다 국수 삶으니까 그 삶고 난 물 있어요. 그거 하나도 안 버려요. 국수물도 오래 삶으면 이렇게 두꺼워져요. 그걸 가져다 장에 붓는 거예요. 거기에다 소금을 넣고 햇볕에 내놓으면 장이 아주 진해져요. 얼마 있으면 이스트 부푸는 식으로 부풀어요. 자연발효를 시키는 거예요. 그때 당시, 춘장만 전문적으로 만든 집도 있었어요. 춘장을 아주 많이 담가서 식당마다 자전거로 배달을 하는 거지. "어이, 여기 춘장 한 관 배달해줘." 한 관이면 진짜 며칠 쓸 수 있었어요. 사자표 춘장도 그렇게 생긴 거야. 사실, 그게 우리 같은 사람들한테도 편해요. 춘장 한 번 담그려면 얼마나 힘든 줄 알아요? 일손도 많이 필요하고. 그래서 자연스럽게 배달하는 집이 생겨나고 그러다 보니까 사자표 춘장도 생겨난 거지. 지금은 완전히 현대식 기계화되어 가지고 전국적으로 독점하다시피 하고 있는 거죠.

● 영화식품도 처음부터 춘장에 캐러멜을 넣은 건 아니겠죠? 그리고 옛날에 집집마다 춘장을 만들었으면 그 만드는 방식도 다 다를 것 아니에요?

그렇죠. 집집마다 장을 담그면 어떨 땐 질기도 하고 어떨 땐 짜기도 했어요. 정확하게 수치 재서 하는 건 아니니까. 기계가 하는 게 아니라 다 사람 손으로 하는 거니까. 어떨 땐 여름에 춘장이 쉬기도 했어요. 그러면 들입다 소금 넣고 그랬죠. 문제 많았어요. 옛날엔 춘장 하나 담그려면 그게 1년 과정이에요. 근데 요즘은 다 기계화되어서 숙성도 빨리 되고……. 캬라멜은 색소를 넣는 거예요. 사실, 중국 춘장이 그 정도로 까맣게 되면 못 먹어요, 짜서.

● 사장님 생각하시기에 짜장면은 중국음식이에요? 한국음식이에요?

난 이렇게 생각해요. 물론 짜장면이란 음식은 산둥 출신 화교 손에서 시작되었지만, 제일 활성화된 나라는 한국이에요. 제가 98년에 짜장면을 인천 향토음식으로 출품한 적이 있었어요. 그때 내가 인천 요리사협회 인천지회 기술부장을 하고 있었어요. 기술 이사인 셈이죠. 그때 제가 이런 얘기했어요. "짜장면에 대해 어떻게 생각하십니까? 한국에서 짜장면을 팔게 된 역사가 근 백 년 가까이 됩니다. 근데 그게 인천에서 시작이 되었다는 거 아십니까? 중국에 가면 이런 짜장면 없습니다. 내 개인적으로 봤을 때는, 이게 인천의 향토음식이 아닌가 생각합니다. 물론 중국요리라고 할 수도 있겠죠. 거기에서부터 시작되었으니까. 하지만 지금 가서 찾아보십시오. 현재 한국에서 먹고 있는 짜장면이 있나 없나?" 그랬더니 거기 모인 관계자들이 그 말 듣고 "어, 그러네. 얘기 들어보니까 맞는 얘기네. 그럼, 손덕준 이사님이 한번 출품을 하시죠, 인천 향토음식으로." 그래서 내가 출품했어요. 내가 인천시에 향토짜장 출품해서 장려상 받았어요. 향토음식으로 지정을 받은 거예요. 솔직히 말해서, 그 덕분에 장사하는 데 홍보도 많이 되었죠.

● **인천에 있는 중화루나 공화춘에서 짜장면 팔기 전에는 서울에 있는 큰 요릿집에서는 짜장면을 안 팔았나요?**

아마 서울은 인천하고 그 시기가 비슷할 거예요. 그래도 공화춘이나 중화루가 몇 년 앞설 거예요. 서울에도 옛날에 유명한 큰 요릿집 많았잖아요? 아서원도 있고, 금문도도 있고, 대관원도 있고. 아마 짜장면 판 연도로 따지면 큰 차이 없을 거예요. 다만 제가 생각할 때, 짜장면이 공화춘에서 시작이 되었다는 건 안 맞는 얘기죠. 물론 공화춘 건물이 아직 남아 있어서 유리한 면은 있지만…… 물론 공화춘도 백 년 되었죠. 역사를 말할 때는 그런 식으로 표현하면 안 된다는 게 내 생각이에요. 사실, 좀 우습잖아요, 그게.

(서은미, 사진작가) 제가 궁금한 게 하나 있어요. 우선, 저도 짜장면이란 음식이 산둥 출신의 화교들이 산둥에서 들여와서 나름대로 새롭게 만들었다는 점에 공감을 해요. 그리고 짜장면을 먹기만 했지, 그것이

어떻게 우리 앞에 와 있게 되었는지는 몰랐는데 사장님 말씀 듣고 나름대로 공부가 많이 되었어요. 여기서 옛날 제 경험을 하나 말씀드리면, 여기 태화원 옆에 성당이 있잖아요? 저희 아버지가 거기에서 양로원을 운영하셨어요. 제가 대여섯 살 때인데, 하루는 아버지 따라서 양로원에 갔었어요. 근데 양로원에 계시던 할아버지 한 분이 제게 빵을 주셨어요. 제 기억에 그 빵이 굉장히 하얗고 컸어요. 근데 맛은 하나도 없는 거예요. 왜 맛이 없느냐고 했더니, 한국사람들 밥에다 소금 넣어 먹느냐는 것이었어요. 그걸 생각하면, 당시 화교들 주식이 빵이 아니었나 하는 생각이 들거든요? 당시에 화교들 주식은 어떤 것이었어요?

맞아요. 산둥사람들은 원래 빵이 주식이에요. 근데 원래 밀가루는 비싼 재료예요. 그래서 거기에다 뭘 섞어서 빵을 만들었냐 하면 옥수수예요. 옥수수 가루. 산둥지방은 원래 옥수수가 많이 나는 곳이에요. 산둥성 시골에 가면 집집마다 가을에 옥수수 수확해서 말려요. 지붕 위에다. 그게 바싹 마르면 속을 까요. 알을 까는 거지. 그래가지고 그걸 맷돌에 빻아요. 그걸 섞어서 빵을 만드는 거예요. 옛날에 여기 중국사람들 주로 먹는 반찬이 뭔지 아세요? 무를 갖다가 짠지를 만들어요. 그리고 빵만 먹으면 목이 메니까 죽을 써요. 쌀은 없으니까 좁쌀이나 다른 잡곡으로 죽을 쑤는 거죠. 아침에 중국사람 뭘 먹느냐 하면, 빵에다가 새우젓 넣은 계란찜. 아시죠? 소금에다 새우 절인 것. 한국의 새우젓하고 비슷해요. 또 삼치나 갈치 같은 생선을 소금에 절여서 쪄요. 그러니까 밥 먹을 때, 도시락 뚜껑만 열면 죽도 나오고 빵도 나오고 반찬 다 나오는 거요. 거기에다 춘장 아니면 새우젓에 대파 찍어서 먹어요. 새우젓도 찍어서 먹고 춘장도 먹고 그래요. 말씀하신 것처럼 빵에는 아무 간도 안 되어 있어요. 그냥 맹맹한 맛이야. 그걸 반찬하고 같이 먹는 거야.

● 당시에 밀가루가 비쌌으면 짜장면을 만드는 데에도 옥수수 가루를 넣을 수도 있었겠네요? 고급 요릿집에서 팔기 전에는 주로 노동자들 상대로 부둣가에서 팔았으니까 가격이 쌌을 것 아니에요? 그러니까…….

제 개인적인 생각이지만, 아마도 옥수수 가루도 조금 넣었을 것 같아요. 옛날엔 보리 가루로 국수를 만들기도 했으니까. 이건 제 추측이지만, 아마 옥수수 가루도 넣고 밀가루도 제일 싼 걸 쓰지 않았을까 생각해요. 이건 정확한 게 아니니까 잘 모르겠어요.

● 면을 수타로 뽑는 것과 일반 칼국수하고 맛이 많이 다르나요?

맛이 달라요. 그리고 일반 가정집에서 주부들이라면 칼국수는 다 하잖아요? 근데 수타면은 기술자 아니면 못 해요. 그래서 수타는 아무래도 고급 요릿집에서 하지 않았을까 하는 생각이 들어요.

● 거기에 사용하는 재료도 다르겠죠?

제가 일부러 산둥 시골에 찾아가서 동네 시골 아낙네들한테 짜장면 만들어 달라고 해서 먹어 봤어요. 그 아줌마들 하는 거 보니까, 장에 오이도 썰어 넣고 양파도 썰어 넣고……. 재료는 정해져 있는 것만은 아닌 것 같아요. 특히, 옛날엔 야채가 철마다 다르잖아요? 지금하고는 달리. 그러니까 계절에 맞게끔 야채도 달리 넣는 거지. 어떨 때는 풋마늘을 갖다가 썰어서 짜장면 소스를 볶기도 했어요. 또 해안가에 사는 사람들은 삼치 알 같은 걸 납작하고 네모지게 썰어서 말려가지고 그걸 기름에 튀겨서 춘장에 넣어 먹기도 했어요. 맛있어요. 아주 별미야. 그러니까 재료는 고기를 넣을 수도 있고 해물을 넣을 수도 있는 거예요. 아주 다양해요. 지금도 그냥 짜장면이 있고 삼선짜장이 있고 유니짜장이 있고 그렇잖아요? 그게 다 거기에서 시작된 거죠. 제 생각은 그래요.

● '저 사람은 수타의 고수다.' 뭐 그런 말이 있잖아요? 수타는 어떻게 그 기술의 차이를 구분하는 거예요?

그건 차이가 아주 많죠. 누가 한 시간에 몇 그릇 분량을 뽑아내느냐 하는 양의 문제도 있고, 누가 뽑은 국수 가락이 굵기도 일정하고 얼마나 쫄깃하게 뽑아냈는지 하는 질의 차이도 있어요. 그건 거짓말 못 해요. 기술자는 보면 대번에 아니까. 그것에 따라서 주방장들 월급 차이 있는 거예요. 수타면에도 사부가 있고 투띠(徒弟)가 있어요. 그 제자는 뭐 하냐면, 주로 힘든 일 하는 거야. 반죽하고 두들기고. 그러다가 자기도 나중에 기술자 되는 거지. 사부는 국수 가락만 뽑는 거야.

● 사장님도 어렸을 때부터 수타 시작하셨잖아요?

그랬는데 정말 힘들었어요. 요즘은 다 기계화되어서…….

● 그럼, 요즘 주방장들 중에는 수타를 못하는 사람들도 있겠어요?

많아요. 우리 가게 주방장들도 못해요. 우리 가게에서 수타 할 줄 아는 사람은 나밖에 없어요. 제가 알기로는, 한 30년 전만 해도 집집마다 수타로 뽑는 경우가 많았어요. 근데 수타는 정말 중노동이에요. 그러니까 젊은 사람들이 안 배우는 거야. 이젠 맥이 다 끊겼다고 봐야지. 방송에서 가끔 수타면 뽑는 거 나오잖아요? 그거 다 한계가 있어. 바쁜데 누가 수타로 뽑고 있어. 다 기계로 뽑지. 나도 방송 많이 탔잖아요? 지금도 타고 있고. 아마 짜장면 관련해서는 내가 제일 많이 탔을 거야.

● 중국에 있는 중국음식점도 가보셨어요?

(손만평) 지난번에 아빠랑 중국 갔을 때, 어느 식당에 갔었어요. 국수집인데 아빠가 거기 짜장면이 그렇게 맛있다는 거예요. 수타로 뽑는 집이었어요. 아빠 말이 자기보다 더 잘 뽑는다고. 저는 채

식을 하니까 별 생각을 안 했는데, 같이 간 가족들은 기대를 많이 하고 갔어요. 그런데 짜장면 주문하니까 다 팔렸다는 거예요. 정말 잘되는 집이었나 봐요. 그래서 그냥 일반 국수 먹고 왔어요. 그것도 수타로 뽑는 거였어요.

● 그 집은 수타이기 때문에 맛있는 거예요? 아니면 장이 맛있는 거예요?

사실 맛있어서 갔다기보다는 애들한테 일부러 보여주려고 간 거야. 그 집도 점심때 먹으러 오는 사람들은 다 노동자더라고. 양이 아주 많아. 한 그릇 가지고 세 사람이 먹어도 남을 정도야. 그걸 보여주려고 간 거지. 맛은 자기 머릿속에서 맛있다 생각하면 맛있는 거고, 맛이 없다고 생각하면 맛이 없는 거야. 사실, 그 집 춘장은 볶은 게 아니라 그냥 끓인 거예요. 오이채 좀 넣어 주고. 그걸 갖다 비벼먹는 거지. 그때 난 먹으면서 무슨 생각했냐면, '야, 이게 바로 그 인천 부둣가에서 노무자들 상대로 팔았던 면이다.' 옛날 그 천연 춘장 맛이 나더라고.

● 그 식당 이름이 뭐예요?

그냥 라미엔관(拉面館)이야.

(손만평) 그래도 메뉴에는 짜장면이라고 되어 있었잖아?

그거야 자기가 그냥 짜장면이라고 부르는 거지. 한국 짜장면하고는 완전히 달라요.

(손만평) 저도 옛날에 베이징에 갔을 때, 후통(胡同, 골목) 안에 있는 한 식당에 간 적이 있었어요. 역사가 200년이 넘은 식당이었어

요. 나무 목조로 된 건물이에요. 거기에도 짜장면이 있어서 먹어
봤는데 진짜 맛있어요. 면은 우리하고 달라서 아주 납작했어요.
또 대만에 갔을 때에도 먹어봤는데, 그곳은 장이 면 아래에 깔려
있더라고요. 야채도 좀 들어 있고. 근데 거기는 맛이 없었어요.

● 어쨌든 현재는 사장님이 중화루를 운영하고 계시니까, 앞으로 중화루
　를 어떻게 발전시켜보겠다는 그런 계획이 있으세요?
　내가 요즘 뭘 느끼는지 알아요? ‘손덕준은 참 복이 많다’ 그런 생
각해. 정말 난 복이 많은 사람 같아. 지금도 방송하고 있잖아? 지
금 벌써 8번인가 방송했어. 앞으로도 두어 달 더 해야 돼. 주말에
있잖아? 가게 앞에 사람들이 줄을 서. 바로 이 집이라고. 특히, 노
인네들 있잖아? 나한테 그래. "그 개그맨하고 같이 텔레비전 찍은
사람 맞지? 그럼, 이 집 맞네. 그럼 텔레비전에서 했던 그 요리 좀
해 줘." 근데 해 줄 수가 없어. 메뉴에 없는 요리거든. 그 개그맨
정종철이 나한테 그러는 거야? "사장님, 왜 이렇게 좋은 요리를
메뉴판에 안 올려요?" 솔직히 말해, 귀찮아. 그게 귀찮은 일이야.
아니, 그 요리 하나 만드는 시간에 탕수육 10개 만드는데? 사실,
우리 가게들 같은 경우는 주말에는 손님들로 꽉 차. 토요일, 일요
일 되면 긴장부터 돼. 오늘도 무사히 해내야 할 텐데 그런 걱정 때
문에. 사람들 줄 쭉 서잖아? 그럼, 별 사람 다 있어요. 특히, 나잇
살 먹은 사람들은 줄 세우면 씩씩거린다고. 인상이 찌그러질 대로
찌그러져. 세상 살다 보니, 짜장면 하나 먹겠다고 줄을 세운다고
말이야. 그래도 짜장면 한 그릇 먹고 나올 때는 인상이 쫙 펴져.
왜냐하면, 생각해봐. 한 삼사십 분 줄서서 기다리면, 열은 받을 대
로 받았고 배는 고프고. 그럼 뭘 먹는다고 안 맛있겠어?

● 사장님, 제가 한 말씀 드릴게요. 사장님이 예전에 동천홍 관두신 이유
　가, 거기는 결혼식 손님 대상으로 짜장면하고 탕수육만 팔아서 주방장

으로서의 자존심이 상하셨기 때문이잖아요? 물론 지금도 탕수육 10
개 팔면 훨씬 돈이 되는 게 사실이지만, 새로운 메뉴들을 자꾸 개발하
고 레시피도 체계적으로 규격화해 나가면 중화루도 지금보다는 한층
더 업그레이드 될 수 있다고 생각하거든요?
하하, 그렇게 말씀하시니 내가 할 말이 없는데?

● 제가 예전에 베이징에 있을 때 한국식 중국집에 간 적이 있었어요. 중
국사람이 하는 곳인데, 그분이 여기 차이나타운에 와서 한국식 중국요
리를 배우고 가서 그곳에 차린 거래요. 그런데 요리를 어떻게 파느냐
하면, 조그만 접시에 조금씩 내놓는 거예요. 지금 우리 앞에 놓인 맛
보기 짜장면처럼요. 그러니까 사람들이 요리를 시키는 데에도 부담이
덜한 거지. 편하게 주문해서 먹을 수 있는 거예요.
맞아요. 그게 있잖아요. 뭐냐 하면요. 지금 우리가 파는 건 솔직히
말해 접시 자체가 커요. 중국에 가면 접시가 작아요. 그 대신 가짓
수가 많지. 뎬차이(點菜, 음식주문)하기가 쉬워. 그럼, 이것저것 부
담 없이 시켜 먹을 수가 있어. 예를 들어, 탕수육 하나에 한국에서
는 2만 2천 원 해. 중국에서는 6천 원밖에 안 해. 그러니까 하나
시켜 먹는 대신에 같은 값에 여러 개 시켜 먹을 수가 있는 거지.
한국 짜장면 그릇 보면 중국사람들 놀래. 한국사람들은 식사를 참
간단하게 해요. 바쁠 때면 짜장면 한 그릇에 단무지 놓고 부랴부
랴 먹고 가버려. 한 그릇에 해결되는 거예요. 근데 중국사람은 그
렇지 않거든요. 불란서랑 비슷해요. 불란서 사람들 식사 한번 하
면 두 시간 걸려요. 거기에다 항상 술이 안 빠져요. 배갈 안 먹으
면 맥주라도 반주로 하고 가요. 먹으면서 즐길 줄 안다는 거예요.
아마 한국사람들이 세계에서 제일 빨리 먹을 거야. 짜장면 곱빼기
하나로 배 채우고 딱 가버려. 그거 사실 좋은 습관 아니에요. 음식
은 사실 즐겨야 하는 거야.

● 그러니까 제 말씀은 요리의 양을 좀 줄이고 가격을 낮추면 훨씬 더 다양한 요리들을 한자리에서 먹고 갈 수 있다는 거예요.

맞아요. 사람들이 다양하게 안 시키는 게 아니라 못 시키는 거지. 가격하고 양 때문에. 사실, 우리도 주말에 보면 제일 많이 팔리는 요리가 탕수육 하나에 짜장, 짬뽕이에요.

● 몇 년 전에 대만에서 교수들이 와서 인사동 근처에 있는 중국집을 간 적이 있었어요. 그분들이 꼭 한국식 짜장면을 먹고 싶다는 거야. 그래서 갔었죠. 우리는 대접한답시고 코스요리를 시켰어요. 그럼, 짜장면은 맨 나중에 나오잖아요? 근데 요리가 나오는데 접시가 큰 거야. 그걸 계속 먹다 보니까 이 사람들이 나중엔 배가 불러서 정작 짜장면은 먹지 못하는 거예요. 사실, 제가 요리 전문가도 아니고 중국집을 경영하는 것도 아니니까 뭐라 말씀드리기는 힘들 것 같고 하여튼 그런 생각이 들어서 말씀드리는 거예요.

그건 아니에요. 좋은 말씀 하셨어. 근데 중국요리는 있잖아요? 원미(原味)가 중요해요. 원래의 그 맛. 중국에 가면 한 칠팔십 년 된 요릿집이 있어요. 거기는 그 맛을 느낄 수 있어요. 여기처럼 전분가루 같은 것 써서 걸쭉하게 안 해요. 원래의 그 맛이 사라지거든요. 새우도 한국에서는 튀기고 볶고 하잖아요? 중국에선 그렇게 안 해요. 그냥 삶아서 나와. 원래 새우 맛을 느낄 수 있는 거죠. 고기도 마찬가지예요. 돼지고기든 쇠고기든 양고기든 원래 그 맛이 있는 거예요. 탕수육도 여기처럼 전분가루 넣어서 튀기고 하지 않아요. 근데 중요한 건, 음식은 그 나라 사람 입맛에 맞추어야 한다는 거예요. 옛날 그 맛만 고집하면 안 돼요. 자꾸 개발하고 연구하고. 퓨전요리가 되는 거죠. 그래도 우리 차이나타운은 옛날식으로 많이 하려고 해요. 그래도 연세 많으신 분들은 짜장면 하나 먹으면서 옛날보다 맛이 없대요. 옛날 맛이 안 난다는 거야. 그러면 나를 불러요. "손 사장, 옛날엔 짜장면 먹으면 참 맛있었는데 지금은 별로야." 그럼, 제가 그러죠. "어르신께서는 오늘 짜장면 드시러 오신 게 아니라 추억을 찾으러 오신 것 같아요. 사실, 옛날 짜장면보다 요즘 짜장면이 더 맛있어요." 그건 맞는 말이에요. 단지, 옛날엔 날마다 짜장면 먹을 수 없었잖아요? 짜장면 먹으려면 큰맘 먹고 와야 했어요. 요즘은 제일 싼 음식이 짜장면이에요. 먹고 싶을 때 아무 때나 와서 먹을 수 있으니까, 자주 먹으니까 맛이 없는 것처럼 느껴지는 거죠. 한 몇 달 만에 먹어 봐요. 맛있죠. 그럼, 어르신들 그냥 웃고 말아요. 여기 차이나타운은 탕수육 하나 해도 푸짐하게 해요. 남으면 싸갈 정도로. 차이나타운은 그런 재미가 있어야 돼요. 어떤 분들은 서울에서 오셔 가지고, 음식 먹고 싸갈 정도 되니까, 하는 말이 "여기는 기름 값 들이고도 올 만하네." 그런 사람들도 있고 별별 사람들 다 있죠. 호텔 중식당 가 봐요. 거기서 식사하고 집에 들어오면 다시 라면 끓여 먹어야 돼. 다 장단점이 있는 거죠. 그래서 차이나타운은 그걸 고집하는 거예요. 양은 푸짐하게. 또 중국사람들 그런 것 있어요. 한국사람들처럼 음식을 딱 알맞게 먹고 가면 서운해 해. 그래도 좀 남겨야. 예를 들어, 위해에 있는 식당에 가서 "야, 이거 땅콩 맛있네." 그러면 땅콩 한 접시 더 내와요. 그런 인정을 느끼게 해야 돼, 식당 하는 사람들은.

● 그래도 차이나타운 정도 되면, 다른 중국집들에선 맛볼 수 없는 뭔가 특별한 것이 있어야 할 것 같아요.

사실 내가 태화원 시작할 때도 그런 생각했어요. 이제 대한민국 어디에서도 먹을 수 없는 진짜 특별한 중국요리를 팔자. 그 생각 정말 많이 했어요. 사실, 10여 년 전부터 그런 아이템 생각했어요. 차이나타운 활성화하려면 그렇게 해야 한다. 오죽했으면 우리 태화원에서 대만 채식요리를 팔았겠어요? 채식주의자들 먹을 수 있는 요리. 똑같은 탕수육, 양장피라도 중국적 특색을 살릴 수 있는 방법을 도입해야 해요. 근데 그러려면 뭐가 필요하냐 하면, 첫째 기술자가 필요해요. 차이나타운은 관광특구로 지정받았어요. 그래서 중국의 요리기술자들 쉽게 들어올 수 있어요. 또 제가 지금 인천관광협회 부회장이에요. 제가 제안을 많이 합니다. 인천이 다른 지역과 다르게 하려면 차이나타운을 활성화하는 게 중요하다. 사실, 인천이 특화시켜서 내세울 수 있는 게 뭐가 있어요? 그중에서도 중요한 건 차이나타운이에요. 미래에 중국 관광객을 더 많이 유치하려고 하면 음식문화가 중요해요.

이젠 화교협회도 젊은 사람이 필요해

● 인천뿐만 아니라 서울이나 다른 지역에도 화교사회가 형성되어 있잖아요? 그런데 화교사회가 제대로 기능을 하려면 조직이 있어야 하잖아요? 그래야 어떻게든 운영이 될 테니까. 먼저, 화교협회가 있고, 또 지금은 일단 없어졌다고 하지만 번영회 같은 그런 조직도 있고, 또 학교 이사회도 있고 또 만약에 무핑 사람이면 무핑 사람들끼리 모여서 술 한잔 먹을 수 있는 일종의 친목회 같은 것도 있을 테고, 또 중국 요릿집을 한다고 하면, 주방장들이 모이는 모임도 있고, 또 중국 요릿집이 아니라도 무역을 한다고 하면 그 무역상들끼리 모이는 모임도

있을 테고……. 그러니까 같은 업종들끼리 모여서 어떤 조직을 만들고 그 안에서 서로 회비도 내고 하는 그런 것들. 이런 것들에 대해서 말씀을 좀 나누었으면 좋겠어요. 먼저, 화교협회에 대해 말씀 좀 해주세요. 사실, 화교협회가 인천 차이나타운에서 제일 큰 화교조직이잖아요? 그렇죠? 사장님도 오랫동안 화교협회 일 하셨고.

나도 필명안(畢明安) 회장님 모시고, 그 밑에서 부회장을 칠팔 년 했었죠. 지금은 회장이 진영창(陳永昌)이라고 우리보다 젊은 사람이에요. 우리보다 많이 배운 사람이야. 대학 출신이거든. 처음으로 대학 출신이 회장 하게 된 거지.

● 화교협회는 대개 어떤 방식으로 운영이 되는 거예요? 일단 회장이 있고, 그 다음에 부회장단이 있고……. 그렇죠? 부회장단은 몇 명이에요?

회장단이라고 해요. 회장단은 회장 포함해서 여섯 명. 이사는 열아홉인가? 스물인가?

● 그 밑으로는 없어요?

이사 밑에는 일반 회원들이지.

● 일반 회원들은 여기 차이나타운에 거주하시는 화교들 전부?

거의 그렇다고 봐야죠.

● 회원들은 회비도 내나요?

지금 회비는 1인당 1,000원씩 받을 거예요.

● 천 원이요? 너무 적은 거 아닌가?

옛날엔 5백 원 했고, 지금은 올라서 천 원. 식구가 다섯 명이면 그것도 한 집에 한 달 5천 원이에요. 적은 편이지. 여기 인구가 3,800

명 정도 되니까, 그거 합하면 얼마야? 미성년자 빼고.

● 기금이 얼마 안 되겠네요?

거의 없다고 할 수 있어. 거기다가 유치원에서 나오는 월세가 월 150. 그리고 절 있잖아요? 의선당(義善堂). 거기서 나오는 월세가 월 180 정도. 그러니까 그 인두세 걷어봐야 난방비, 전화비, 기본 관리비 좀 쓰고, 직원 월급 주고 나면 없어. 협회 사무실에 총무 맡아보시는 노인 한 분 계시고, 여직원 한 명. 다 월급 줘야 하잖아?

● 운영비로 다 써버리면 나머지는 없는 거네요?

그렇죠. 그러니까 화교협회가 뭔 일 해보고 싶어도 할 수가 없어. 돈이 없는 거야.

● 그래도 화교협회는 여기 차이나타운에서 가장 큰 조직이잖아요? 일본 요코하마나 나가사키에 가더라도…….

내가 말씀 좀 드릴게요. 내가 얼마 전에 중구청장하고 구 관계자들 모시고 요코하마 차이나타운에 다녀왔어요. 일본 요코하마 차이나타운은 옛날에 조직이 스무 개가 넘었대요. 내가 그때 가서 요코하마 차이나타운 회장을 같이 만났어요. 그 사람은 요코하마 차이나타운의 모든 일을 관장하는 사람이야. 요코하마 시에서 그걸 인정해요. 화교 관련 모든 일은 이 사람을 통해서 하도록 하는 거야. 다른 방법으로 추진하는 거는 시에서 인정하지 않아. 그러니까 시에서 공식적으로 인정하는 대표지.

● 사실, 일본 화교사회에는 광저우방도 있고, 푸젠방도 있고……. 지역마다 나름대로 방(幇)을 구성하고 있잖아요? 근데 여기는 사실상 산둥방 하나잖아요? 혹시 산둥 외에 다른 출신들도 여기 있어요?

있기는 있어요. 그런데 거의 없죠. 사실, 방은 옛날 애기인데…….
하여튼 우리 구화교는 산둥방만 있다고 볼 수 있어요. 그렇지만
지금은 신화교들이 있어요. 이제 앞으로 소상인 투자자들이 대륙
에서 점점 더 많이 들어올 거예요. 이젠 그렇게 형성이 될 거예요.
아까 하다 말았는데, 요코하마 가서 내가 느낀 건 뭐냐 하면요? 차
이나타운에 특혜를 주는 거예요. 차이나타운 명의로 해서 대형 빌
딩 주차장 하나를 지어주는 거예요, 시에서. 빌딩 짓는 데 드는 돈
은 은행에서 대출해주고, 그 대출이자는 시 정부에서 대신 갚아줘
요. 그 대신 주차장에서 나오는 수익금 가지고 대출 원금 갚고, 차
이나타운 위해서 쓰는 거예요. 그 대신 차이나타운에서 하는 행사
같은 거에는 정부가 한 푼도 지원 안 해요. 다 행사 자체 내에서
모든 걸 상품화시켜 가지고 벌어서 충당하는 거죠. 내가 보니까
장사도 잘되고, 이제 어느 정도 궤도에 올라선 느낌이에요. 뭔가
딱 체계가 잡혀 있다는 생각 들었어요. 그 회장은 일본으로 귀화
한, 일본 국적 가진 사람이에요. 그래도 산둥방이니 베이징방이니
다 업무 추진하는 거 모두 이 사람 통해서 해야 돼. 그러니까 라인
을 하나로 통일한 거지. 질서가 잡혀 있어요. 우리도 그렇게 체계
적으로 해야 여기 차이나타운도 발전할 수 있어요.

● 요코하마 같은 경우는 그렇게 해도 시 정부는 손해가 아닐 거예
요. 왜냐하면, 요코하마 차이나타운은 굉장히 유명한 관광지거
든요.
맞아요. 1년에 거기 다녀가는 관광객 수가 2천만 명이래요.

● 그러니까 시에서도 남는 장사를 하는 거지. 사실 여기도 그럴 필요가
있어요. 시나 구에서 적극적으로 지원을 해서 차이나타운을 활성화시
킬 필요가 있어요. 그래서 제가 생각하기에는 화교협회가 지금보다도
더 적극적으로 나설 필요가 있지 않나 생각해요.

그럴 필요 있어요. 근데 사실, 돈도 얼마 없고 인력도 부족하고…….

● 화교협회가 주로 하는 일은 어떤 거예요? 그리고 어떻게 운영이 되고 있는지도 알고 싶어요.

화교협회는요? 요 근래에는 좀 많이 달라졌는데……. 원래 제가 화교협회 부회장직 한 10년 했었어요.

● 제가 이렇게 질문을 드릴게요. 방금 전에 화교협회에는 회장단 6명이 있고 또 이사회가 구성되어 있고…….

감사도 있어요. 제가 좀 설명 드릴게요. 화교협회 회장 바로 밑에 부회장 다섯 명 있고, 감사장 있어요. 감사장도 부회장이에요. 그리고 부회장은 다시 내무, 외무, 공관, 총무, 감사장으로 나누어져요. 그 다음에 화교협회에 소속된 조직 있어요. 청년회, 부녀회……. 그리고 회장단은 이사회에서 뽑는 거예요. 그러니까 이사들 가운데에서 회장, 부회장, 감사장 다 나오는 거죠. 이사가 되려면 자격이 화교들 20명한테 추천을 받아야 돼요. 다 일일이 도장을 받아야 된다는 거요. 순전히 인천에 거주하고 있는 화교들 중에만 18세 이상 된 자들 스무 명의 추천받아야 해요. 그래야만이 그 사람, 이사 자격 부여되는 거요. 그 이사 자격 부여된 사람들이 회장을 투표로 뽑는 거예요. 회장이 뽑히면 그 회장이 부회장들을 지명하는 거죠, 이사들 중에.

● 화교협회 운영은 앞에서 말씀하신 회비하고 월세로 모든 걸 충당하는 거예요?

인천화교협회는 공공재산이 별로 없어요. 학교하고 협회 건물은 인천화교협회 것 아니에요. 다 대만대표부 걸로 되어 있어요. 임대기간은 20년씩이고, 월세는 없지만……. 지금 공공재산이라고 해봐야, 파라다이스 호텔 밑에 있는 유치원하고 또 절 있잖아요? 그게 전부예요. 그러니까 거기서 나오는 월세 조금 하고, 나머지는 인두세가 전부야. 여기는 직원이 둘이에요. 수금하러 다니시는 노인네 한 분하고, 사무실 업무 보는 여직원. 월급 주고 퇴직금 주고 또 난방비, 전기세, 수도세…… 겨우 근근이 충당할 정도예요. 사실, 화교협회 회장이란 직책은 다른 나라하고는 경우가 달라요. 중국대사관하고도 관계 맺어야 하고, 대만대표부와도 관계가 또 있고. 그러니까 사실, 인천에서 회장 하게 되면 접대도 해야 하고, 술도 한잔 사야 되고. 그거 다 개인 주머니에서 나가요. 회장단 주머니에서. 월 5만 원씩 내는 거 있어요. 1인당 60만 원 정도 내는 거지. 그래 봤자, 그거 얼마 돼요? 한 2, 3백 되나? 한마디로 말해서, 그거 다 술값, 접대비 같은 판공비예요. 절대 부족해요. 모자라면 회장이 개인 돈으로 술 사고……. 그래도 인천은 한국에서 두 번째로 화교가 많은 곳이잖아요? 그런데…….

● 인두세라는 게 결국 회비잖아요? 그럼, 한국으로 귀화한 사람도 인두세를 내나요?
그거야 안 내죠.

● 그럼, 대만 국적을 가지고 있는 화교들만 내는 거군요? 그게 총 몇 명 정도 돼요? 정확하게.
정확하진 않지만요. 한 3천7, 8백 명 정도 될 거예요.

● 잘 걷히나요?
사실, 잘 안 걷혀요. 그래서 어떻게 수금을 하느냐 하면, 몇 년 동안 연체되는 경우도 있는데, 화교주민등록 초본……

● 호구부(戶口簿) 말씀이세요?

네, 그거. 그거 떼려면 화교협회 가야 하잖아요? 밀린 세금 안 내면 안 떼어줘요. 그게 좀 무리가 있는 방법이긴 하지. 그래서 가끔 욕하고 싸우고 그러는데……

● 화교들한테 자발적으로 뭔가 이렇게 세금 같은 걸 거두려고 하면, 화교협회가 화교들한테 뭔가 해주는 것들이 있어야 되는 거잖아요?

그게 참 문제가 있어요. 지금은 대한민국 정부가 외국인에 대한 규제 같은 걸 많이 풀어주었어요. 간략하게 설명 드리면, 옛날엔 우리 영주권이 없었어요. 거주 자격만 있었지. 그래서 옛날 같은 경우는 1년마다 신고해서 자격을 다시 획득해야 해요. 근데 지금은 5년마다 영주자격 부여돼요. 옛날엔 달랐죠. 그래서 옛날엔 화교협회 역할이 중요했죠. 그때 당시에는 화교협회에도 직원 많았어요. 그 사람들이 화교들 대신해서 출입국관리사무소 가서 그런 수속 다 해줬어요. 또 부동산 취득할 때에도 그 역할 많이 해줬어요. 왜냐하면, 개인이 가면 모르는 부분이 많기 때문에 그걸 화교협회 담당자가 나서서 처리해준 거예요. 근데 지금은 화교협회 기능이 약화되다 보니까……

● 그러니까 지금은 화교협회가 더 이상 그런 업무를 대행해주지 않는다는 말씀이시죠?

아니. 아직도 거기서 하는 일 있기는 해요.

● 현재 화교협회가 하는 일이 주로 호구부 발급해 주는 일인가요? 왜, 옛
날엔 외국에 나가는 경우, 비자 같은 것 대신 받아주고 그랬잖아요?
그건 사실 개인이 가도 충분해요. 왜냐하면 여행사 있잖아요? 여
행사 가면 다 할 수 있는 거고, 개인이 가도 다 할 수 있어요. 다
만, 좀 귀찮으니까 화교협회에 부탁하는 거죠. 만약 비자 받는 데
3만 8천 원 정도라면 화교협회에서 대신 해줄 때는 만 원 더 받아
요. 거기 여직원 있잖아요? 일주일에 두 번씩 중국대사관 출입해
요. 그러니까 수고비조로 주는 거죠. 협회에 맡기는 게 편리하기
는 하죠. 그렇지만 그게 화교협회 업무라고 볼 수는 없지요.

(손만평) 옛날엔 미국 갈 때, 화교협회 도움이 있어야 갈 수 있었
어요.

● 어떤 면에서?
(손만평) 그러니까, 미국으로 관광이나 유학을 가려고 하면 화교
협회에서 보증서 같은 걸 써줘야 가능했어요. 그걸 대만대표부에
제출하면, 여권을 3년제로 바꿔 주던가? 하여튼 그렇게 해서 미국
대사관에 제출해야 미국 갈 수 있었어요.

그게 뭐냐면, 화교협회가 그 사람에 대한 신원보증 해주는 거요.
이 사람이 한국 살면서 범죄 사실 없고 확실한 사람이다, 그런. 일
종의 신원보증서죠. 아무튼 내가 보기에, 화교협회는 갈수록 그
기능이 약화되어가고 있어요. 약화될 수밖에 없는 이유에는 대만
대표부 역할도 좀 있어요. 옛날은 한국하고 대만하고 국교 있을 때
지만, 지금은 중국하고 있잖아요? 그러니까 대만대표부 기능이 많이
줄어든 거예요. 옛날이야 그래도 의리도 있고 관례도 있으니까, 대만
하고 계속 연관되어 있었지만, 지금 벌써 한중수교 된 지가 20년 되
었잖아요? 옛날 노인들 다 돌아가시면 그마저도 없어질 거예요.

● 사장님 말씀은 대만대표부의
역할이 갈수록 줄어들고 그
에 따라서 화교협회 역할도
줄어들 것이다?

그렇지, 그게. 현실이 그렇
잖아요? 이제 앞으로 이중
국적 실현되면 화교들 화교

협회 가서 호구부 뗄 필요 없어. 그렇잖아요? 한국 패스포트 갖고
있으면 한국 동사무소 가서 주민등록증 발급받으면 돼. 그렇게 되
면 화교협회 기능이 많이 없어지는 거죠.

(손만평) 가령, 협회에서 호구부 떼잖아요? 지금 구청 가면 모두
전자서비스 하잖아요? 컴퓨터로 딱 치면 나오는데, 여기는 아직도
종이로 문서 찾아서 고칠 것 고치고 복사해주고, 다시 꽂아 넣
고……. 여전히 옛날 방식이에요.

● 그래도 중국이나 대만에서 무슨 일 생기고 하면, 화교협회에서 나서서
모금도 하고 그러잖아요?

그런 일 해요. 지난번 쓰촨성(四川省)에서 대지진 났을 때에도 모금했
어요. 협회 회장단부터 솔선해서 거두고, 학교에서도 걷고 또 대만
에서 태풍 같은것 있을 때에도 모금해요. 화교들도 다 애국하는 거
죠. 그건 다 화교협회란 조직이 있기 때문에 가능한 거죠. 맞아요, 그
런 것도 화교협회의 중요한 역할입니다. 그렇지만 옛날보다는 그 기
능이 많이 약해졌어요. 이렇게 표현하면 좀 이상하지만, 앞으로 화교
협회 존폐가 문제가 될 거예요. 만약에 이중국적 실행이 제대로 되
면, 누가 화교협회에 회비 내요? "뭔 소리야? 나 한국인이야. 나 그
회비 못 내." 그럼, 뭐라 할 수 없는 거야. 주민등록? 그거 한국 동사
무소 가서 떼면 돼. 내 생각엔 아마 큰 문제가 될 거예요. 물론 존폐
문제야 사람들 생각 나름이겠지만……. 사실, 전 지금도 한 달에 협회

에 십만 원 넘게 내요. 어떻게 해? 화교협회 돈이 없는데. 막말로 난 한국요식업조합에 가입되어 있으니까, 협회에 안 낼 수도 있는 거예요. 그렇지만 그렇게 하면 되겠어? 나도 그런 생각 있는데, 협회하고 별로 관계없는 다른 사람들은 생각이 어떻겠어? 사실, 옛날에 화교협회 운영하시던 우리 대선배님들은 상당히 기강이 있었어요. 근데 지금은 협회도 이제 점점 그 힘을 잃어가고 있어요. 화교협회에 대해 희망적인 얘기를 해야 하는 건데, 말하다 보니까……. 그렇지만 그게 현실이에요. 사실, 지금까지 버텨온 것만 해도 대단한 거야. 이것도 난 전통을 지키는 거라고 봐요. 옛날에 화교협회 또 뭐 한 줄 알아요? 부부싸움 중재도 했어요. 부부싸움 하면 만만한 게 화교협회야. 날마다 술 먹고 와서 나를 두드려 팬다, 못 살겠다. 그러니 화교협회장이 나서서 어떻게 좀 해결해 달라, 혼 좀 내주든가, 경찰서 처넣든가. 그럼, 화교협회회장이란 사람이 나서서, 사람이 왜 그러느냐고 뭐 어쩌고 해서 달래고 그랬지. 형제지간에 재산 때문에 싸움도 많았어요. 그러면 화교협회회장이 나서서 기본적인 중재를 해주었어요, 자체 내에서. 옛날 연세 많은 분들 말씀 들어보면, 법적으로, 강제적으로 해결하기 전에 중간에 나서서 조절해주고 그런 일이 많았대요.

● 그게 실제적으로 효과가 있었나 보죠?
화교끼리 싸우는 일 생기면 화교협회가 중재에 나서는 거요. "이건 자네가 잘못했구먼!" "술 먹고 남을 팼으니까 얼마 보상을 해라." 그러고 보면, 옛날엔 화교협회가 경찰서 역할도 했다니까. 60년대에는 한국에서 완장 차듯이 화교협회회장도 완장 찼어요. 그때 당시는 다 그랬어요.

● 그럼, 반대로 일반 화교들은 화교협회한테 뭔가 화교협회가 이런 걸 해줬으면 좋겠다, 이런 바람 같은 것도 있을 거 아니에요?
바라는 건 많죠.

● 예를 들어서 어떤 거예요?

바라는 거 많아요. 나도 그 안에서 일을 해본 사람이라 너무 잘 알아요. 바라는 거 정말 많아요. 근데 협회가 그럴 힘도 없고 여유도 없는 거예요. 사실, 돈이 있어야 일을 하죠. 한국에 거주하면서 화교 관련한 무슨 법규라든가 부동산 문제라든가……. 그런데 정보도 없고…….

● 제가 볼 때는, 그게 이런 이유 아니에요? 첫째는 돈이 없으니까 움직이지 못하는 것이고, 또 하나는 회장단은 있지만 그 밑에…….

박사님 제대로 보셨어요.

● 제가 좀 더 말씀드릴게요. 그러니까 회장단 밑에 실질적으로 발로 뛰면서 일할 수 있는 젊은 사람들, 그런 사람들이 없다 보니까. 사실, 이게 나이 오십 되고 집에서 할아버지 소리 듣는 분들이 여기저기 돌아다니면서 만나고 다니고 이게 사실 쉽지 않잖아요? 그 밑에서 활동적으로 일을 할 수 있는 젊은 사람들이 협회 일에 많이 참여해야 되는게 아닌가?

맞아요. 맞아. 아주 정확하게 보셨어요. 왜냐하면요? 그게 시대를 따라 줘야 되거든요. 화교협회는 좋게 얘기하면 관공서예요. 또 화교를 대표하는 부서예요. 진짜 유능하고 사상 있고 일도 잘하는 젊은 친구들이 많이 참여해야 되는 거예요. 그 사람들 희생도 좀 필요해요. 컴퓨터도 젊은 사람들 잘할 거 아니야? 사실, 지금 화교협회 할 일 많아요? 그거 알죠? 중국인묘지? 그것도 그렇고. 화교 중에도 노인들, 장애인들 많아요. 그 사람들 복지문제도 신경 써야 되는 일이에요. 이런 건 똑똑한 젊은 친구들이 나서야…….

● 청년회나 부녀회는 아직도 여전히 활동하고 있나요?

지금도 있어요. 청년회는 서울, 부산 같은 데는 다 사라진 걸로 알고 있어요. 부녀회도. 옛날엔 반공구국청년단 같은 것도 있었어요.
다 폐지되었지. 이젠 그런 시대가 아니니까.

● 그래도 인천은 아직 그런 조직들이 남아 있고?
그렇죠.

● 그렇지만 요즘에는 그러지 않을 거 아니에요? 다른 일을 하고 있지 않
나요?
부녀회는 어머니날에 있잖아요?

● 어머니날이 언제죠?
5월 셋째 주 주말.

● 그럼, 중국의 무친지에(母親節)하고 거의 비슷하네. 5월 둘째 주 일요
일이니까.
예, 비슷해요. 근데 지금 있잖아요? 요즘은 호응을 별로 못 받고
있어요.

● 그러니까 부녀회는 주로 어
머니날 행사 같은 걸 맡아서
하는 거군요? 그럼, 청년회
는 어때요? 어떤 활동을 하
나요?
청년회 있잖아요? 옛날에
때가 되면 학교에서 행사
를 좀 해요. 행사 끝나면
학생들 모아놓고 경품 추

첨도 해요. 선물 같은 거, 경품 같은 거. 3월 8일 부녀절(婦女節, 여
성의 날)에도 그렇게 하고. 그거 하면 집집마다 찾아다니며 모금
을 해요. 뭐, 5만 원 내는 집도 있고, 손이 좀 큰 사람은 20만 원도
하고. 이렇게 거두면 그걸로 선물 같은 것을 사는 거죠. 부녀회도
그런 식으로. 어머니날에는 버스 대여해서 여행도 보내주고, 노인
네들.

● 화교협회 안에 청년회, 부녀회도 있지만 요식업 관련 부서도 있었죠?
화교들 대부분 중국 요릿집 하시니까 요식업에 종사하는 거잖아요?
그러니까 그분들을 위한 업무를 책임지는…….
요식업조합 있었어요. 옛날엔 지금 한국 요식업중앙회가 좀 허술
할 때요. 그래서 한 3, 40년 전에 이 요식업조합 만들었어요. 인천
화교 요식업조합 있었어요. 식당 하는 집마다 회비 받았어요. 회
비는 월 얼마로 딱 정해져 있었어요. 당시, 인천에서 식당 하는 화
교들만 해도 꽤 많았어요.

● 인천화교요식업조합은 주로 어떤 일을 했어요?
그 회비 받아가지고 세금 관련해서 세무서나 구청에 가서 정보 알
아가지고 화교들한테 그런 정보 알려주는 거죠. 그런데 옛날에 각

종 규제 때문에 식당 하는 업주들이 점점 줄어드니까 폐지가 된 거죠. 왜? 조합장이라면 판공비라도 있어야 되는데, 가게가 자꾸 줄어드니까 회비가 잘 안 걷히는 거야. 그래서 그 다음부터는 화교협회 자체 내에서 그 일을 맡아 했지. 옛날엔 화교협회가 그런 기능도 했어요.

● 그러니까 화교요식업조합은 주로 한국의 관공서를 상대로 어떤 정보를 수집해준다든지 아니면 문제가 있을 때 그걸 무마해주는 일들을 주로 한 거네요? 그럼, 요식업조합은 정식으로 화교협회 산하기관이었던 거죠?
그때 당시 요식업조합은 화교협회 소속이었어요. 화교들 모임 만들면 다 화교협회에 등록해야 했어요. 예를 들어, 협회에 정식으로 소속되어 있는 모임 말고도, 친목회 같은 것도 다 화교협회에 등록해야 돼요. 인천 차이나타운연합회 같은 경우는 대사관에까지 등록해요.

● 인천화교협회 말고 인천 차이나타운연합회가 따로 있었어요?
그거 내가 회장 했잖아요.

● 아, 차이나타운상가번영회를 말씀하시는 거군요?
그래요. 그 단체도 화교협회에다 등록을 해요. 또 우리 인천화교 라이온스클럽 있는 거 아세요? 인화(仁華) 라이온스클럽이라고. 저도 몇 대째인가 회장을 했었어요.

● 어, 라이온스클럽도 따로 있었구나.
역사가 한 25년인가 됐어요. 그것도 다 화교협회에 등록되어 있어요. 그렇게 단체들을 만들면 화교협회에 등록하는 거예요. 그러면, 나중에 화교협회 이사진 구성할 때, 그런 사조직 대표들을 이사로 유치하는 거죠.

● 그런 사조직들이 옛날에 굉장히 많았을 거 아니에요? 친목회니, 라이
온스클럽이니…….
스하이훼이(四海會)라고 친목회 있어요. 서로 뜻 맞는 사람들끼리
만들었어요. 그것도 한 스무 명쯤 될 걸, 아마? 또 우리 그 중국인
화예우회(中國仁華藝友會)도 있어요. 회원이 40명 정도 돼요. 이건
요리사들, 음식업계 종사자들 모임. 그것 말고도 한의사회 모임도
있고, 자강회(自彊會), 매화회(梅花會)……. 사조직 많았어요. 그런
조직에서 한두 명씩 이사 해줘도 이사가 한 2, 30명 돼요. 이들이
화교를 대표하는 거지.

● 그러니까 화교대표조직이 한 열 개 정도가 있었다는 거잖아요?
한 열 개 정도는 있을 거예요.

● 지금도?
그게 있다가도 없어지기도 하고, 또 생기기도 하고……. 친목회라
는 게 다 그렇잖아요? 다 화교협회 등록해요.

● 모든 사조직이 화교협회에 등록하는 건 아니잖아요?
개인적인 친목회라도 화교협회에 등록 안 하면, 화교협회에서 인
정 안 해요. 그러니까 등록해야죠.

● 그럼, 그 가운데 가장 큰 조직은 어떤 것이었어요? 아까 말씀하신 중
국인화예우회?
그렇지. 제일 큰 조직은 우리 주방장 출신들 모이는……. 한 20년
됐어요.

● 그러면, 요식업을 하는 화교들끼리 그런 공식적인 조합 말고 별도의
친목 모임을 구성하고 있었다는 거네요?

대개는 인천 출신 주방장들 모임인데……

● 그것에 대해서 말씀 좀 해주세요. 차이나타운 주방장 포함해서 인천이
나 다른 지방까지?

다른 지방까지는 아니고요. 대개는 인천 출신들. 하나의 친목회지.
옛날 주방장들, 지금은 거의 다 사장 됐어요. 차이나타운에 있는
사람들, 거의가 다 요리사 출신이에요. 내 친구 있잖아? 중국성(中
國城) 곡창신(曲昌信) 사장. 다 같은 요리사 출신이에요. 다 옛날에
서울에서 주름잡던 사람들이야. 열빈 주방장, 가든 주방장, 가든호
텔, 프라자호텔……. 다 우리 친구들이야. 옛날엔 그 우리 친구들
열 몇 명 정도 모이면 정말 짱짱했어요. 다 A급 주방장들이었어
요. 곡(曲) 사장도 옛날 서울 압구정동 현대백화점 중국식당 주방
장 했어요. 다 주방장 출신들이야. 모임은 이십 년 가까이 했어요.

● 20년 가까이 되셨으면, 사장 되기 전부터 그러니까 주방장 시절부터
그런 모임을 하게 되신 거네요?

그렇죠.

● 그럼, 그분들은 대개 주방장 하면서 만나게 되신 거예요?

아니지. 인천화교들은 다 화교 학교 출신이야. 그러니까 어릴 때
부터 다 알던 친구들이지. 수십 년 지기야.

● 그러니까 주방장 모임은 일종의 동업자들 모임이었네요?

그런 셈이지. 다들 인천 출신이지만 직장은 다 서울에 있었고……
그러다가 나중에 다들 인천에 내려와서 너도나도 자기 장사를 시
작하게 된 거지.

● 그 모임엔 서울이나 다른 지방 출신들은 전혀 없었고?

서울 출신도 있었지만 인천 출신이 많았죠. 서울에도 따로 주방장
모임이 있었어요.

● 그럼, 친목회 회원은 대충 몇 명 정도 돼요?

지금은 한 사십 명 넘죠. 중간에 안 나오는 친구도 있고. 둘 빠지
면 하나 들어오고, 또 하나 빠지면 둘 들어오고. 요즘엔 나이 젊은
사람들도 들어와. 이 모임이 역사 좀 있다 보니까 이미지가 나쁘
지 않거든. 그래서 그 안에선 나이 차이도 많아. 우리 동생뻘도 있
고…… 이젠 우린 늙은 축에 들어요. 시청 근처에 시엔 있잖아? 거
기도 우리 회원이고, 만리성도…… 다들 형제지간이나 다름없어.

● 제일 젊은 사람은 20대도 있어요?

20대는 없고요. 제일 젊은 사람이 한 40대? 너무 연배가 차이 나도
문제가 있거든요.

● 그렇지. 세대 차이 느껴가지고 말도 안 나올걸?

그래도 40대 초반까지는 있어요. 이 모임에 들어오려는 젊은 친구
들 많아요. 근데 너무 젊으면 좀 그렇잖아? 우리가 볼 때, 그 친구
들은 우리 손자뻘이거든? 손자뻘까지 다 들여놓으면 좀 그렇잖아?
우리 보기엔 40대도 다 똘마니들이지, 뭐. 다 대선배들인데.

● 화교사회에서 주방장 모임은 굉장히 큰 조직이네요. 오래된 조직이고.
모임은 정기적으로 있어요?

한 달에 한 번. 회비는 2만 원이야. 그거 거두어서 삼겹살 파티도
하고, 망년회도 하고. 봄가을 버스 대절해서 부부동반 놀러가기도
하고. 이번엔 중화루에서 했어요. 현직 주방장은 몇 명 없어요. 다
들 자기 장사 하는 사람이지. 이젠 다 사장이야.

● 그럼, 모임의 정관 같은 것도 있나요?

아니, 그런 건 없고. 그냥 친목회니까.

● 그럼, 모이면 주로 어떤 말씀들을 나누세요?

처음엔 다들 주방장들이었으니까, 밑에 직원들 취직문제 같은 거.
왜 있잖아? 직원 그만두면 주방장들끼리 "누가 놀고 있는데 데려
다 써라." 뭐, 이런 정보들. 대개 스무 명 정도 거느리고 있는 사람
들이라, 직원 채용문제가 제일 중요하니까. 또 그 안에서 계도 하
고. 요리 측면에서도 서로들 정보를 나누고 했어요. 어떤 재료가
가격이 어떻고 등등. 예를 들어, 요즘에 죽순은 어디 것이 좋다더
라. 연하고 냄새도 안 나더라. 뭐, 이런 거. 요즘 들어오는 덩어리
삭스핀은 30분 쪄서는 안 돼. 한 시간 정도는 쪄야 돼. 옛날 같지가
않더라. 술 한잔 먹으면서 주방장들끼리 정보 교환하는 거지. 주로
이런 대화들 하지. 한 달에 한 번씩 자주 만나니까 정도 많이 들고.
또 어려운 일 있을 땐 서로가 도우려는 그런 마음 가지고 있고. 요
즘은 무슨 얘기하냐면, 아들딸 시집 장가보낼 때니까 그런 얘기도
하고…… 옛날 젊었을 때는 만나고 술 한잔 먹으면서 다 자기 자랑
들이지. 내가 뭐 열빈에 있는데 송이 사는 데 한 1톤씩 들어온다,
열빈 요즘 매출이 장난이 아니다, 뭐, 며칠 전에 내가 청와대 갔었
는데…… 다 그게 자기 자랑 하는 거요. 그때 당시는 어렸으니까.

● 요리 얘기도 자주 하시고? 혹시 이런 요리 내가 만들어봤다고 하면서
레시피 같은 걸 서로 공유한다든지?

그거는 서로가 다 자기 거니까, 안 내놓아. 그냥 남의 것만 알아내
려고 하지. 그게 사람 속성 아니겠어요?

● 요즘도 꾸준히 만나시고?

중간에 미국 간 사람도 있고, 딴 데로 이민 간 사람도 있어. 지금

우린 나이 먹은 축이고, 젊은 친구들 많이 들어왔지.

● 모임의 이름은 어떻게 지으신 거예요?
우리 주방장 모임 이름이 '인화예우회(仁華藝友會)'야. 그러니까 인
천화교 예술가 모임인 거지. 하하! 사실 요리도 예술이잖아? 다들
이 업계에서 수십 년 잔뼈가 굵은 사람들이잖아? 그러니까 예술가
지, 안 그래? 30대 중반에 그 모임 시작했으니까, 20년 넘었어요.
우리가 그 스타트 끊은 거지. 몇 사람이 처음 시도해서 만든 거야.
내가 3대째 회장을 했었나? 내가 회장 할 때 있잖아요? 중산학교
따리탕(大禮堂, 대강당)에서 요리전시회 한번 한 적 있었어요. 각자
자신 있는 요리 출품하는 거지. 호응도 상당히 좋았어. 한국 최고
의 중국요리 실력자들 작품 아냐? 그때 언론에서도 관심 갖고. 어
디 그때 사진도 있을 텐데……

● 모임에는 따로 회장도 뽑고 하세요?
회장 있어요. 부회장, 총무도 다 있어요. 임기는 보통 2년씩 돌아
가면서 순서대로 하고. 다 자격 있는 사람들이니까.

● 그 모임 가면 참 재미있겠네요? 평생 같은 일을 해오신 분들이니까.
그러니까 거기 가면 큰소리 치고 자시고 할 것도 사실 없어. 벌써
한마디 하면 딱 눈치 채니까.

● 주방장 모임 말고, 화교들이 다 중국집을 하는 건 아니니까……
그렇죠. 그래서 라이온스클럽 있잖아요? 인화라이온스클럽. 여기
엔 한의사들도 많아요.

● 라이온스클럽이라면 회원들이 경제적으로 비교적 여유가 있는……
회비 한 달에 5만 원씩 내요. 그러니까 1년에 60만 원 정도 내는

거지. 여기엔 중국집 하는 사람들도 있고, 한의원 하는 사람들도
있고. 근데 이 모임은 회원을 확보하기가 참 어려워요. 우리 중국
요리사 모임이야 별 사람 다 있지만……. 라이온스는 그래도 좀 먹
고살 만한 사람들이니까.

● 아무래도 한의사나 큰 중국 요릿집 하는 분들이 중심이 되겠죠?
주로 여기에는 한의사 하는 분들이 많고, 중국 요릿집 하는 분들
그리고 학교 선생님도 계시고. 요즘은 관광 쪽에서 사업하는 사람
도 있고. 중국이나 대만 상대로 무역하는 친구들도 있어요.

● 만평아, 너희들도 너희들끼리 모임이 있어?
(손만평) 동창회는 있어요. 매년 7월 7일에 해요. 견우직녀가 만나
는 날이잖아요? 사실, 난 7월 9일이 생일이라 그날 만나자고 했는
데, 애들이 반대하더라고요. 왜 네 생일에 만나느냐고. 동창회 하
면 다 그렇겠지만, 요리사하는 애들도 있고, 대학 다니는 애들도
있고 그래요. 그러다 보니까 이게 하나가 안 돼요. 얘기가 안 통해
요. 하는 일이 다르다 보니까.

● 지난번에 잠깐 얘기하다 말았는데, 고향사람들끼리 가령, 무핑이면 무
핑 사람들끼리 향우회나 동향회 같은 것도 있을 것 같은데?
문영동향회(文榮同鄕會)가 있지. 원덩(文登), 롱청(榮城) 사람들 모임.
원덩하고 롱청은 서로 붙어 있어요. 그 초대회장이 잘 생각 안 나
네. 서울에서 옛날에 무슨 여행사 하던……. 그것 말고도 무핑동향
회도 있고. 아무튼 옛날엔 한국 화교들 중에 제일 많은 건 무핑 사
람들이었어. 나도 무핑 사람이야.

● 옛날엔 그런 동향조직들이 굉장히 많았죠?
옛날 서울에선 셔우광(壽光) 사람들이 제일 단결 잘 되었어요. 문

영이나 무핑보다 훨씬 더 단결 잘해요.

● 그건 왜 그래요?

나도 잘 모르겠어. 하여튼 조직 잘 되었어. 서우광은 산둥의 야채 기지예요, 채소재배단지. 베이징, 상하이의 야채는 다 거기서 대는 거야. 옛날에 영등포에 친구 놈 하나 있었는데, 그 친구가 바로 셔우광 출신이었어. 보면, 엄청 단결하더라고. 무슨 일 있다 하면 다 동원되고. 바쁘다는 소리 안 해. 다 모여.

● 그럼 그런 동향조직들은 주로 모여서 어떤 얘기를 해요?

주로 모이는 건 무슨 결혼식이다, 장례식이다, 그런 슬픈 일이나 기쁜 일 있을 때 함께 모이죠. 말하자면 여기는 이국타향 아니야? 외국에 있을수록 단결이 제일 중요한 부분이거든요. 살기 위해서 는 뭉쳐야 하는 거지. 옛날엔 다들 외국 나온 거잖아? 그러니까 무 핑 사람하고 롱청 사람하고 만나면 다 같은 고향사람이다, 하면서 금방 친해지고 그랬지. 무핑하고 롱청은 10킬로도 안 되거든. 그 런 식으로 해서 단결하고 친해지고…… 근데 지금은 시대가 바뀌 었어. 그건 옛날 중국 못 들어갈 때 얘기고, 요즘은 중국 마음대로 출입하니까, 어디 그런가?

● 그럼, 요새는 지역의식이나 동향의식 그런 건 많이 없어졌어요? 가령, 협회 회장선거를 한다, 그러면 혹시 무핑 사람 나오면 무핑 사람들이 찍어주고 그런…….

옛날에는 그런 거 있었어요. 그런데 지금은 상상 외로 지역관념 같은 건 많이 없어진 것 같아. 지금은 사실, 국적관념도 없어졌어. 나는 화교다, 나는 중국인이다, 그런…… 이게 시대의 흐름이에 요. 변화, 시대의 변화. 어쩔 수 없는 일이에요. 난 자연스러운 거 라고 봐.

● 요즘도 동향회가 활동하죠?

있기는 있는데 그렇게 활발하지는 않아요. 옛날에 내가 봤을 땐, 문영동향회 같은 경우는 회원도 많고 잘 모이고 그랬는데……. 요즘은 미팅 한번 하기도 힘든 것 같아.

● 예전에 사장님 어머님 말씀 들어보니까, 올림포스 뒤에 동향회관이 있었다고 하던데?

올림포스호텔 그 자리에 있었어요. 그거 얘기하면요? 옛날엔 거기를 영국산(英國山)이라고 했어요. 거기가 옛날 영국 사람들 별장을 썼던 자리예요.

● 영국 영사관이 거기에 있었어요.

맞아. 사실, 일본시대 이전만 해도 청나라 사람들 그곳으로 출입 많이 했어요. 그때 당시 거기가 다 바다였어요. 하인천역까지도 다 바다였어요. 청나라 말기에는 중국 배들이 들어와 무역 많이 했어요. 그래서 화인(華人)들이 많았어요. 주로 뱃사람들이지. 뱃사람들 많다 보니까, 왜 있잖아? 기생들? 그런 사람들도 있었어요. 내가 영국산에 대해 재미있는 얘기 하나 해줄까요? 중국사람들은 그쪽 바다에 하이션냥냥(海神娘娘)이 있다고 믿었어요. 그러니까 여자 바다신이지. 그래서 하이션냥냥 모시는 먀오(廟)도 있었어요, 사당. 왜냐하면, 배가 왕래하는 관계로 해상의 평안을 기원하는……. 중국사람들 그런 습관 있었어요. 하이션냥냥은 물을 다스리는, 바다를 다스리는 부처였어요. 그래서 뱃사람들 그 사당에 가서 절하고 그랬대요. 물론, 다 전설이죠. 그런데 하루는 어떤 놈이 그 사당에 들어가서 그 하이션냥냥 신상(神像)을 보면서 뭔가 음담패설 같은 걸 했대. 이거 다 우리 노인네 얘기야. 그런데 좀 있다 보니까 그놈이 주전자 끓인 물을 자기 다리에다 붓고 있더래. 자기가 자기 발에. 이게 뭐냐면, 그 신이 그놈한테 벌주는 거요. 그렇게 영(靈)하다는 절이 있었다는 거죠. 그때 당시 청나라 사람들 거기를 뭐라고 그랬냐 하면, 용머리라고 불렀어요. 근데 일본시대 들어섰잖아? 일본사람들 지리를 볼 줄 알았어요. 지리 잘 봐요. 청나라 사람들이 너무 번성하다 보니까, 일본인들이 오자마자 뭐를 했냐면, 중국사람들 기(氣)를 죽인 거야. 지금은 역 앞에 큰 도로 있잖아요? 그때 당시 그 도로는 크게 필요 없는 도로였어요. 그런데 거기에다가 도로를 놓은 거지, 일본사람들이. 이게 그 용머리 한가운데를 잘라 버린 거예요. 그러니까 올림포스호텔하고 우리 여기 태화원 이쪽 중간에 길을 파 버린 거예요. 중국인 기를 없앤 거요. 길을 딱 내니까 사흘 동안 빨간 물이 계속 흐르더래. 이것도 우리 노인네한테 들은 얘기요. 그렇게 사흘 동안 빨간 물이 흘렀어요, 빨간색. 그때부터 중국사람들 기 빠지는 거야. 슬슬 쇠퇴해가는 거지.

● 그러니까, 일본사람들이 풍수
에 따라 그렇게 한 거군요?
내가 어렸을 때 바로 거기
서 살았어요. 그 절이 어떻
게 없어졌냐 하면, 6·25
때, 인천상륙작전 때, 폭격
맞아 가지고. 내가 어렸을
때만 해도 그 절에 붙어

있는 타일, 벽돌, 그 잔해 보았어요. 우리 외할아버지가 거기서 사
셨어요. 그때 6·25 터지고 나서 중화루고, 공화춘이고 다 망하게
된 거예요. 차이나타운도 그때부터 쇠퇴했고. 우리 어머니 애기로
는 그게 다 일본 놈들이 용머리 잘라버려서 그렇게 되었다고. 하
하! 아무튼 전쟁 터지고 나서 차이나타운 완전 박살난 거요. 좋은
건물도 다 폭격 맞아서 망가지고, 없어지고…… 다 폐허가 된 거죠.

● 그러니까 하이션냥냥을 모시던 그 사당 자리가 동향회관 자리다 그것
이죠?
동향회관은 사실, 지금 의선당과 마찬가지야.

● 의선당과 동향회관이 비슷한 거라? 의선당은 종교시설이고 동향회관은
같은 고향사람들 조직인데. 야, 뭔가 있는 것 같은데?
그거에 대해서는 나도 잘 모르고. 옛날엔 산둥동향회라고 했어요.
무핑이나 롱청, 그런 게 아니라, 산둥동향회. 청나라 말기에는 여
기에 상하이인, 베이징인 많았어요. 지금 여기도 100% 산둥사람
아니에요. 그 당시 무역상들은 특히, 거상들은 다 베이징, 상하이,
홍콩 사람들이었어요. 그러니까 남방 사람들이 많았어요. 지금이
야 다들 떠나서 그렇지. 그 당시 돈 있는 사람들은 다 남방 사람이
에요. 그 사람들도 다 동향회 있었어요. 산둥동향회는 산둥인들만

모이는 동향회지.

● 산둥방이라고는 안 했어요?

그게 산둥방이지. 산둥사
람들만 모이는 거니까 산
둥방이지. 일본 요코하마
가보니까, 거기는 광저우
방, 베이징방, 산둥방, 푸
젠방 다 따로 있어. 파벌이 스무 개가 넘는다고 그래. 대만방도 있
더라고. 가게 앞에 대만 국기 걸어놨더라고, 대문에. 중국방은 중
국 국기 걸어놨어. 다 파벌이 있어요. 이거 중국사람 습관이에요.
내가 요코하마 가서 실제로 느낀 거예요. 학교도 두 종류 있어. 중
국대륙 학교 있고, 대만 학교 있어. 다 자기 색깔들 있어. 대만은
대만, 중국은 중국.

● 대륙하고 대만이 나누어진 다음에 새로 타이완에서 일본에 이민 간
사람들이 만든 것일 거예요, 아마.

그럴 거예요. 일본이 중국하고 수교된 지가 한국보다 오래됐죠?
그러니까 중국하고 수교 안 되었을 때, 그전부터 대만하고 그런
관계니까 그랬을 거예요. 그러니까 요새 베이징방 같은 건 나중에
생긴 걸 거예요. 중국이 그 철문을 연 지가 얼마 안 됐어요. 한국
이 중국하고 수교한 것도 20년밖에 안 되었잖아요? 그래서 중한수
교 되고 유학생들이 다 오게 된 거요. 그게 바로 신화교예요.

● 지금 일본에는 1945년 이후 대만에서 간 화교들을 포함해서 약 40만 정
도 된대요. 그런데 사실, 1950년 전까지만 해도 한국이 더 많았어요, 일
본보다.

그게 다 화교를 제한하는 정책 때문에 그런 거예요. 일본사람들은

제한정책을 그렇게 심하게
안 했어요. 그래서 한국에
서 다시 일본으로 건너간
재일화교들이 제일 많았던
시기가 화폐개혁 할 때예
요. 그때 당시에는 중국사
람들이 돈 많다, 이런 소문
많았어요. 화교들 그때 다

외국, 제3국으로 재이민 갔어요. 하물며 홍콩 통해서 다시 중국 자
기 고향으로 들어간 사람들까지 있었는데요, 뭘. 현재 대만에는
노병(老兵)들 있어요. 그 사람들, 대개가 다 산둥성 출신이에요. 그
사람들 뭐냐면, 바로 장개석 따라 대만으로 건너간 사람들이에요.
그 양반들, 돈 모아도 집 한 채 안 샀어. 나중에 어떻게 해서든 고
향 들어가려고. 불쌍한 사람들이에요. 우리 아버님하고 똑같은 신
세지. 돈 벌어서 어떻게든 고향 가야 한다, 그런 생각 가진…… 고
향 가야 하는데 집을 왜 사? 안 그래요? 대만 노병들, 생활이 다
약해요. 돈 모으면 금덩이 사들여서 나중에 고향 가려고. 그래서
고향이란 게 중요한 거요. 아주 중요한 역할을 한 거예요. 아무튼
동향회는 산둥동향회고, 지금 화교협회는 그 산둥동향회부터 시
작한 거요.

● 그러니까 사실상 산둥동향회가 인천화교협회의 전신이다?
그렇게 시작해서 화교협회가 된 거예요. 호적등본 떼어보면 남방
인은 별로 없어요. 산둥사람이 90% 넘어요.

● 그럼, 여기 오래 사신 분들 중에 남방 분도 계세요?
있어요. 바로 학교 밑 건물 돌계단 옆에 오래된 중국 건물 있잖아
요? 그거 완벽한 사합원 건물이야. 그 주인할머니가 바로 상하이

사람이에요. 지금은 연세 많아가지고 대만 딸네 집에 가 있는데. 그 할머니도 유명한 사람이지. 남방 사람이야. 중국 남방 사람들은 아주 약아. 산둥사람들은 좀 멍청해.

● 산둥은 주로 물고기 잡고 농사짓고 한 반면에 남방 출신은 주로 장사를 한 사람들이라서……. 지금도 좀 그렇고. 남방 사람들이 원래 경제적으로는 굉장히 잘살잖아요?

중국에서 제일 무서운 지역이 어딘지 알아? 바로 원저우(溫州) 사람들이야. 세계적으로 보면, 미국의 큰 재벌들, 다 원저우 사람들이야. 그 사람들은 고생도 잘 견디고 아주 무서운 사람들이야. 대단해. 아마

그 동네 인구의 60%가 다 외국 나가 있을 거야. 자기 고향에 안 있어. 중국 부동산 투자 브로커들 다 원저우 사람이야. 그 사람들 지금도 산둥에 와서 부동산 확 샀다가 확 팔고 가버려. 부동산 사업 하는 사람들 다 남방 사람이야. 산둥사람들은 순하죠. 온순하고. 성질은 급하지만……. 그래서 산둥사람보고 뭐라고 하는지 알아? '3분 열혈(熱血)'이라고 해. 3분 동안만 왁자지껄 떠들면 그만이야. 그걸로 끝나. 화끈해. 뒤끝이 없어. 대신 남방인은 약아요. 산둥사람들 둘 갖다 붙여 놓아도 안 돼. 2 대 1로는 상대가 안 돼, 머리싸움에서는. 그래서 옛날부터 중국의 무장(武將)들은 다 산둥에서 나와요. 군대에서 키 크고 덩치 좋은 애들, 다 산둥 애들이야. 산둥에서 다 뽑아 가는 거야. 충성스럽고 충신이지. 이렇게 하라, 그러면 끝까지 그렇게 해. 근데 남방은 그게 아니거든. 말 안 들어요. 그중에서도 원저우 사람들이 최고야. 장사 정말 잘해.

한국에선 화교로 살기 힘들어

● 옛날, 화교들 가운데 해외로 재이민을 가신 분들이 많잖아요? 대개는 여기서 살기가 힘들어서 갔을 텐데…….

그렇죠. 제일 많이 없어졌을 때는, 내 개인적인 생각에 박정희 시절이었던 것 같아요. 솔직히 말해서 그때 제약이 많았어요. 그때는 쌀이 모자라니까 한국정부에서 쌀 아끼기 운동 했잖아요? 보리쌀 섞어 먹어라…….

● 혼분식장려운동 같은 게 있었죠.

중국집에도 쌀밥 못 파는 날을 정해 놓았었어요. 그거 걸리면 벌금 나오고 그랬어요. 쌀밥 못 팔게…… 일주일에 아마 세 번인가 몇 번, 쌀밥 못 팔았어요.

● 그럼, 중국집 영업이 되나?

볶음밥, 잡탕밥, 잡채밥도 못 팔게. 그때 당시 정책이 잘못된 게 뭐냐면, 중국집만 못 팔고 한국 식당은 그런 제도가 해당이 안 된다는 거예요. 중국집은 쌀밥에 보리쌀 4할인가 섞어야지. 근데 한국 식당은 그런 거 없었어. 그때 당시 뭔가 잘못된 거지. 안 그래요? 외국사람에 대한 제한이 심할 때야. 어렸을 때 기억이 좀 나는데, 그때 중국집에선 먹고살기 위해서 잡탕밥 대신 잡탕면을 해서 팔고 그랬어요. 근데 그게 나중에 왜 폐지가 됐냐면, 외국에 그런 게 소문이 좀 퍼졌나 봐. 한국정부에서 중국사람들 쌀밥 못 먹게 한다, 밀가루만 먹고 살아라 이런다, ……. 또 이런 웃기는 부분 있었어요. 그 밥을 단속하러 오잖아? 그러면 보리밥 미리 삶은 거 쌀밥 위에다 살짝 부어 놔. 그랬다가 단속반 가면 다시 걷어내는 거지. 왜냐하면, 그때 당시 보리밥이라고 하면 한국사람들 제일 싫어했거든. 그러니까 내가 돈 주고 밥 사 먹는데 왜 보리밥 먹느냐 이거야. 할 수 있어? 장사하려면 어떻게든 손님한테 쌀밥 먹여야 하니까 그렇게 했지. 나중에 또 어떤지 알아? 아예 쌀도 밀가루로 만들어. 쌀 알갱이를 밀가루로 만드는 거야. 그래도 손님들 몰라. 그런 나쁜 짓도 했어. 좌우지간 그때는 음식장사 해먹기도 참 더러운 시절이었어. 이건 우리 집뿐만 아니라 다 그랬을 거예요. 그래서 자존심도 강하고 뭐 좀 따지기 좋아하는 사람들은 다들 제3국으로 가는 길을 택했죠. 미국이나 캐나다 이민 많이 갔어요. 제일 많이는 간 곳은 미국, 캐나다. 호주도 많이 갔어요. 물론 대만으로 제일 많이 갔고. 그 당시 돈 좀 있는 사람들은 다 이민 많이 갔어요. 또 일부

는 자기 재산 불릴 목적으로 부동산 좀 살라고 한국 귀화도 많이
했고……. 농사짓는 사람도 그땐 많았거든. 그래 한국사람 명의 빌
려다가 땅 사는 사람, 아예 한국 마누라 얻어서 마누라 이름으로
부동산 산 사람……. 그러다 보니까 물론 다 나쁘다는 건 아니지만,
재수 없어서 나쁜 사람 만나면 하루아침에 사기당하고……. 그래서
아예 한국 국적으로 귀화한 사람도 많았죠.

● 귀화하기가 쉽지는 않았을 텐데?
그때 당시는 공무원 보증만 있으면 가능했어요. 5급 공무원인가 보
증만 서면 가능했어요. 두 사람 보증만 서면 가능해요. 한국에서
와이프 얻으면 사촌, 팔촌 다 있어. 또 기본 재산도 있어야죠. 옛날
에 편한 게 주민등록증 말소된 사람들 신고할 때 한 번씩 끼어
서……. 그런 기한 있잖아요? 하여튼 별별 방법을 다 써서……. 한국
에서 살기 위해서. 여기(중산학교) 옛날 학비 비쌌어요. 그래서 아
예 아이들 한국 학교 집어넣는 사람 많았어요. 한국에서 사는데 한
국말 하면 되지, 뭐 그런 생각으로. 화교인데도 중국말 못하는 학
생 많아. 특히 지방에서 더 했어. 그 사람들 귀화해야 살지. 굳이
중국사람 돼서 뭐하냐고. 뭐 암튼 그런 것도 많았고……. 그래도 요
즘 차이나타운에 화교가 많아진 거예요. 옛날엔 차이나타운 거의
황폐화되었어요. 중국사람들 속성이 있어요. 귀화하면 부끄러운 게
좀 있어서 쉬쉬하고 한국동네 가서 살고 그랬어요.

● 누가 귀화를 했다 하면 여기 사시는 분들이 별로 안 좋게 생각하고 그
런 게 있었어요?
그런 게 있었어요. 화교들 옛날에 공무원을 할 수 있겠어요? 취직
을 할 수 있었겠어요? 할 수 있는 거라곤 짜장면 장사밖에 없어.
요즘은 많이 달라졌지만……. 그때는 한국 대학교, 일반 대학교 나
와도 외국사람이라는 이유로 취직이 안 되었어. 그러니 그 사람

선택할 수 있는 게 뭐가 있어? 어쩔 수 없는 부분이잖아? 원래 자기도 공무원도 하고 싶고 취직도 하고 싶고…… 출세해보고 싶은 사람이 없었겠어? 그렇다고 대만 가면 하루아침

에 다 출세하고 그러나? 대만에 있는 대학 나오면 몰라도. 한국 대학 나온 애들, 대만 가서 취직할 수 있나요? 없어요. 솔직히 말해서 나도 기회가 있었으면 귀화했을 거예요. 우리 같은 사람은 멍청한 사람이고, 그 사람들은 똑똑한 사람이에요. 화교 신분으로 부동산취득법이 완화되기 전에……. 1997년 8월에 외국인 부동산취득법이 완화되었어요. 원래는 주거용 살림집은 200평 미만이고 영업점은 50평 미만이었어요. 그것도 다 내무부장관 허가를 받아야 되고. 인감증명? 외국사람은 유효기간이 한 달이에요. 또 허가 받으려면 3개월이나 걸려. 그러니 외국사람이 집을 사려고 해도 그건 한마디로 사지 말라는 얘기지. 메이빤파(沒辦法), 메이빤파! (방법이 없어.) 또 어떤지 알아? 집 파는 사람, 조건을 붙여. '3개월 후에 인감증명 하나 떼어다오. 돈 좀 남겨 놓고. 기한은 3개월이야.' 그래야 겨우 집을 살 수 있었어요. 인천화교협회 별 역할 다 했어요. 부동산 사는 거 다 협회에서 했어요. 공짜가 어디 있어? 다 돈 좀 찔러 주고……. 또 특별히 중국사람 일 봐주는 사람 있었어. 다 그런 연결고리가 있었지. 옛날 세무서, 위생과 양반들 오면 다 돈 줬어. 손 벌리는데 줘야지, 어떻게 해? 세금 같은 것도 외국사람이란 이유로 더 많았어요. 요즘 한국 나라 정책이 바뀌고 국제화사회도 되고 외국인에 대한 제도도 사실 솔직히 말해서 엄청 좋아졌죠. 우리도 한국에 거주자격 있어요. 근데 5년에 한 번씩 신청해야 돼. F5 영주권 나왔잖아요. 하지만 이젠 이중국적법이 개

정된데. 통과가 되었나? 통과되면 1998년 이후 태어난 화교는 한
국사람 되는 거야. 남자들 군대 가야 해. 외국인등록증 안 줘. 한
국 신분증 줘. 한국아이야. 그게 바로 이중국적이야. 1998년 이후
에 태어나면 한국국민이야. 살기 싫으면 대만 가라는 거야. 미국
식으로 된 거야. 미국에서 태어나면 미국국적 주는 것처럼. 싫으
면 대만 국적 신청해. 화교들 중엔 대만 국적이라야 특혜를 받을
수 있다고 하는 사람들이 있어. 경쟁이 수월하다는 거지. 그래 내
가 그랬지. 아들보고, "너 애 낳으면 군대 보내. 한국 애들 갈 수
있는 대학 공부 열심히 해서 들어가야지." 우리 손녀딸 한국 애들
처럼 살라고. 지금도 "너 아들 낳으면 군대 보내."

● 그 당시 그런 제약 말고도 다른 제약들도 많았나요?
세금. 조금만 장사 될라 치면 그 다음은 세금이야, 세금. 그게 문
제였어.

● 세금이 어땠는데요? 세금이 유난히 많았어요?
세금은 정말 세무서 있는 사람 마음대로야. 자기네들이 왕이야, 왕.
특히, 외국사람은 어디 가서 하소연할 때도 없었어요. 완장만 차면
그게 법이야, 법. 또 구청 위생과에서 나오면 상납해야 해요. 그거
안 하면, 벌금 먹이고 문 닫게 하고…… 또 그 분식 하는 것 때문에
구청에서 사람이 나와요. 검사하러, 단속하러 오는 거지. 당시 쌀과
보리가 6 대 4인데, 사실 그거 어떻게 알아요? 다들 자기 마음이에
요. 단속하러 왔을 때, 봉투 하나 찔러주면 그냥 넘어가고, 그렇지
않으면 무조건 잘못되었다는 거야. 벌금 내래. 아니면 아예 문 닫
게 하든가. 지금이야 얘기지만, 그래서 연세 많으신 화교 분들하고
그거 얘기해보면 불만부터 쏟아져 나와요. 옛날에 자기가 겪었던
그 안 좋은 생각이 나서 입에 거품 물어요. 하도 분해서. 그렇게 제
한이 많았어요. 다 옛날 얘기지. 요즘이야 어디 그런가?

● 아무리 그런 제약이 많아도 중국집 하는 것 외에는 화교들이 다른 직
장에 취직하기도 쉽지 않았잖아요?

내 얘기 들어봐요. 화교들은 한국에 있는 무슨 대학 나와도 그거
졸업하면 다들 집에서 짜장면 배달통 들어야 돼요. 받아주는 데가
없어.

● 취직하기가 힘들다는 말씀이시네요?

취직 안 돼요. 아무리 한국에 있는 일류대학 나오면 뭐 할 거야?
그때 당시 한국 대학교 들어가면 학비만 내. 그냥 방청생(청강생)
이야. 졸업하면 취직 못 해. 자기 부모들은 이거 조그만 식당 해가
지고 돈 벌어서 대학까지 보냈는데, 젊은 자식 놈은 취직 못 해서
집에서 놀고…… 그러니까 그냥 놀고 있을 순 없으니까 자기 부모
님 도와서 짜장면 배달통 드는 거야. 그러다 보면, 장사 이어받게
되는 거고. 그래서 난 어렸을 때 무슨 생각했냐면, 대학 나오나 안
나오나 중국집 주방에서 일하는 건 똑같다, 그거야. 어차피 배달
통 들기는 마찬가지라는 거지.

● 대만으로 대학을 가면 상황이 좀 괜찮았나요?

그래서 대만에 있는 대학교 가려고 그렇게 발버둥 친 거야. 그럼,
대만 대학교 나오면 상황이 확 바뀌나? 그것도 아니에요. 대만 대
학교는 시험을 쳐야 해. 시험이 쉬워? 그거 아니거든? 대만 대학교
나와도 화교들은 어쩔 수 없었어요.

● 그래도 대만에 있으면 취직은 어느 정도 되었을 거 아니에요?

취직 잘 안 돼요. 대만 현지 사람들도 많은데, 누가 화교 쓰겠어?
어떤 특별 케이스 같으면 몰라도…… 그래서 우리 셋째 여동생이
사범대학 택한 거요. 그건 참 잘한 일이야. 그 학교 졸업하면 의무
적으로 다 선생님 시켜줬거든.

● 한국이나 대만에서 설사 대학을 나온다 하더라도 취직하기는 쉽지 않
았다는 말씀이네요?

그래서 우리 화교들은 대만 갔다가도 취직 안 되면 다시 한국으로
돌아와버려. 전두환이 대통령 할 때, 여행자유화 되었잖아? 그때
는 옛날보다는 이민 가기가 좀 편했어. 그래서 미국, 캐나다, 호주
같은 제3국으로 다시 이민 가려고 하는 사람도 많았지. 그것도 아
니면, 일본으로 가. 대만 대학 갔다가 별 볼일 없으면 일본으로 돈
벌러 많이 갔어요.

● 일본에서는 무슨 일을 하는 거예요?

그냥 중국집 식당에서 일하는 거지. 설거지부터 진짜 밑바닥 일부
터 하는 거지. 특히, 일본사람들이 하기 싫은 일. 그래도 일본은
대신에 월급이 셌어요, 한국이나 대만보다. 지금 중국에서 한국으
로 돈 벌러 오잖아? 똑같은 거지.

● 한국이나 일본이나 대만이나 화교들이 살기 어렵기는 매한가지다?

그래도 여기 한국서 살아야지. 여기가 고향이잖아? 그래서 내 생
각엔, 여기 차이나타운 특히, 학교가 상당히 중요한 거예요. 중요
한 역할을 해야 해요. 예를 들어, 강원도 어디 산골짜기나 무슨 문
산 같은데 지방 있잖아요? 거기서 식당 조그마한 거 하면서 사는
화교 있다고 해봐. 애들 조금 크면 교육시켜야 하잖아? 근데 학교
가 없는 거야. 명색이 화교인데 그런 애들 중국말 못해. 그래서 학
교가 중요한 거요.

● 그래서 화교 학교 없는 곳에 사는 화교 자녀들이 여기 중산학교까지
유학 아닌 유학을 오고 그러잖아요?

그렇지. 근데 그것도 돈도 많이 들고 하니까, 그냥 한국 학교 보내
는 사람들도 많아. 그럼, 한국사람 되는 거지, 뭐. 아예 귀화를 해

버리는 거지. 그 수도 만만치 않을 거예요.

● 전 귀화하는 화교는 그렇게 많지 않은 걸로 알았는데?

아니에요. 은근히 많아요.

● 귀화하는 가장 중요한 이유가 자녀교육 때문인가요?

물론 교육문제도 있지만, 또 한 가지는 자기 재산 증식. 그러니까 부동산 취득하려고. 돈 벌면, 집도 사고 땅도 사야 하는데 옛날엔 그게 제한이 있었잖아요? 그러니까 제일 쉬운 방법이 뭐겠어요?

● 그렇지. 아예 한국사람으로 귀화하는 거지.

내가 얘기했는지 모르겠는데, 옛날엔 한국 친구 앞으로 땅을 사거나 아니면 한국 마누라 얻어가지고 그 앞으로 땅을 사. 그러면 나중에 사기당해가지고 다 빼앗기고……. 그런 일 많았어요. 예를 들어, 한국 마누라가 좋은 사람이면 괜찮은데 그게 아니라 마음이 확 돌변하면 하루아침에 거지 되는 거요. 그래서 아예 자기가 귀화해버리는 거예요. 박사님이 몰라서 그렇죠. 만약에 화교 여자가 한국 남자 친구 만나면 옛날엔 집안에서 호되게 혼났어.

● 왜요?

옛날사람들은 이 머릿속이 지금 우리하고는 좀 달라요. 외국사람한테 시집간다는 건 호적에서 파버릴 일이야. 나도 한국 와이프 만났잖아? 물론 우리 어머니는 크게 반대 안 하셨어. 그렇지만 다른 가정에서는 반대가 엄청 심하고 그랬어.

● 그래도 화교 여자가 한국 남자와 결혼하는 일은 수적으로 별로 없잖아요? 대부분 화교 남자가 한국 여자와 결혼하지 않나?

물론, 그런 경우가 더 많긴 하죠. 근데 그것도 기록이 다 안 되어서 그래. 실제로는 많았어요. 화교 여자가 한국 남자한테 시집간 거 많아요. 다들 쉬쉬해서 그렇지. 옛날엔 화교 여자가 한국 남자와 사귀면 머리카락 다 잘리고 그랬어요. 한국사람들도 그런 일 있잖아? 만나면 보자기 둘러쓰고 만나고 말이야. 솔직히 말해서, 6·25 이후에 태어난 화교들 수도 엄청날 거예요. 지금 한국화교들 2만 명밖에 안 남았다고 하는데…… 물론 중간에 미국이나 캐나다, 대만 같은 데로 간 사람이 많아서도 그랬겠지만, 귀화하는 사람도 실제로 많았어. 그게 다 기록에 안 잡히는 거야.

● 실제로 중국인 피를 가지고 태어난 사람들을 따지면, 우리가 흔히 기록에 나와 있는 수보다도 훨씬 많다는 말씀이시죠?
훨씬 많을 거예요. 아마 그 몇 배는 될 거야. 그 사람들도 다 화교인 셈이지.

● 그렇죠. 넓게 보면, 화교든 화인(華人)이든 다 화교인 셈이지.
또 이게 정확하지는 않지만, 화교들 중에 고아들도 많아요. 옛날엔 한 집안에 자식들 보통 일곱 명, 여덟 명 낳으면 그거 어떻게 다 키워요? 가난한 살림에. 그러니까 못 키우면 남 다 줘버렸어요. 한국 사람한테 주는 거야. 못 키우는데 어떻게 할 거야, 그걸? 또 이혼하면 그 자식들 다 한국사람 되는 거야. 그렇잖아요, 그게? 예를 들어, 화교 남자인데 한국 마누라하고 결혼해서 애를 여섯, 일곱 낳았다고 해. 화교 남자 죽었어. 그럼, 그 여자가 화교 할 거냐고? 다 엄마 따라서 그 자식들 한국사람 되는 거지. 재혼이

라도 해봐, 한국 남자하고. 그건 더 심하지. 그래서 이건 뭐 정확한 통계는 없는 거지만, 한국화교를 뭐 2만 3천인가 된다고 하는데 이 것저것 다 따지면 20만은 될 거야. 물론 이건 내 개인적인 생각이지만……. 한국화교 역사 120년 넘었어요.

● 독거노인들도 많잖아요?

그렇지. 옛날엔 천주교 성당 지하실에 화교양로원까지 있었어요. 이건 좀 딴 얘기지만……. 몇 년 전에 미국에서 어떤 노인네가 여기 학교에 온 적 있었어요. 중국말 하는 노인네야. 대충 들어보니까, 그 노인네도 여기 학교 출신이야. 이제 나이 먹고 죽을 날 받아 놓으니까 자기가 태어난 곳이라고 온 거야. 지금은 아무 연고도 없지만. 왜 왔겠어? 여기가 고향이니까 온 거야. 이런 부분들도 있고……. 또 얘기 들어보면, 여기서 땅 빼앗기고 사기당하고 해서 대만 들어갔다가 다시 홍콩 통해서 자기 원래 고향, 그러니까 중국대륙으로 간 사람도 많아요. 왜냐하면, 다들 이산가족이니까. 대만 가도 거기가 무슨 고향이야? 사람이란 게 어쩔 수 없는가 봐. 이거 다 중한수교 되기 전에 일들이야. 그때 당시만 해도 중국 들어갈 때, 돈 많이 필요 없었어요. 돈은 조금만 있어도 거기 가면 부자 소리 들었어요. 그런 얘기도 많이 들었어. 사실, 우리 집안, 우리 아버지 같은 경우는 돈 없어서 그렇게 못 한 거예요.

● 아무튼 과거에 화교에 대한 여러 가지 제약이 있었고……. 또 그런 일들이 많았기 때문에 화교들 입장에서는 자연히 한국사람들 보면 경계하고 그런 마음도 많았겠어요? 또 옛날에 화폐개혁 때문에 화교들이 손해를 많이 봤다고 하던데?

아니, 그 왜 화폐개혁 할 때 있잖아? 화폐개혁은 이승만 대통령 끝나고 박정희가 대통령 막 되었을 때인데……. 돈 바꿀 때 있잖아요? 그때 당시 현금을 제일 많이 가지고 있는 사람들이 바로 화교들이었어요. 그 사람들, 그 돈 은행에 안 맡기고 집안 항아리나 땅 속에 묻어 놓은 사람도 많았어요. 그때 화폐개혁을 어떻게 했냐 하면, 돈 바꿀 수 있는 한도를 정해. 예를 들어, 1인당 2천만 원이라고 해 봐. 그럼 그 이상 가지고 있는 사람은 돈 다 종이 되는 거야. 그럼, 나머지 돈은 어떻게 해? 다 휴지야. 그렇다고 자기 돈을 남한테 나누어줄 수도 없는 거잖아? 그래서 죄다 망한 거야. 아니면, 한국 떠나는 거지. 그때 얘기 들어보면, 밀항 있잖아, 밀항! 생선배 타고 무역하던 사람들, 다 몰래 중국 들어갔어. 아무튼 하루 아침에 거지 된 거지, 거지.

● 그때 그런 얘기도 있었던 것 같아요. 화폐개혁을 한 이유가, 화교들은 돈을 은행에 맡기지 않고 다 집에 가지고 있다. 그러니까 화교들의 돈을 끌어들이기 위해 화폐개혁을 하는 이유도 있다고…….

맞아요. 그 화폐개혁 때문에 화교들 많이 떠난 거요. 다 빠져나갔어요. 나도 그거 기억나는데, 천 원짜리는 백 원으로 바꾸어주고, 백 원짜리는 십 원으로 바꿔주고, 십 원짜리는 일 원으로 바꿔줬어. 나도 좀 기억나는 것 같아. 내가 알기로는, 화폐개혁은 바로 화교 돈을 노리고 한 걸 거야. 왜냐하면, 그때 중국사람들이 한국 경제를 너무 휘어잡았어. 나라는, 정부는 돈이 없는데 화교들은 돈이 많았어. 특히, 중국 무역상들.

● 사실, 박정희 시절에 제일 심했지만, 그 이전에도 화교에 대한 핍박은 많았어요, 그렇죠?

옛날에 만보산사건 있잖아? 아마 그때 우리 외할아버지도 그 일 겪었을 거예요. 일정시대잖아? 지금이야 편하게 얘기하지만, 그때 정말 많이 죽었어요, 화교들.

● 그때는 인천뿐만이 아니라 뭐 전국적으로 화교들 피해가 엄청났죠.

많이 죽었어요. 내가 노인들한테 들어보니까, 그때 이 차이나타운에서도 화교들이 자위(自衛)를 하기 위해서 집집마다 무기도 갖추고 그랬대요. 화교들끼리 무기 들고 보초도 서고. 그거 다 일본 새끼들이 조작한 거잖아? 다행히 짧은 시간에 끝나서 그래도……. 그거야 뭐 다 옛날 역사지. 지금은 그래도 많이 좋아졌어. 그래서 난 이렇게 생각해요. 차라리 한국에서 살 사람 같으면 아예 귀화하는 게 낫다고. 화교들 벌써 여기서 몇 대째 살았잖아? 이젠 그렇게 해도 난 반대 안 해요. 아니, 찬성해요. 한국사람 되어서 자연스럽게 사는 거야, 그게 좋아. 사실, 화교들 중국에 가도 한국사람 대접받아요. 아무리 자기가 중국사람이라고 해도 안 들어줘. 대만 가면 더 심해. 대만 여권으로 태국, 필리핀, 인도네시아 같은 외국에 가면 어떤지 알아? 다 난민 신분이야.

● 그래서 이런 말도 있잖아요? 한국화교들이 대만에 가면 한국사람 취급받고, 중국에 가면 대만사람 취급받고, 한국에 그대로 있으면 중국사람 취급받고…….

난 이제 국적 관념 같은 거 없어요. 사실, 우리 만평이도 한국 신랑 만나면, 자연스럽게 한국사람 다 되는 거고. 우리 손녀딸 아연이도 이제 다 한국 애야. 순리대로 가야지. 괜히 국적 같은 거 따지면서 시간낭비 할 것 없어. 난 그렇게 생각해요. 사실, 며칠 있으면 우리 아들, 손녀딸 안고 일본 한번 가야 하는데, 우리 아들은 비자 받아야 해요. 한국사람은 노비자잖아? 그래 가지고 우리 만승이가 서울의 일본대사관 가서 자기 비자 받으면서 자기 딸내미 애기하니까, 우리 손녀딸도 화교 패스포트라서 이것저것 서류 다 가져와야 한다고 하더래. 그래서 제일 쉬운 방법이 뭐냐니까, 한국 패스포트면 다 필요 없다는 거야. 그래가지고 우리 손녀딸, 한국 패스포드 신청하니까 바로 나온대. 그러니까 지금 우리 손녀딸은 패스포드 두 개 가지고 있는 거야. 대만 것, 한국 것. 어제 우리 큰 여동생 와서 하는 말이, 서울에 있는 어떤 화교는 패스포트가 세 개라는 거야. 한국 것, 대만 것, 중국 것. 그래서 중국 갈 때는 중국 패스포트 내밀고, 대만 갈 때는 대만 패스포트 내고, 제3국 갈 때는 한국 패스포트 내고. 이건 도대체 그 사람 어느 나라 사람인 거야? 하하! 사람들이 우리 보고 화교, 화교 그러는데 사실, 진짜 화교는 이제 신화교야. 우리는 그들한테 밀리게 되어 있어. 이제 화교란 자리를 그 중국사람들이 와서 메워주는 거지. 이제 옛날 화교들은 한국사람 다 된 거예요.

화교사회의 젖줄은 학교야

● 말씀 나오신 김에, 화교 학교 얘기도 좀 말씀해주세요. 원래 이거는 학
교 교장선생님이나 학교 이사장님한테 여쭈어야 하는 거지만, 지금 여
기에 안 계시니까 사장님 생각하시는 바를 간단히 말씀해주세요. 먼저
학교 이사회에 대해서. 일단 학교가 어떻게 운영이 되는지, 학비는 어떻
게 책정해야 되는지 하는 것들을 이사회가 결정할 테니까. 전 원래 학
교 이사회하고 화교협회 이사회하고 같은 줄 알았어요. 그런데 다르죠?
달라요. 학교 이사회는 옛날엔 자장훼이(家長會)라고 했는데 지금
은 동스훼이(董事會), 이사회라고 해요.

● 그러니까 별도로 구성되어 있는 거죠? 화교협회 이사회하고. 그렇지
만 거기에 참여하는 이사 분들은 많이 겹치죠?

사실 학교에 대해서는 저도 백 프로 다 아는 건 아니에요. 화교협
회 회장단들 거의 다 학교 이사회에 들어가 있어요. 화교협회 이
사진하고 학교 이사회하고 다 그 사람들이 그 사람들이에요. 그러
니까 학교 운영은 화교협회하고 떨어질 수 없는 거요. 화교협회
입김도 만만치 않고. 저도 학교 이사요. 그런데 학교 이사회는 회
의를 1년에 한 번 할까 말까 해요. 평소 술자리에서 다 해버리니
까. 좀 소극적이야.

● 이사회에선 주로 어떤 것들을 결정해요?

학비 같은 거. 옛날에 유치원 학비 올릴 때, 한 번 부르더라고, 회
의에.

● 그건 굉장히 중요한 거잖아요? 학비 올리고 또 학교 운영을 하고 또
뭐 건물이 어디가 파손이 됐다 이럴 때 이제 이사회가 회의를 하게 되
는 거죠?

그렇지. 큰돈 들어갈 때. 근데 사실 솔직히 말해서 이사진들 좀 적
극적으로 안 해. 원래 중국인들, 화교들 있잖아? 남들한테 싫은 소
리 안 해. 미안해서 얘기 못 해. 괜히 나섰다간, "또 싫은 소리 한
다" 이런 소리 들을까 봐. 여태까지 관례예요. 그러니까 교장선생
님이 이번에 학비 얼마로 올려야 한다, 또 유치원은 어떤 식으로
리모델링해야겠다, 하면 간단하게 관계자가 나와서 보고하고……
뭐, 그런 식으로 해요.

● 그럼, 실질적으로 학교 운영은 교장선생님께서 주도적으로 나서서 하시는 거군요? 그런데 학교는 자녀들 교육을 하는 곳이니까, 자녀들 둔 화교 분들은 학교에 관심을 안 가지려야 안 가질 수 없을 것 같은데?

솔직히 반성하면, 나도 이사 하면서 그동안 별 관심이 없었어요, 학교에. 사실, 우리 애들, 다 대학 들어갔으니까. 더 이상 이 학교 안 다니니까. 관심이 자연스레 없어졌어요. 근데 요즘은 좀 생각이 달라요. 다시 관심을 갖게 되더라고. 왜냐하면, 우리 손녀딸 있잖아? 근데 학교가 너무 약해. 이 학교는 소학교, 중학교, 고등학교 다 너무 약해. 그렇지만 만일 우리 손녀딸이 이 학교 안 다니면 한편으로 좀 아쉬운 것도 있어요. 그건 뭐냐 하면, 우리 손녀딸도 중국말 좀 알아야 하잖아? 엄마가 한국사람이니까 중국말은 학교 가야 배울 수 있을 거 아냐? 고민이야. 앞으로 어떻게 될 줄 알아? 나중에 한국 대학교 보내야 할지, 중국 대학교 보내야 할지……. 그래서 우리 아들한테 이번에 송도신도시에 아파트 사준 것도 국제학교 보내려고. 거기 국제학교 있잖아? 그런데 걱정은 거기 가도 영어는 어떻게 잘할지는 모르지만, 중국말은 어떻게 해? 걱정이야. 학비가 싸고 비싸고 하는 문제를 떠나서 애들 부모 입장에서는 제대로 교육시키려고 할 거 아니요? 참 고민스럽더라고. 난 어떻게든 중국말은 배웠으면 좋겠어. 난 우리 손녀딸 국적은 상관없어. 한국 국적이면 어떻고, 중국 국적이면 어때? 근데 지금 외국인학교 보내자니, 애가 언제 중국말 배우느냐 이거야. 중국말도 자연스럽게 배운 것하고, 학교에서 배운 것 하고 차이 있어. 물론 다 내 아들 부부가 알아서 하겠지만……. 사실, 우리 아연이 대학 들어갈 때, 내가 살아있을지 죽었을지 모르는 거니까, 이게 다 쓸데없는 고민일지 모르겠지만.

● 제가 생각할 때, 화교 학교 다니는 학생들의 부모들은 지금 다들 젊잖
아요? 주로 3, 40대일 텐데. 그래서 학교에 대한 요구가 많지 않겠어
요? 가령, 학교에서 간체자를 가르쳐야 된다든지, 교과서를 개편해야
된다든지, 그런 요구들도 있을 것 같은데?

간체자 그거…… 한번은 내가 이사회에 가서 간체자 교육, 중국식
교육 받아들여야 된다, 그렇지 않으면 후대 자녀들이 나중에 중국
대학교 들어가려면 다시 글자 배워야 된다, 그 얘기 했다가 아주
그냥 낙동강 오리알 될 뻔했어.

● 학교 측에서 받아들이지 않는 건가요?

학교도 사정 있겠지만…… 그게 참 어려운 거요.

● 이 학교 학생 부모 중엔 한국인들도 있을 거 아니에요?

그렇지. 한 4, 50%는 부모가 다 한국사람이에요. 아니, 화교 애들
만 해도 엄마만 따지면 거의 8, 90%쯤 한국사람이야. 애들 교육시

키는 건 엄마가 역할이 제일 크거든요. 아빠야 먹고살기 바쁘니까, 직장 다니고 자기 사업 하기도 바쁘니까…… 여기 학생의 거의 절반은 다 한국 학생이야. 왜? 중국말 배우려고. 그 장점 있으니까 여기 보내는 거야. 학비도 싸지 않아. 그래도 보내. 중국말 배우려고. 오히려 화교들 중에 돈 없는 사람은 한국 초등학교 집어넣어. 중국말이고 뭐고 일단은 돈이 안 드니까. 근데 사실, 한국 부모들 간체자가 뭐고 번체자가 뭔지 알아? 몰라. 그래서 내가 그 얘기 한마디 했다가 아주 이상한 사람 된 거요. 솔직히, 학부모도 인천하고 서울하고 수준이 좀 다른 것 같아. 서울하고 인천하고 거리는 한 시간밖에 안 되지만 그렇게 차이 많아요. 지금 화교 학교 한국 학생들 없으면 운영이 힘들어요. 한국 학생이 절반이야. 유치원은 더 해. 60%가 한국 애들이야. 거기 들어가려고 밤새 줄을 서요. 그것도 뒷배가 있어야 해. 나도 가끔 빽 써주고 했는데. 중국말 한 가지 배운다, 그거 때문에. 반대로 고등학교에는 애들 없어. 옛날 내가 학교 다닐 때는 갑반, 을반, 병반까지 있었는데. 그것 가지고도 모자랐어.

(손만평) 전에 교장선생님이 하시는 말씀을 들었는데, 요즘 한국 어머니들이 많잖아요? 아이 교육에 굉장히 열성이에요. 근데 아까 아빠 말씀대로 학교 커리큘럼에 대해서는 잘 몰라요. 교과과정을 이렇게 해도 되는지, 과연 이 교육이 맞는 건지, 한국 엄마들은 잘 몰라요. 대신에 학교 환경 개선에 대해서는 많은 의견이 나온대요. 또 교장선생님 말씀으로는, 화교 부모들보다 한국 부모들이 교육에 대해서는 훨씬 더 열성이래요. 그게 왜냐하면, 화교 부모들은 대개 다 같이 일해요. 다들 바쁘잖아요? 그래서 애들한테는 신경을 별로 못 쓰는 거예요. 그냥 학교에 맡겨 버리는 거죠. 맡기면 알아서 해주겠지. 맞았으면 맞았나 보다. 맞을 이유가 있었겠지. 근데 한국 학부모들은 난리 나거든요. 교장선생님 말씀이 화교 부

모님들은 거의 의견을 내지 않는대요. 사실, 저 학교 다닐 때도 그랬어요. 별 의견이 없어요. 학교가 이렇게 되는지 저렇게 되는지 관심도 별로 없고. 그래도 요즘 한국 엄마들이 많이 있으니까, 환경 쪽이나마 많이 개선되었다고.

언젠가 이사회 미팅할 때였는데, 한국 학부형들이 난방이 어떻다, 정수기가 어떻다, 다 제시하더라고. 화장실 위생문제, 청결문제, 난방문제……. 그러니까 학교에서도 신경 써야죠. 요즘은 학교도 시대가 바뀌었어. 그런데 교장선생님도 신경 많이 쓰고 계시지만, 학교도 화교협회하고 비슷해요. 선생님들 월급 많이 못 주고……. 그리고 지금 화교 애들 중에는 엄마가 한국사람인 경우가 많아요. 그러니까 학교에서 중국말 배워야 해요. 중국말이라도 가르치려면 이 학교 집어넣어야 해요. 대만이나 중국에 대학 가서 졸업도 못 하고 돌아온 애들 많아요. 그나마 쉬운 게 한국 대학교 가는 거요. 외국인특혜 있잖아요? 근데 그것도 들어갔다가 그냥 나오는 학생들 많아요. 적응이 힘들어요. 영어도 약하고 모든 면이 약해요. 대학 다니다가 외국 가서 영어 배우고 돌아오는 애들도 있는데, 그래도 웬만해선 한국 애들 따라가기가 벅차요. 그냥 대학 문만 들어갔다고 도로 나온 애들 많아요. 그게 갈수록 심해진다니까?

● 그게 교육과정 때문에 그런 면이 있을 거예요.
지금도 대만에서 교과서 지원받아서 가르치는데, 다 옛날 거요. 지금은 대만에서 그거 안 가르쳐. 그러니까 수준이 약한 거죠. 대만에 갔다가 돌아온 애들도 많아요, 졸업도 못 하고. 피나는 노력을 해야 겨우 따라가요.

● 학교 운영하는 데 드는 비용은 어떻게 조달해요? 지금도 대만대표부에서 재정적으로 지원을 해주나요?

비용은 다 학비야. 대만대표부는 학교에 뭘 지원해주냐면, 교과서야. 그것도 대만에서 지금은 안 쓰는 것, 몇 년 지난 것.

● 학교 운영은 전적으로 학비로 충당한다?
그렇죠.

● 교과서는 예전부터 대만에서 제공한 것이고……. 제가 알기로는, 초창기엔 대만에서 교사들도 직접 오시고 했다는데?
그랬지. 근데 지금은 안 와. 이거 사실 우리끼리 얘기지만, 학교도 중국식 교육 받아들여야 해. 아까 말했지만, 옛날에 학교 이사회에 가서 내가 그랬잖아요? 간체자 받아들여야 한다고. 그 말 해가지고 내가 아주 공산당으로 몰렸어. 내가 그랬어요. 나도 이 학교 다녔고 내 자식들도 다 이 학교 졸업했고, 또 앞으로도 내 손자 녀석들 다 여기 다녀야 한다. 그러니 바뀌어야 한다고, 교육도. 아니, 지금도 인천시에서는 뭘 한자로 쓰면 다 간체자로 쓴다. 물론 번체자도 배워야 하지만, 애들 교육을 위해서는 간체자 받아들여야 한다. 교과서도 대만 교과서 중요하지만 중국 교과서도 같이 배워야 하는 거 아니냐고. 여기 고등학교 나오면 나중에 간체자는 다시 배워야 해. 만약 중국대륙으로 애들 유학 가면 그 젊은 애들 글자 다시 배워야 해. 한국 대학에서도 간체자 쓰잖아요, 맞죠?

● 그렇죠. 중국어 배울 땐 다 간체자로 배우지.

중국 교육부에서 중국대사관 통해 선생들 영입해야 하고……. 뭐,
그런 말 했더니 다 뒤집어졌어. 그래서 그건 당장 힘들 것 같아.
문제 있으면 고쳐야 해요. 물론 학교 선생님들이 다 알아서 하시
겠지만……. 중국대사관에서 공문 하나 오잖아? 그러면 몰라. 여기
고등학교 나온 애들은 못 알아봐. 이건 중국, 대만의 문제가 아니
야. 자식 교육을 위해선 받아들여야 한다는 거야. 사실, 나도 학교
얘기하면 할 얘기 많아요.

● 만평, 현재 여기 계신 선생님들 총 몇 분이야?

(손만평) 어……. 일단 학년별로 담임선생님 한 분씩 계시고…….
그러니까 중고등학교까지 다 하면 총 20여 명 될걸요?

● 다들 연세들은 높으신가?

(손만평) 대부분 나이 많으시고, 30대 초반의 젊은 선생님도 계세
요. 제가 알기로는, 제 선배 중에 어느 분도 지금 선생님으로 임용
되셨다고 들었어요.

● 선생님들은 모두 대만에서 공부하시고 오신 분들인가?

(손만평) 대부분은 그렇지만……. 전에는 대만에서 교사로 초빙되
어 오신 분도 계셨어요. 제가 다닐 때는 없었지만. 제가 중고등학
교 다닐 때쯤엔 고등학교에 중국대륙에서 수학선생님을 모시고 온
적도 있었어요. 그런데 고등학교 언니, 오빠들이 그 선생님을 막
놀리고 그랬어요. 대륙에서 오신 선생님이시잖아요? 그 선생님, 여
자 분이시고, 체구도 작은 분이셨는데……. 한 1, 2년 가르치셨나?
그 중간에도 간혹 대륙 선생님들이 계시긴 했는데……. 한번은 이
런 일이 있었어요. 보통 선생님들은 그냥 "연습장 꺼내라" 하는데
그 선생님은 "차오즈(草紙) 꺼내세요" 그래요. 그럼, 우리는 차오즈

가 무슨 말인지 모르는 거예요. 그래서 선배 언니, 오빠들이 막 놀리고 그랬어요. 대륙에서 오신 선생님들은 대개는 짧게 가르치시던 젊은 선생님들이었어요. 대신 여기 남아 계신 선생님들은 평균 10년, 20년 길게는 30년까지 계시는 그런 선생님들이 많아요.

● 한국어 수업은 어떻게 하나? 일주일에 한국어 수업은 몇 시간 정도야?

(손만평) 일주일에 한 두세 번 있을까? 제가 알기로는, 교과서도 옛날부터 아주 오래된 거. 얇은 책이었는데 거기에다 띄어쓰기 연습하고……. 심지어 저희 때는 국민교육헌장도 외웠어요. 웃기죠? 그거 한국에서도 70년대 학생들만 했던 거 아니에요? 또 한국어 가르쳤던 선생님 한 분은 화교신데, 연세대학에서 한국어 전공하시고 어떻게 우리 학교에서 한글 가르치셨는데……. 사실, 뭐 한글이라고 하기에도 좀 그런. 이상의 「날개」 같은 한국문학작품 몇 개 뽑아서 가르치고, 주로 띄어쓰기 가르쳤어요. 정말 생기초. 물론, 우리가 한국 대학 갈 때는 그나마도 좀 도움이 되기는 했지만…….

● 그런데 들리는 소리로는, 화교 학생들 가운데에서도 중국어를 잘 못하는 학생들도 있다고 하던데?

(손만평) 좀이 아니라 아주 많아요. 학교에선 어느 정도냐 하면, 교실마다 '我愛說中文'이란 표어를 붙여 놓아요. 그게 다 애들이 학교에서까지도 중국말 하지 않고 주로 한국말 하니까 그런 거예요. 사실, 예전까지만 해도 그렇지 않았는데 지금은 점점 갈수록 심해지는 것 같아요. 제가 학교 다닐 때, 아주 개혁적인 선생님이 한 분 계셨어요. 학교 시설이나 교육 면에서 아주 개혁적인 면을 추구하셨던 분이세요. 지금은 그만두셨는데. 그 선생님은 자기 개인 돈까지 들여가면서, 학교 복도에 좋은 말귀 같은 것 붙여 놓고, 되게 활발하게 학교를 이끄셨는데…….

● 그러면 중국어를 잘하지 못하는 화교 학생들 같은 경우에는, 집에서도
중국어를 잘 안 쓴다는 말이네?

문제가 있어요. 아빠가 화교라도 엄마는 대개 한국사람이잖아요?
그럼, 중국말 쓸 기회가 없는 거지. 다 한국말 쓰고. 그나마 학교
에서 몇 시간 배우는 건데, 그것마저도 기초가 없어요, 기초가. 그
러니까 중국말 해도 유창하게 못하고 덤벙덤벙하지.

(손만평) 근데 재미있는 건, 누가 중국말 하면 알아듣는 건 다 알
아들어요. 말할 기회가 없어서 그렇지. 근데 설사 중국어를 한다
고 해도 대만이나 중국의 표준어가 아니라 완전히 한국말하고 중
국말이 뒤섞인 그런 말 있잖아요? 거기다가 억양이나 성조는 산둥
방언식이고. 그러니까 얼마나 웃겨요? 중국어도 아니고, 한국말도
아니고, 산둥말도 아니고……. 물론, 학교에서는 대만식 중국어를
하길 원하죠. 근데 선생님이나 학생들 다 산둥화교들인데, 굳이
'내가 대만 표준어로 해야 하나?' 뭐, 이런 생각들이 있는 것 같아
요, 제 느낌엔. 그러니까, 선생님이나 학생들 다 대만식으로 하면
뭔가 낯간지러움 같은 게 있어요. 저도 지금 고3 때 선생님이랑
아주 친한데, 만나면 중국말 같지도 않고 되게 어중간한 그런 식
의 중국어를 써요. 물론 학교 수업시간엔 국어로 가르치지만…….

그러니까 어렸을 때부터 자기가 중국말 할 줄 아는 사람 밑에서
크는 거하고, 전혀 중국말 안 하고 학교에서만 중국말 배우는 것
하고는 차이가 많은 거예요. 만평이는 할머니가 키우다시피 했으
니까 중국말로만 대화하잖아요? 그러니까 중국말 할 줄 알지. 만
약에 자기 엄마가 키웠어 봐. 중국어 못했을 거야. 그런 차이가 있
어요.

(손만평) 근데 그게 그럴 수밖에 없는 게……. 어디를 가나 본토에

있지 않은 학생들은 접하는 매체가 사실 외국어인 셈이잖아요?
TV나 모든 게……. 우리 같은 경우는 한국말이지만 그게 사실 외
국어나 다름없어요. 그렇기 때문에 여기 한국에서 중국어를 굳건
히 지킬 수 있는 방법이 사실 없는 거예요. 사실 그렇게 하기도 힘
들고, 강요할 수도 없는 거고.

● 그렇지. 그게 쉽지 않지. 미국에 사는 한국인 같은 경우에도 그 자녀들
중엔 한국말 못하는 사람 많잖아?
(손만평) 네. 그런 식이죠. 그래도 알아듣긴 다 알아들어요, 애들
은. 단지 말을 잘 못할 뿐이지.

● 그럼, 학교에 가도 학생들끼리 쓰는 말은 한국말이 훨씬 많겠네?
(이선애, 중국동포) 중국은 경우가 좀 달라요. 중국에서도 조선족
들 학교 가잖아요? 그럼, 학교에서 조선말, 한국말 해요. 왜냐하면
조선말 가르치는 조선학교이니까. 근데 딱 집에 가면 전부 중국말
해요. 엄마부터 아빠까지 다 중국말하고. 학교 가면, 선생님이 한
국말로 수업하는데, 발음도 좀 어눌하고 북한식 말투로……. 저희
오빠네 애도 지금 일곱 살인가, 여덟 살인데, 집에 오면 그냥 중국
말만 한다니까요? 학교는 조선학교 다니는데.

그게 다른 게 아니라 똑같은 거예요. 조선족하고 화교는 입장이
똑같아. 그런 거 있어요. 솔직히 말해서, 제가 여기 소학교 다닐
때만 해도 우리도 한국어 시간 있었어요. 그때도 뭐 일주일에 한
두 시간 했을 거예요. 그래도 그거 무시할 수 없는 거예요. 우린
한국 글자 거기서 다 마스터했어요. 기본적인 받침 같은 거. 그게
효과가 상당히 있어요. 정식으로 배운다는 게 무시 못 하는 거
예요.

● 사실, 제가 대학 들어갔을 때에도 우리 중문과에 화교가 여섯 명인
가 있었어요. 근데 그중에서 한 명은 중국어를 전혀 못 하는 거야.
우린 화교니까 당연히 중국어 잘할 줄 알잖아? 근데 중국어 한마디
못 하니까 오히려 중국어 수업시간에 주눅이 들어 있더라고. 그게
그 애한테는 외려 공포의 시간인 거지. 근데 나머지 다른 애들도 중
국어, 한국어를 말로는 유창하게 구사하지만, 쓰는 건 그렇게 유려
하지가 않아.
(손만평) 제 남동생도 5학년까지 '어린이'란 글자도 한글로 못 썼
어요. 내가 얼마나 황당했던지……. 내가 그랬어요. 넌 '어린이'도
못 쓰냐고. 자긴 모른데요. 이거 정말 문제가 되는 거죠. 초등학교
5학년인데 '어린이'도 못 쓸 정도면, 학교 한글교육이 형편없다는
말이잖아요? 근데 그렇다고 만승이가 중국어를 되게 잘하느냐? 그
렇지도 않아요. 한국어도 어중간해요. 한마디로 죽도 밥도 아
닌…….

● 난 한편으론 그게 어느 정도는 이해가 되는 면도 있어. 그게 이중 언
어를 구사해야만 되는 전 세계 이주민들의 고민이지. 그건 그렇
고……. 학교의 학비는 어때요? 한국 정부에서 정식으로 인가된 학교
가 아니니까, 지원을 받을 리는 만무할 테고 또 그렇다고 지금은 대만
대표부에서 지원을 해주는 것도 아닐 텐데…….
(손만평) 학비는 갈수록 자꾸 오르는 것 같아요. 여기 학비 비싸
요, 비싸. 5, 60만 원 할 거예요.

아니야, 더 해. 지금은 7, 80이야.

(손만평) 맞아요. 그건 제가 학교 다녔을 때니까. 아마, 지금은 더
올랐을 거예요. 제가 고3 마지막 학기였을 땐가? 그때 100만 원 정
도 했던 것 같아요. 다른 학교보다 더 비쌌어요.

● 매달 그렇게 들어가는 건 아니지?
(손만평) 한 학기에 두 번씩이니까 분기별로 그런 거죠. 그래도 비싸요.

● 그럼, 한 학기에 백만 원 정도?
백만 원 더 되죠. 한국은 초등학교, 중학교 의무교육이잖아? 9년 학비 없는 거잖아? 그런데 여기는 사립학교요. 그러니까 학비 부담이 상당한 거지.

● 그럼, 화교들 중에도 가난한 사람은 화교 학교 못 보내겠네요?
못 보내면 한국 학교 가는 거지. 화교 학교 아무나 못 가요. 한국 학교 가면 한국사람 되는 거야. 중국말 한마디 못 하고. 여기 학생 수가 다 합치면 한 500명 정도 되는데…….

(손만평) 500명도 안 될걸?

왜, 유치원까지 합치면 그렇게 돼. 근데 한국 애들이 절반을 차지해. 그래서 과외공부가 필수적이야. 한국 애들, 중국말이 유창하지 않기 때문에 과외공부 해야 돼.

(손만평) 저 때만 해도 학원 다니는 애들 별로 없었어요. 수학 학원 다니는 애 1명 정도인가? 근데 지금은 한국 애들이 한 반에 반을 차지하기 때문에 과외 다니고 학원 몇 군데씩 다니고 하는 애들이 대부분이에요. 지금은 중국어가 대세라고 하잖아요? 그래서 한국 학생들 같은 경우에는 초등학교만 여기서 다니고 나중에 중고등학교 들어갈 땐 다시 한국 학교로 전학 가는 경우가 많아요. 전 그렇게 들었어요.

● 그럼, 한국 학생하고 화교 학생하고 학비는 똑같은가요?
  네, 그건 똑같아요. 아무튼 교육청에서 그 문제 잘 해결해주어야 할 텐데.

● 사장님은 현재도 학교 이사이시죠?
  네.

● 아무튼 저도 이게 시 정부나 교육청에서 나서서 어떻게든 해결이 잘 되었으면 좋겠어요. 제가 생각할 때는, 지금 화교사회가 유지되고 있는 게 다 화교 학교가 그 중심에 있기 때문이라고 생각하거든요.
  박사님 말이 딱 맞아요. 화교 학교는 화교사회의 중심이에요. 학교 없었으면 화교사회 진작 없어졌을 거예요.

대한민국국민 누구나?
난 아니에요

[손덕준의 장녀 손만홍(孫萬虹)] (1)

● 지금 미국에서 공부하고 있죠? 한국에는 자주 나와요?
  일 년에 두 번 정도 나와요.

● 그래도 자주 나오는 편이네요?
  안 오면 엄마, 아빠가 안 나온다고 난리예요.

● 미국 생활은 어때요? 생활하기 편해요?

저는 편한 것 같아요. 제가 지금 있는 곳이 조지아 주에 있는 사바나(Savannah)라고 하는 곳인데 바닷가예요. 너무 한적하고 그래서 좋아요.

● 처음엔 뉴욕에도 있었죠?

처음 일 년은 뉴욕에 있었어요. 거기에서 포트폴리오 만들었어요. 제가 전공을 바꾸는 바람에 포트폴리오는 새로 만들어야 했어요. 제가 그림을 그려 둔 게 없어서.

● 뉴욕에서의 생활은?

힘들었어요. 전에 놀러 갔을 때는 그냥 좋기만 했는데, 막상 생활하려니까 전혀 딴판인 거예요. 놀러 갔을 때는 눈에 보이는 것도 많고 먹고 싶은 것도 많고 하고 싶은 것도 많았는데, 막상 거기 살다 보니까 그렇게 즐겁지도 않고 심신도 지치고 너무 힘들었어요. 엠파이어스테이트빌딩을 봐도 특별한 감각도 없고 도시생활이라서 더 그런 것 같아요. 근데 지금 있는 곳은 컨트리사이드(countryside)라서 그런지 훨씬 편한 것 같아요.

● 그래도 미국은 모든 면에서 여기보다 나을 듯도 싶은데?

근데 오히려 필요한 물건 같은 건 한국이 더 많은 것 같아요. 옛날엔 미국 가면 이거 사 와라, 저거 사 와라 하잖아요? 근데 지금은 한국에 다 있어요. 먹고 싶은 거, 사고 싶은 거 한국엔 다 있어요.

● 지금 다니는 대학 이름이 뭐예요?

SCAD. Savannah College of Art and Design.

● 전공을 바꿨다고 했죠? 어떻게 바꾸게 된 거예요?

원래 한국에선 패션디자인을 전공했었는데, 지금은 순수미술 페인팅을 전공하고 있어요. 전공을 순수미술 쪽으로 바꿨다고 하니까, 사람들은 이해를 못 해요. 친구들도 이해가 안 된대요. 보통은 순수미술 하는 애들이 디자인 쪽으로 빠지잖아요? 근데 나 같은 경우는 그 반대니까.

● **미국에 갈 결심은 언제 했어요?**

제가 이대에서 졸업 작품 준비할 때인데, 작업할 공간이 학교 안에는 부족한 거예요. 그래서 친구들하고 홍대 쪽에 작업실을 하나 구했어요. 마음 맞는 친구 너덧 명이서. 작업실 한 달 쓰는 데 월세가 20만 원인가 했어요. 근데 졸작 준비하다 보니까 그걸 그냥 작품전만 하고 버리는 게 너무 아까운 거예요. 그래서 공모전에 한번 출품하자 싶었죠. 그때, 신진 디자인 공모전으로는 현대백화점 C concept도 있었고 동대문 같은 데에도 있었어요. 친구 다섯 명이 모여서 아이디어도 같이 내고 해서 출품을 했는데 우리가 대상을 받은 거예요. 상금도 오백만 원이나 되었어요. 우린 너무 좋았죠. '이게 시작이다' 싶었어요. 그래서 내친 김에 같이 사업을 시작하기로 하고 동대문에 매장을 냈어요. 공모전 상금으로 부스 하나를 얻은 거죠. 근데 세상은, 사회는 너무 다르더라고요. 다들 패션디자인만 전공했으니까 회계를 아는 애도 없고 마케팅도 모르고, 광고 쪽도 모르고…… 모르는 게 너무 많은 거예요.

● **동대문 어디예요?**

두타 건너편에 라모도라고 있어요. 지금은 망했어요. 그 바람에 우리도 완전 억울하게 쫓겨난 거죠. 저희 옷만 달랑 들고.

● **결국 망한 거네?**

우리 옷이 이상해서 망한 게 아니라 그 건물이 망해서 그렇게 된

거예요. 너무 운이 안 좋았던 거예요. 옷은 다 만들어 놓았는데 막
상 팔 데가 없는 거 있죠? 워낙이 그 건물이 장사가 안 되었으니
까. 유동인구가 거의 없었어요. 근데 학교에 있는 후배가 "저희가
이번에 축제 하는데 그 옷 파실래요?" 그렇게 제의를 하는 거예요.
그래서 "어, 고맙다." 그래가지고 다 들고 학교에 가서 팔았어요.
그러니까 결과적으로 우리 옷은 괜찮았던 거예요. 단지 팔 수 있
는 기회가 없었을 뿐이지. 그런데다가 우리는 옷만 잘 만들면 된
다고 생각했어요. 우리는 패션디자이너이니까. 사업은 몰랐던 거
죠. 수선시장 가서 인테리어도 해야 되고, 공장가서 공장이랑 싸
워야 되고, 천 떼러 가야 되고…… 정말 저희가 상상하지 못했던
게 너무 많은 거예요. 결국은 이건 아니다, 큰일 나겠다 싶었던 거
죠. 그렇게 된 거예요.

● 그게 그럼 스물셋, 스물넷일 때?
네. 그렇게 1년을 꾸역꾸역하다가 나중에 누가 유학을 간다, 취직
을 한다 해서 한 명씩 빠지기 시작하다가 결국엔 다 깨지게 된 거
예요.

● 마음 맞던 친구들이 뿔뿔이 흩어진 거네?
C concept에서도 우리한테 매장을 준다고 했었는데…… 아무튼 다
들 패션디자인만 알았지, 다른 건 너무 몰라서…… 아마 다른 전
공들끼리 모였으면 잘했을 텐데. 그때 공부가 더 필요하다는 걸
알았어요.

● 매장 한다고 할 때, 아빠는 재정적으로 좀 뒷받침을 해주셨나? 아니,
하라고는 하셨어요?
아빠는 좋아하신 것 같은데 워낙이 적극적으로 표현을 하는 스타
일이 아니시니까. 엄마는 너무 좋아하셨어요. 엄마는 잘해봐라 했

어요. 처음 시작할 때 상금으로 탄 500만 원이 있었잖아요? 밑천
이 있었던 거죠. 그걸로 시작하면 된다 싶었죠. 거기에다 엄마가
100만 원 보태줬고. 근데 엄마는 알고 있었대요. 우리가 다 말아먹
을 거라는 걸. 그냥 땡 칠 거라고 생각했대요. 엄마는 돈 보태줄
때부터 이건 본전이면 다행이다 그렇게 생각했대요. 나중에 엄마
가 좋은 경험 했다고 생각하라고 그러시더라고요.

● 내가 볼 때, 성격도 활달하고 해서 그런 쪽으로 계속 나갔으면 잘 했을
것 같은데?
그게 좀……. 우린 뭘 해도 외국인이란 신분의 제약이 있어요. 제
가 원래 공모전 신청할 때도 제 이름으로 내고 싶었지만, 외국인
신분이기 때문에 안 돼요.

● 그래요? 아니, 공모전에도?
공모전 지원 자격에 ‘대한민국 국민이면 누구나’라고 되어 있어
요. 전 그 ‘누구나’에 해당이 안 되는 거예요. 오히려 그 딱 한 줄
이 제 발목을 잡는 거죠. 지원서 받는 사람이 그러는 거예요. 외국
인은 공모전 자격이 안 된다고. 그래서 제가 그랬어요. “난 상 안
받아도 된다. 그냥 지원해서 심사라도 받겠다.” 그래도 안 된대요.

● 그럼, 공모전에는 다른 사람 이름으로 냈어요?
네. 어떻게든 저 스스로 해보려고 했었는데……. 그 외국인이란 신
분 때문에…….

● 그래서 미국으로 간 거예요? 그럼, 처음 미국 갈 때는 패션디자인을
더 공부하려고 갔겠네?
그랬죠. 특히, 전 마케팅 관련해서 공부를 하려고 했어요. 그런데
막상 가니까 마케팅 프로그램이 없는 거예요. 제가 원하는 거 공

부하려면 유럽으로 가야 하는 거였어요. 그런데 저는 영어도 잘 못하는데 다른 외국어까지 공부해야 한다는 게 정말 상상이 안 되는 거예요. 제대로 공부하려고 했으면 벨기에로 갔어야 하는데, 벨기에는 벨기에 말이 있을 거 아니에요? 거기는 네덜란드어하고 불어를 사용한다고 하는데. 전 정말 엄두가 안 났어요. 너무 두렵더라고요, 유럽은. 그래서 일단 뉴욕으로 가겠다고 생각한 거죠. 그러던 찰나에, 제가 다니던 이화여자대학교하고 NYU(뉴욕대학)가 자매결연이 되어 있었는데, NYU에서 여름 계절학기 수업으로 Art in New York이라는 교환프로그램을 개설했어요. 수업은 미국에서 하고 학점은 이대에서 받을 수 있는 그런 수업이었어요. 거기에 제가 수업을 들을 수 있는 기회가 생긴 거예요. 거기서 Photography 수업을 들었어요. 그때 너무 좋았어요. 45일 동안 미국에 있었는데 그때 너무 인상이 좋았어요. 그땐 정말 친구들이랑 갤러리며 미술관이며 정신없이 돌아다녔어요. 학교에서 슬라이더로만 봤던 사진들이랑 현대미술 같은 걸 직접 다 내 눈으로 본 거예요. 슬라이더로 보면 잘 와 닿지 않거든요. 근데 실제로 보니까 진짜 '아트란 대체 뭘까?' 그런 원초적인 질문이 생각나더라고요.

● 내가 미술 쪽은 문외한이라서 자세히는 물을 수 없을 것 같고……. 순수미술 쪽으로 바꾸게 된 계기는 뭐예요?
그 다음에 또 계절학기로 Art in New York을 다시 들었어요. 그땐 정말 미국에 있는 현대미술하고 순수미술 다 본 것 같아요. 그때 서양미술 하시는 저희 교수님이 우리를 크리스토퍼라는 미국 교수님한테 데리고 가셨어요. landscape art 쪽에선 굉장히 유명하신 분이에요. 백남준 아시죠? 그분이랑 친구예요. 아주 유명한 아티스트예요. 그 크리스토퍼 교수님이 2주 동안 우리를 데리고 다니시며 다 보여줬어요. 정말 쉬지 않고, 아침 일찍부터 밤늦게까지. 그때 제가 그 교수님한테 전 이름이 누구누구고 화교라고 자기소개를 했어요. 그러니까 "어, 예전에 너 기사를 봤다. 네 이름이 기억난다. 그때 아주 인상이 깊었다." 그런 말씀을 하시는 거예요. 옛날 대학 때 제가 어떤 외국잡지하고 인터뷰를 한 적이 있었어요. 그 잡지 이름이 뭐였더라? 타임지 비슷한 거였는데…… 암튼 그때 아빠가 인터뷰하라고 해서 한 거였는데, 그 기사를 그 교수님이 본 거였어요.

● 어떤 내용의 인터뷰였어요?

화교에 대해서 물어보는 인터뷰였어요. 그걸 보신 거예요. 너무 인상이 깊었다고. 사실, 그때까지만 해도 전 패션디자인만 생각했지, 다른 분야의 미술은 거의 생각 안 하던 때였어요. 아트는 그냥 대단하다고만 생각했지 제 분야는 아니라고 생각했거든요. 근데 그 교수님 때문에 점점 관심을 갖기 시작했고…… 그런데 나중에 패션디자인 공부하러 뉴욕에 갔는데 막상 제가 공부하고 싶은 수업은 없는 거예요. 학교에 제가 원하는 프로그램이 별로 없었어요. 그래서 이렇게 있으면 더 이상 안 되겠다 싶었죠. '순수미술을 해야 되겠다. 지금 아니면 배울 기회가 없겠다.' 그래서 포트폴리오 만들면서 순수미술 쪽으로 바꿨어요.

● 그럼, 앞으로도 계속 순수미술 쪽으로 할 거예요?

전 그러고 싶어요. 근데 돈도 벌어야 하잖아요? 그래서 패션하고 순수미술, 두 가지 전공을 다 살릴 수 있는 그런 일을 하고 싶어요.

● 미국생활이 한국생활보다 편하다고 했잖아요?

저도 의외인데 사실 그랬어요.

● 그건 무엇보다 그곳에서 자기가 원하던 공부를 할 수 있었기 때문에
그랬을 것 같아요. 그러니까 생활하는 데에도 활력이 생기는 거지. 근
데 한국에는 부모님도 계시고 동생들도 있고, 또 여기가 고향이니까
가끔 향수병 같은 것도 있었을 텐데?
저한테도 homesick(향수병)가 있었어요. 처음엔 아주 심했어요. 거
기 사람들 얘기로는, 향수병은 3일, 3주, 3개월, 3년 단위로 주기적
으로 온다고 해요. 저도 초창기 때는 아주 심했어요.

● 객지에서 혼자 생활한다는 게 그리 녹록지는 않지.
전 대학교 1학년 2학기 때부터 집 나와서 살았어요. 왜냐하면, 지
하철로 인천에서 신촌까지 통학하는데 그게 장난이 아니에요. 특
히, 우리처럼 미술 쪽 전공하는 학생들은 항상 짐이 많아요. 지하
철에서 이리 치이고 저리 치이고⋯⋯. 그래서 '아, 진짜 이거는 아
니다!' 싶었죠.

● 혼자 독립하려는 핑계는 아니고?
아니에요. 진짜 그랬어요. 암튼 학교 근처에 여성전용 기숙사에
방 한 칸짜리 얻어서 들어갔어요.

● 아빠는 순순히 허락하셨어요?
내가 나가겠다고 선언하니까 아빠는 서운해 하셨죠. 나갈 때, 아
빠가 그랬어요. "네가 사는 곳은 네 집이 아니다. 집은 바로 여기
다." 그래서 우기다시피 해서 나왔어요. 그때부터 자취생활 하기
시작한 거예요.

● 아마 아빠는 제일 큰딸이고 하니까 여러 가지로 애틋하고 이런 게 있
었을 거야. 그래서 내보내고 싶지 않았을 것 같아. 그래도 집안의 장
녀이고 하니까 아빠도 은근히 기대감 같은 게 있었을 것 같은데?

글쎄…… 별로 기대는 안 했던 것 같아요, 제 느낌엔. 제가 특별히 공부를 잘한 것도 아니었고…….

● 꼭 공부가 아니래도 큰딸이니까…….
처음에 저희 아빠는 저보고 대학 안 가도 된다고 했어요. 굳이 가려면 중국에 있는 대학 가라고. 한국 대학은 가지 말라고. 제가 지금 생각해보면요. 제가 한국 남자 사귀어서 한국사람하고 결혼할까 봐 그랬던 것 같아요. 근데 이대 합격했을 때는 정말 좋아하셨어요.

● 남학생이 없는 여대라서 좋아하셨나?
(손만평) 그때 기억나요. 제가 인터넷으로 합격자 명단 확인했거든요. 합격했다고 하니까 아빠는 처음엔 안 믿으시는 거예요. 거짓말 말라고. 잘못 봤을 거라고. 명단에 나와 있는 걸 직접 보고도 못 믿으시더라고요. 그러더니 약주 한잔 드시고 오시더니 새벽 두 시에 할머니한테 전화해서는 애가 대학 붙었다고 얼마나 자랑을 하시던지…….

● 아빠는 한국 남자친구 사귀는 거 싫어했어요?
처음엔 싫어하셨어요. 약주 드시고 오시면 맨날 하시는 말씀이 "한국 남자 만나지 마라"였어요. 거의 우리를 세뇌시키다시피 했어요.

(손만평) 저도 남자친구 처음 데리고 왔을 때 분위기가 되게 안 좋았어요. 한국 남자란 이유로. 그래도 한 3년 넘게 사귀니까 이제는 좀 마음을 여신 것 같아요. 지금은 "오 군, 오 군" 하고 부르는데 처음엔 정말 싸늘했어요. 처음에 제가 남자친구 데리고 왔는데 아무 말씀도 안 하시는 거예요. 그냥 "아버지는 뭐 하시고?" 간단하

게 그런 질문 몇 번 하고는 끝이에요. 한국 남자라서 싫었던 거예
요. 지금은 마음을 여셨지만……

원래 아빠는 가부장적인 생각이 강하신 분이세요. 그런데다가 한
국 남자에 대한 인상이 별로였는지, "한국 남자 만나지 마라. 한국
남자한테 내 딸 시집보내기 싫다."

● 그럼, 대학 4년 동안 남자친구 한 번도 안 사귀어봤어요?
남자친구 없었어요. 정말 없었어요. 저는 정말 관심이 없었어요.

(손만평) 그래도 대학 졸업할 때쯤엔 좀 있었잖아?

심지어는 애(만평)가 그랬어요. 남자를 왜 그렇게 못 사귀느냐고.
혹시 쌍꺼풀 수술해서 남자 운이 없어진 거 아니냐고. 옛날 쌍꺼
풀 하기 전에는 못생겼지만 그래도 그때는 남자친구가 주위에 많
이 있었는데, 챙기는 사람이 있었는데 쌍꺼풀 한 순간부터 남자가
없다고. 애가 막 놀리고 그랬어요. 자기는 쌍꺼풀 수술 안 할 거라
고 그러면서. 근데 진짜 그랬어요.

(손만평) 사실 저도 쌍꺼풀 수술 했잖아요.

● 넌 쌍꺼풀 수술 왜 했어? 언니는 그렇게 놀렸으면서.
(손만평) 그게 그렇더라고요. 많은 사람들한테 좋게 다가가려면 쌍
꺼풀 수술 하는 게 필요하더라고요. 그래서 할 수밖에 없었어요.
다 이유가 있는 거예요. 언젠가 한번은 미용실에 갔는데, 드라이
해주던 미용실 언니가 갑자기 울면서 뛰쳐나가는 거예요. 제 눈이
째려보는 것처럼 보였던 거예요. 이건 정말이에요. 그래서 생각했

죠. '내가 본의 아니게 남한테 상처를 주는구나.' 눈이 너무 매서우니까. 저는 웃는다고 웃는데 그게 남들 눈에는 항상 비웃는 것처럼 보였던 거예요. 안 되겠다 싶었죠. 그래서 가장 유명한 강남 성형외과에서 했어요. 그랬더니 인상이 아주 부드러워지더라고요. 남자친구도 알아요. 수술한 거. 내가 그래요. "오빠, 내가 쌍꺼풀 수술했으니까 오빠 남자친구 됐다. 아니면 그냥 좋은 여동생으로 끝났을 걸?" 오빠도 그랬을 것 같대요.

거기다가 우리 셋은 다 눈꺼풀이 눈을 찌르는 스타일이었어요. 눈도 조그맣고. 제가 고등학교 졸업하자마자 엄마가 "너 쌍꺼풀 해야겠다" 하시고는 병원에 데리고 가셨어요.

● 엄마는 쌍꺼풀 있잖아?
엄마도 한 거예요. 거기에도 일화가 있어요. 엄마가 쌍꺼풀을 해야겠다고 결심하고 상담도 봤고 했는데, 하루는 아빠한테 물어봤나 봐요. 쌍꺼풀 하고 싶다고. 그러니까 아빠는 대번에 하기만 하라고, 그럼 당장 이혼이라고. 그러면서 막 싸우시는 거예요. 그런데 아빠가 그렇게 하지 말라고 했는데도 엄마가 과감하게 하시고 오신 거예요. 눈에 붕대 붙이고. 아빠가 막 열이 받아 가지고……. 근데 나중에 붕대 푸니까 점점 예뻐지셨어요. 붓기가 빠지니까. 엄마가 그래요. 아빠도 좋아하신다고. 전 고등학교 졸업하자마자 했는데, 얘도 처음엔 싫어했어요. 자기는 절대 안 하겠대요. 근데 얘가 홍대 들어갔잖아요? 홍대엔 특이한 애들 많잖아요? 꾸미기 좋아하는 애들도 많고. 거기에 자극을 받았나 봐요. 얼마 있다가 했어요. 전 옷도 아주 튀게 입는 편이에요. 야광치마 같은 것도 입고. 아주 희귀하게 하고 다녔어요. 그럼, 제가 얘한테 물어요. "언니 어떠니? 괜찮아?" 이상하다고 말할 거 뻔히 알지만 남들 얘기를 듣고 싶은 거예요. 얘는 항상 그래요. "거지 같아." 근데 얘도 홍대 다니면서 2학년쯤 되니까 슬슬 제 옷을 입기 시작하더라고요. 제 옷은 다 튀는 옷들이에요.

(손만평) 그게 다 이유가 있어요. 우물 안 개구리처럼 있다가 대학이라고 들어갔는데, 학교에 워낙 튀는 애들이 많은 거예요. 그리고 그게 좋아 보이는 거예요. 이게 개성을 표현하는 거다 싶었던 거죠. 그래서 언니 옷을 하나둘씩 주워서 입고 학교 가면 반응이 너무 좋은 거예요. 홍대에서는 그게 그냥 평범한 옷인 거예요. 더 심한 애들도 많았으니까. 나중엔 그렇게 입는 게 아주 자연스러워졌어요. 오히려 그렇게 안 하면 어울릴 수 없는 분위기, 그런 게 있었어요.

제가 하루는 신촌에서 애를 봤는데, 처음엔 제 동생인지 몰랐어요. 집에 가려고 버스 기다리고 있는데, 누군가 저 멀리서 "지에지에(姐姐)!" 하고 부르는 거예요. 제 바지랑 모자랑 코디해가지고 나왔는데…… 정말 놀랐어요. 맨날 나보고는 뭐라고 했으면서, 자기는 뒤에서 몰래몰래 입고 다니고…….

(손만평) 어쩔 수 없네요. 지금 이 부분은 제가 임의대로 빼도록 하겠습니다.

● 신촌 바닥이 사람들을 여럿 버려 놓았어. 근데 지금은 남자친구 있잖아요? 중국 친구라고 했던가?
(손만평) 아빠는 지금은 한국 남자친구든 중국 남자친구든 상관 안 하시는 것 같은데, 진쿵(만홍 중국 남자친구의 애칭)은 별로 탐탁해하지 않는 것 같아요. 그게 중국 남자친구라서가 아니라 그냥 딸 뺏긴다는 그런 심정이 있는 것 같아요.

● 그렇지. 그게 아빠 마음일 거야. 그런데 아빠가 한국 남자친구 사귀지 말라는 건 아마도 아빠 경험에서 나온 것일지도 몰라. 내가 볼 때, 화교사회를 들여다보면 화교 남자가 한국 여자를 아내로 맞이하는 경우는 많아. 근데 반대로 딸을 한국 남자한테 주는 경우는 별로 없었어, 과거에는. 그건 뭐냐면, 정말 가부장적인 생각에서 나온 거지. 가령, 한국 여자를 데려오는 건 화교들 입장에서 보면, 우리 집안사람 만드는 거야. 중국사회의 일원이 되는 거지. 근데 반대로 내 딸을 한국 집안에 시집보내면 그건 한국사람 만드는 거라고 생각한 것 같아. 한국 사람한테 내 딸을 빼앗기는 것 같은 느낌이 드는 거지. 그래서 경계를 한 측면도 있는 것 같아.
맞아요. 그런 것 같아요.

(손만평) 하루는 제가 아빠한테 이런 얘기를 했어요. 아빠가 생각하는 효녀는 무엇이냐고. 시집 안 가고 가게에서 그릇 닦아주고 그릇 치워주는 게 진정한 효녀냐고.

저희 어렸을 때는, 가게 바쁘면 엄마가 저희를 불러요. 내려와서 그릇 닦으라고. 저희가 수저 물기 닦고 반찬 담고 도와주고 그랬어요. 완전히 일꾼이었어요. 그럼, 아빠는 굉장히 좋아했어요. 가족들이 서로 도와주고 그러는 게 효자다. 그런 의식이 아주 강했어요. "야, 남들 봐라. 걔네는 딸들이 와서 바쁘면 도와주고 뒷바라지해주는데. 왜 너희들은 안 하냐?" 저희가 그냥 놀고 있는 걸 아주 싫어하셨어요. 그래서 얘가 어느 날 그 얘기를 한 거예요. 아빠한테 정말 효녀란 뭐냐고.

(손만평) 평생 가게에서 일 도와주고 그릇 치우고 시집 안 가고 노처녀 될 때까지 있는 게 효녀라고 생각하느냐고. 그러니까 아빠도 아무 말씀 못 하시더라고요. 심지어는 제가 딸들이 얼마나 더 클

수 있고 재능을 얼마나 더 발휘할 수 있는지 도와줘야 하지 않겠
느냐고, 왜 여기다 묵혀 두려고 하느냐고, 왜 발목을 잡으려고 하
느냐고. 거의 막말을 하다시피 했어요. 그땐 저도 어렸을 때니까
천지분간 못 했을 때고……. 우리 아빤 여자가 나서는 거 아주 싫
어해요. 사회생활 하겠다고 하면 못 하게 하고 그랬어요.

● 그럼, 만승이 경우는 달라? 만승이가 뭘 하겠다고 하면 다 들어주고 그
랬어?
(손만평) 그럼요. 하고 싶은 거 있으면 다 해라. 뒤에서 적극적으로
지원해주고.

제가 아르바이트 하고 싶다고 하면 무슨 큰일 날 것처럼 난리가
나요. 엄마는 딸이 하고 싶다는데 좀 시켜봐라 하시죠. 그러면 아
빠는 "집에도 일거리가 널려 있는데 왜 남의 집 가서 일해?" 당신
딸이 남의 집에서 일하는 것처럼 생각해서인지 아주 싫어하셨어
요. 사실 전 경험도 쌓고 그러고 싶었는데. 그러다가 제가 패션학
원 다닐 때 6개월 동안 공백 기간이 있었어요. 그때 우기고 우겨
서 신포동에서 아르바이트 한 적 있었어요. 제가 일하고 있는데
아빠가 보지 않는 척하면서 자꾸 그 앞을 왔다 갔다 하시는 거예
요. 그때 월급 70만 원인가 받았어요. 첫 월급 탔을 때, 제가 아빠
선물로 빨간 가디건 사드렸어요. 아빠가 원래 빨간색 좋아하시거
든요. 처음엔 누가 이런 거 사오라고 했냐고 막 뭐라 그러시는 거
예요. 그랬는데 주무실 때에도 그걸 입고 주무시는 거예요. 이튿
날에는 가게에 나가서 사람들한테 막 자랑하시고. 저흰 어렸을 때
니까 아빠의 그런 행동이 정말 황당한 거예요. "뭐야, 아빠 왜 저
래?" 지금이야 그 마음 알지만…….

(손만평) 근데 진짜 전에 아빠 인터뷰했을 때, 말씀으로는 만승이

가 가업을 이어야 하니까 고생도 좀 해봐야 한다고 그랬는데, 실
제로는 안 그래요. 만승이가 결혼하고 얼마 안 되어서 방학 때 가
게에서 일을 했어요. 월급 받고 말이에요. 근데 하루는 중화루에
서 다들 바빠서 난리치고 있는데, 아빠가 부르더래요. "야, 만승아!
이리 와봐." "왜?" 하니까, 잠깐 앉아서 쉬라고 그러더래요. 인터
뷰에서는 아들 뭐 이렇게 얘기하는데, 사실은 안 그런 거예요. 자
기 아들이 일하니까 그게 싫은 거예요. 이건 모순 아니에요? 가르
치려면 확실히 가르치든지……. 우리 아빠 그런 게 있어요.

● 솔직히 그게 아버지들 마음 아니겠어? 그리고 보통 남자들이 속마음
하고 겉으로 표현하는 게 좀 다르잖아. 거기다가 아빠는 열다섯, 열여
섯부터 남의집살이를 했단 말이야. 일을 굉장히 힘들게 하셨잖아. 그
러니까 자식들만큼은 힘든 일을 시키지 않으려고. 자식이 힘들게 일하
고 있는 거 보면 그게 가슴 아픈 거지. 어떻게든 감싸 안고 싶고. 그런
마음 아니겠어? 그러니까 너희들이 일해서 옷이라도 선물하면, 앞에
서는 이런 거 왜 사왔느냐고 나무라지만 뒤에서는 고맙고 대견하게
생각하시는 거고. 난 어느 정도 아빠 마음이 이해될 듯도 싶은데?
(손만평) 물론 그렇기는 하지만 그러면 만승이한테 안 좋아요. 하
루는 가게가 너무 바빠서 제가 일을 도와준 적이 있었어요. 그릇
닦고, 컵 닦고. 제가 혼자 일을 다 했어요. 저야 뭐 워낙 단순하니
까, 제가 맡은 일을 그냥 한 거죠. 근데 만승이가 뭐라는지 아세
요? "지에지에, 하지 마. 지에지에가 하면 아줌마들 놀아" 이러는
거예요. 벌써 자기가 사장 포스 내는 거예요. 그 몇 달 동안 걔가
뭘 보고 배웠는지 알 만하잖아요?

효녀 얘기 나오고 나서 그 다음부터는 아빠 저희한테 일 안 시켜요.

(손만평) 근데 엄만 시켜요.

● 내가 볼 때, 아빠는 아빠 형제들이나 당신 자식들에 대한 사랑, 애정이 정말 남다른 것 같아. 그게 어떤 형식으로 표출되든 말이야. 그러니까 삼촌이나 고모들 같은 경우에도 다 데리고 있잖아. 어떤 방식으로든. 또 좀 먼 친척도 데리고 있고. 심지어 엄마네 형제들까지도 데리고 있고. 그게 쉬운 일이 아니야. 인터뷰 중에 아빠가 제일 중요하게 말씀하시는 게 바로 형제고 가족이야. "힘들 때 서로 도와줄 수 있는 게 바로 가족이고 형제다." 이런 면에서 보면 이해가 가기도 해. 그건 그렇고, 본인은 앞으로 어떻게 살 생각이에요?
저는 지금 항상 긴장 속에서 사는 것 같아요. 얼른 졸업해서 자리 잡고 영주권도 받고 싶고……. 그래서 늘 긴장감을 가지고 살아요. '머지않았다. 조금만 더 고생하자' 그런 생각이 들어요. 근데 제 남자친구랑 얘기하면, 애는 무슨 믿는 구석이 있는지 자신감이 넘쳐요. 뭐든지 다 할 수 있다는 자신감. 항상 그래요. "방법은 다 있다"고. 근데 저는 고민도 많고 긴장도 많이 하고, 뭘 하기 전에는 생각도 많이 하고……. 그런 스타일이에요.

● 남자친구는 전공이 같아요?
그 친구는 산업디자인 쪽이에요. 자동차 디자인. 근데 그 친구도 예고를 나와서 그림도 잘 그려요.

● 그 친구는 미국에 오래 있었어요?
저하고 비슷해요. 중국에서 대학까지 마치고 왔으니까. 졸업시기도 같아요.

● 특별히 긴장감을 갖는 게 그곳이 미국이라서 더 그런 걸까? 만약 한국에서 똑같은 공부를 하고 똑같은 고민을 한다면 긴장감이 덜 하지

않았을까? 특히, 외국에서 살다 보면, 난 여기서 어떻게든 버텨내야 하고, 살아나가야 되고, 반드시 내 계획에 따라서 됐으면 하고 혹시 안 됐으면 어떻게 하지 하는 그런 게 있을 같아요.

그런 측면도 있어요. 암튼 유학생들은 다들 법적으로 비자 유효기간이 있고, 언어의 장벽도 있고, 그 나라 사람이 아니기 때문에 일자리를 구하는 데도 어려움이 있지 않을까 하는 걱정도 있고. 뭐 그렇죠. 그렇지만 미국은 이민사회라서 그런지 어느 정도는 오픈 마인드인 것 같아요. 내가 능력이 있으면 안 될 것도 없는…….

● 만일 한국에 있었으면 일자리를 구하는 데 있어서도 좀 더 제약이 많았을 거라고 생각해요?

음……. 제 생각엔, 한국이 조금 더 외국인이라는 조건을 보다 명쾌하고 뚜렷하게 표현한다고 해야 되나? 물론 미국도 마찬가지만, 거기는 그런 게 있는 것 같아요? 외국인이라서 안 된다는 생각보다는 '네가 능력만 있다면 내가 국적을 주마' 이런 식이죠. 생각의 방식이 좀 다른 것 같아요. 근데 한국은 '한국 피가 아니면, 혈통이 같지 않으면 안 돼. 한국인이 아니면 안 돼' 그런……. 미국에서는 내가 필요하면, 능력만 있다면 그게 누구든 영주권 주고, 더 노력하면 시민권도 주고……. 그런 기회가 열려 있는 것 같아요.

● 미국에서는 대만 친구도 있고 중국 친구도 있고 한국 친구들도 있을 거 아니에요?

근데 화교 친구들은 없어요.

● 미국에도 한국에서 건너간 화교들이 많은데?

제가 지금 다니는 대학에 들어갈 때, 입학전형을 담당하시던 분이 화교 분이셨어요. 그때 전 뉴욕에 있었기 때문에 인터뷰를 전화로 했어요. 근데 그분이 저한테 궁금한 게 있대요. 뭐냐고 그랬더니,

네가 한국에서 태어났는데 왜 국적이 대만으로 되어 있냐는 거예요. 그게 정말 궁금하셨나 봐요. 알고 보니, 그분도 화교였던 거예요. 처음엔 영어로 중국말 할 줄 아느냐고 해서, 전 중국말, 한국말 다 한다고 하니까, 대번에 중국어로 인터뷰를 시작하는 거예요. 정말 친절했어요. 저도 무척 반가웠어요.

● 대만 친구들도 많죠?
대만에서 온 친구도 많고 중국에서 온 친구들도 많고. 우리 학교가 학장은 미국분이시지만, 학교 이사장은 홍콩 할머니예요. 그분이 학교를 창설하셨어요. 창설된 지가 30년 넘었을걸요.

● 그럼, 다른 학교보다 중국 학생들이 특히 더 많겠네?
점점 많아지고 있는 것 같아요. 대륙도 많고 대만도 많고. 처음엔 30명 정도였는데, 그 다음은 50명, 또 그 다음은 70명. CSA, KSA 같은 유학생 커뮤니티 같은 게 있는데, 규모도 조금씩 커지고 있어요.

● 동아리 모임도 해요?
저는 솔직히 여기도 갔다가 저기도 갔다가 완전 깍두기예요. KSA에 가서도 구경하고 CSA에 가서도 구경하고.

● CSA?
CSA는 차이나, KSA는 코리아. 신입생 들어오면 정보도 주고 교통 같은 것도 알려주고 그런…….

● 그럼, CSA는 중국대륙학생들만의 모임이에요? 아니면 대만 친구들도 같이?
신기한 게, 다른 학교는 대만 애들은 대만 애들 따로, 중국 애들은 중국 애들 따로 이렇게 분리가 되어 있는 게 보통이거든요. 근데 우리 학교는 의례적이나마 모임을 같이 해요. 물론 그 안에서 다시 대만 따로 중국 따로 이런 게 있지만……. 그래도 어떤 일을 할 때는 서로 도와주고 같이 하고 그래요. 그게 참 신기해요. 저도 가끔 설날 같은 때, 같이 어울리기도 해요. 가서 만두도 집어먹고. 근데 가끔 저보고 애들이 놀라요. 한국말 했다, 중국말 했다 그러니까. 도대체 넌 어디서 왔냐고? 네 정체가 뭐냐고? 사실, 처음 만났을 때는 제가 하는 중국어가 억양이 좀 틀리니까 중국대륙 애들 중에는 제가 중국사람이 아니라고 생각하는 애들도 많았어요. 언젠가 한번은 제가 할머니랑 통화를 했어요. "할머니, 나 방학했으니까 한국 들어간다." 근데 할머니가 못 알아듣는 거예요. 나도 모르게 할머니한테 푸통화(普通話)로 말을 한 거예요. 하도 중국 애들하고 있다 보니까 푸통화가 익숙해진 거예요. 그래서 다시 산둥어로 "후이가(回家, 본래 중국어 발음은 후이쟈)"라고 했어요. 그런데 갑자기 중국 애들이 웅성웅성하는 거예요. "도대체 무슨 말이지?" 그런 반응이었어요. 산둥 사투리였으니까. 난 사실 말해 놓고도 미처 의식을 못 했어요. 제 남자친구가 그걸 보고 너무 웃겼다는 거예요. 걔네들은 내가 산둥 사투리를 할 줄 안다는 걸 상상도 못 했던 거예요. 국적은 대만인데 말은 산둥 사투리를 쓰고, 또 한국말 했다가 중국말 했다가 그러고. 아, 근데 화교를 영어로 뭐라고 해요?

● Chinese overseas.
저는 그 단어를 몰라서 자기소개를 할 때, 항상 부연설명을 많이 했어요. "한국에서 태어났지만 국적은 대만이다. 우리 조상은 중국에서 왔다." 이렇게요. 미국 선생님들은 그걸 그렇게 신기하게 생각하지 않아요. 그런 사람들이 미국엔 너무 많으니까. 근데 동남아 애들은 무척 신기하게 생각해요.

● 이건 좀 다른 얘기인데, 그 말 들으니까 갑자기 생각나서 질문하는 거예요. 여기 가게에서 일하는 사람 가운데 대륙에서 온 젊은 친구들 많잖아요? 그 친구들에 대해서 특별히 생각한 게 있어요? 아니면, 별다른 느낌이 없어요?
어울려 본 적이 없어서…….

● 잘 어울리지 않게 되나 보죠?
(손만평) 몇 분 빼놓고는……. 중국 분들 말씀하시는 거죠?

● 그렇지. 너희 가게에 일하러 온 중국대륙 사람들.
(손만평) 대개는 아줌마들밖에 없어요. 제 또래는 없어서……. 그리고 만나서 딱히 얘기할 게 좀 없어요. 뭘 부탁할 때나…….
제가 대학 다닐 때 중국에서 온 유학생들 보면요. 뭐랄까, 이질감 같은 게 느껴졌어요. 제가 끼지 못하는 어떤 서먹서먹한……. 한국 친구들은 저한테 그래요. "야, 너 중국말 할 줄 알잖아? 얘기해봐." 그런데 뭔가 다른 문화에서 온 것 같은 그런 느낌 같은 게…….

전 제가 노마드(nomad)라고 생각해요

[손덕준의 장녀 손만홍] (2)

● 대만사람, 중국사람 구별하지 않고 CSA 동아리에는 다 같이 있잖아요? 거기에 한국에서 온 만홍 씨도 있단 말이에요. 그러니까 대만, 대륙, 한국에서 온 중국인들이 다 모여 있는 거예요. 그런데도 만홍 씨는 그들과 같이 있다 보면 뭔가 이질감 같은 걸 느낀단 말이에요. 그게 뭔가 소외된다는 그런 느낌이에요?

소외감이라기보다는 저를 대하는 그들의 반응이 절 당황스럽게 한다는 그거예요. 가령, 이렇게 물어요. "너 어디서 왔어? 솔직히 어디서 온 거야? 국적이 뭐야?" 그렇게 물어볼 때면, 전 똑같은 얘기를 이 사람한테도 하고 저 사람한테도 일일이 설명을 해야 돼요. 내 소개를 하는데도 말이에요. 그냥 다른 사람들은 "나 중국인이야." 하면 끝나요. 근데 저는, 난 어디서 왔고 근데 국적은 어디고……. 내 소개를 하는 데에도 정말 많은 시간을 투자해야 돼요. 심지어는 내 가족사까지 들추어서 얘기해야 돼요. 그럴 때면, '아, 난 이런 존재구나' 그런 생각이 들어요.

● 같은 중국어를 사용하지만, 그게 조금씩 다르지요?

전 화교 학교 다닐 때, 대만 교과서를 가지고 중국어를 배웠기 때문에 간체자는 잘 몰랐어요. 근데 걔네들은 내가 중국말은 하는데 간체자는 모른다는 것을 이해 못 해요. "왜, 간체자를 모르지?" 그게 어떤 문화적 차이가 아닐까 생각해요.

(손만평) 저도 지금 대학원 다니면서 중국 대륙에서 온 친구들을 많이 보게 돼요. 수업이 끝나고 내려오면 대륙 애들은 중국어로 말하잖아요? 근데 그 말이 정말 빨라요. 가끔 못 알아들을 때도 있어요. 그리고 걔네들하고 이야기하다 보면, 제 중국어 억양이 신경이 쓰이는 거예요. 대륙 억양이 아니니까. 그렇다고 대만식 중국어로 하자니, 그것도 뭔가 좀 이상하고 어색하고……. 같은 중국어지만 항상 신경이 쓰여요. 그럴 바엔 아예 한국말로 해버려요, 대륙 친구들이랑 같이 있을 때는. 사실 제가 그들처럼 대륙 말을 아주 유창하게 할 수 있는 것도 아니니까. 그냥 한국말로 해요. 그러면 일거에 해결돼요.

● **만홍 씨는 남자친구랑은 무슨 말로 얘기해요?**
(손만평) 전 대만 분들 많이 상대해서 중국어 말할 기회가 아주 많았어요. 주로 통역을 했으니까. 근데 언니는 중국어 정말 못했어요. 중국어 배우는 한국사람 수준 정도였으니까. 정말 아주 못했어요. 근데 언니가 미국에서 중국 남자친구 사귀면서 중국어를 저보다도 더 잘하는 거예요.

그래도 제가 말할 때면 남자친구가 계속 수정을 해줘요. 분명 그 친구도 무슨 말인지 다 알아들었을 텐데도 자꾸 고쳐주는 거예요. “여기에 동사 빼먹었어.” “여기는 이렇게 말해야 돼.” 정말 열 받는 거지. “네가 알아들었으면 됐지. 왜 자꾸 틀렸다고 고쳐주는 거야.” 한편으로는 고맙기도 하지만, 기분은 정말 나빠요. 일단 그냥 알아들었으면, 나중에 가서 “이건 이렇게 얘기하면 돼.” 이렇게 좋게 얘기하면 될 것을 “야, 동사 빼먹었잖아!” 까다롭게 일일이 수정하고……. 그것 때문에 가끔 열 받아서 싸우기도 해요. 근데 싸울 때도 중국말로 하잖아요? 우리가 영어로 싸울 수준은 아니니까. 그럼, 내 말발이 걔를 못 당해요. 중국어도 걔가 더 잘하니까.

가끔 걔가 "만홍, 지금 내가 무슨 말 하는지 알아들었어?" 딱 그래
요. 그럼 나도 열 받아서 "그래! 나 중국어 레벨 원이다. 어쩔래?
야, 너 영어로 얘기해. 왜 내가 미국 땅에 와서 중국어 배워야 하
냐?" 그러죠. 사실, 잘 안 되는 영어로 하자는 게 억지죠. 그래도
하도 열 받으니까.

(손만평) 저도 언니한테 그래요. "언니는 미국에 가서 영어는 안
늘고 중국어만 늘어 가지고 온 건 무슨 경우냐?"

사실, 전 지금 남자친구 만나면서 영어를 쓸 기회가 별로 없어졌
어요. 고작 학교에서 친구들이나 교수님하고 얘기하는 것 외에는.
그렇다고 밖에서 친구들하고 어울리고 얘기할 기회가 없어요. 남
자친구랑 있는 시간이 더 많으니까 자연스럽게 중국어를 쓰게 되
는 경우도 더 많아요. 그럴 때면 위기감이 느껴져서 남자친구한테
그래요. "우리 평소에도 영어로 얘기하자. 그러다 보면 영어가 늘
거야. 조금씩 습관을 들이자." 저는 정말 영어 힘들게 공부했거든
요. 근데 그러면 남자친구 뭐라는지 아세요? "난 미국에 와서 중
국말 하는 게 내 마음의 위로야. 밖에 나가면 계속 영어를 써야 하
는데 안에서라도 중국말 쓰자." 그래요. 사실, 저도 하루 종일 밖
에서 영어 쓰다가 집에 오면 정말 피곤해요. 그 친구도 집에서 같
이 밥 먹으면서 중국말로 얘기하면, 뭔가 어떤 향수 같은 걸 느낀
대요. 이해는 하지만…… 난 그래도 영어로 해야 된다는 입장이고,
걔 입장은 싫다는 거예요. 나보고 그래요. "넌 영어로 해. 난 중국
말로 할 테니까."

(손만평) 언니 남자친구가 한국에 왔을 때, 저한테 이러는 거예요.
"네 언니, 정말 대단해. 아니 어떻게 중국 욕을 나보다도 더 잘해."

남자친구랑 있을 때, 막
욕을 해요. 아빠가 쓰는
욕 있잖아요? 그게 무의식
적으로 나오나 봐요. 그걸
로 남자친구를 제압하는
거죠. 전 사실 산둥 말이
더 익숙해요. TV에서 아

나운서들이 얘기하는 것 들으면 약간 간지럽다고 해야 되나? 왜,
부산 사람이 서울 말 쓰는 그런 느낌 있잖아요? 그래서 나도 모르
게 중국어 할 때, 산둥 말이 튀어나와요. 진쿵도 원래는 할아버지
고향이 산둥성이에요. 근데 다롄(大連) 사투리는 할 줄 아는데, 산
둥 사투리는 전혀 못 알아들어요.

● 남자친구 할아버지도 산둥 출신이야?

네. 근데 걔가 태어난 곳은 다롄이에요. 할아버지는 산둥 무핑이
래요. 그러니까 우리하고 같은 고향인 셈이지요. 신기했어요. 내가
산둥의 구수한 사투리로, 시골사람들이 쓰는 그런 말로 하면 그게
뭔지 못 알아들어요. 그럼 제가 그래요. "넌 중국사람이면서 중국
말도 못 알아들어? 난 너보다 언어 하나를 더 하는 거라고." 싸울
때는 막 그래요. 그러니까 쟤한테 그런 말 한 거예요. "너희 언니,
되게 교양 있는 척하지만 말만 하면 다 욕설이야." 사실, 처음엔
걔가 내 말을 못 알아들었을 때는 속으로 정말 당황스러웠어요.
'왜, 못 알아듣지? 어떻게 이것도 모르지?' 저도 걔가 다롄 말로 친
구들끼리 얘기하면 못 알아들어요.

● 중국이란 나라가 워낙 땅덩어리가 넓으니까, 언어도 다양하지. 어떻게
생각하면 표준어, 푸퉁화 이런 걸로 언어를 통일시키는 게 꼭 좋은 것
만은 아닌 것 같아. 상하이 가면 상하이 말 있고, 푸젠 가면 푸젠 말

있고……. 그게 자연스러운 거 아냐?

맞아요. 근데 미국에 있는 제 친구 중에도 상하이 출신이 한 명 있어요. 나처럼 페인팅 공부하는 애인데. 우리 과에선 그 친구랑 제가 유일하게 동양인이에요. 근데 신기한 건, 그 친구는 우리랑 얘기할 때는 중국어로 잘하는데, 자기네 부모님이랑 상하이 말로 얘기할 때는 우리는 한마디도 못 알아들어요.

● 상하이 말은 중국 푸통화하고는 완전히 다르지. 거의 외국어 개념이랄까? 대만에 가도 대만사람들 민남어 쓰잖아? 우린 한마디도 못 알아듣지.

맞아요. 대만 애들도 그래요. 근데 치사하게 자기네들끼리 얘기하고 싶으면 꼭 민남어로 얘기한다니까.

● 나도 대만에 있을 때, 그런 경험 했어. 평소에는 중국어로 하다가도 어느 순간 갑자기 자기네들끼리 대만 말로 한다니까. 그럼, 난 멀뚱멀뚱. 욕을 하는지 뭐 하는지 모르지. 우리도 외국사람 앞에 놓고 웃으면서 욕하고 그러기도 하잖아?

(손만평) 저희도 그래요. 버스 타면, 중국어, 한국어 반반씩 섞어서 써요. 어떤 사람 욕하고 싶으면, "야, 칸네이거런(看那個人, 저 사람 좀 봐.) 웃기지?" 이런 식으로. 물론 핵심적인 용어는 다 중국말로 하고.

화교의 특징이에요. 근데 지금은 한국에서 그렇게 하면 더 이상 안 될 것 같아요. 중국말 잘하는 사람이 정말 많아요.

● 그렇지.

이건 딴 얘기인데, 저도 대학 다닐 때, 학점 쉽게 따려고 중국어 교양교목 신청한 적이 있었어요. 화교 애들은 대개 다 그래요. 학점 쉽게 딸 수 있으니까. 그래서 신청했는데. 막상 시험 볼 때는, 오히려 한국 애들은 쉽게 생각하는 부분을 제가 틀리는 거예요. 그게 발음기호예요. 병음(拼音). 우리는 한어병음 안 배우고 주음부호 배웠잖아요? 한어병음은 중국식이고, 주음부호는 대만식. 전 몰라서 막 틀리는 거예요. 물론 작문이나 논술은 할 줄 아니까 상관없는데. 근데 그것도 전 간체는 안 배웠으니까 번체로 다 써요. 그럼, 교수님이 불러요. 번체로 쓰니까 좀 이상하게 생각하셨나 봐요. 그럼, 제 사정 얘기를 하죠. 한국 대학교에서도 다 간체를 쓰잖아요. 말을 할 때는 잘하는데 막상 책을 보면 간체자로 되어 있어서 잘 모르겠는 거예요. 오히려 저보다 중국에서 몇 년 공부한 한국 애들이 중국어를 더 잘해요. 간체자도 잘 읽고, 발음도 좋고.

● 여기 화교 학교에서는 지금도 간체 안 가르쳐줘요?

(손만평) 네. 그게 아직도 교과서가 대만 거니까. 간체자를 가르치자는 얘기는 꾸준히 나오긴 하는데…….

● 근데 실제적으로 대만에서는 중학생 이상이면 간체자 거의 다 아는데?

(손만평) 저도 대만에 갔을 때, 서점에 갔는데 간체자와 번체자를 비교해 놓은 책 여러 권 봤어요. 도움이 많이 됐어요.

저도 중국유학생 친구한테 간체자와 번체자 비교해 놓은 사전 사다 달라고 한 적 있어요. 우리는 배우면 빨리 배워요. 번체를 알고 간체를 배우면 빨리 배울 수 있대요. 오히려 간체만 배운 중국 애들은 번체를 몰라요. 일종의 고어(古語) 같은 개념이래요. 걔네들은 무척 어려워해요. 그런 면에서는 우리가 유리하죠.

● 앞으로 화가로서의 계획은 잘 세워놓았어요?

(손만평) 언니 계획은 제가 이미 다 짜놓았어요. 우선은 MoMA(뉴욕현대미술관)에 그림이 걸려야 돼요. 뉴욕에 모던아트 있거든요? 거기에 그림이 걸리면 난 만사 제쳐 놓고 언니 매니저 할 거예요.

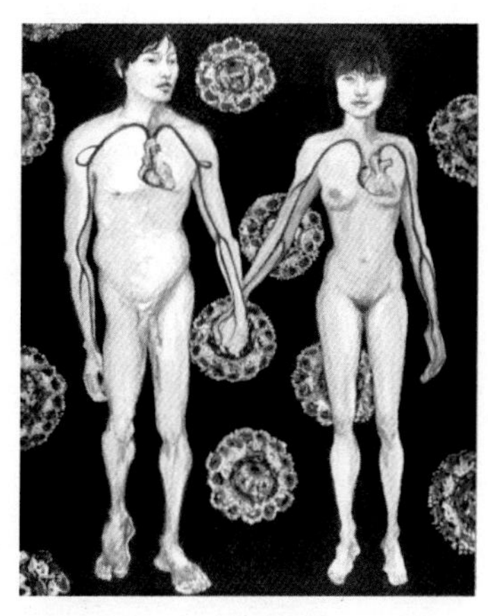

실은 올해 초에 엄마랑 만평이랑 뉴욕에 왔었어요. 엄마도 뉴욕에 있는 큰 미술관에 가서 고흐 작품 같은 유명한 작품 많이 봤는데, 그것들하고 제 그림 비교하더니 제 그림이 이상하다는 거예요. 제가 원래 사람의 인체를 좋아해서 그런 쪽의 그림을 많이 그리거든요. 그러니까 엄마가 보시기에, 제 그림은 의사들이 보는 해부학적인 그림, 병원에나 걸릴 것 같은 그림 같은 거예요. 엄마는 계속 예쁘고 아름다운 것 그려라, 편안하고 보기 좋은 거 그려라 그래요. 엄마는 서양화들을 보고 나서, 우리 딸은 정말 그림을 못 그리는구나 생각하신 거예요. 우리 엄마는 완벽한 사진 같은 서양화 같은 그림을 좋아하시는데, 제가 그런 그림을 그리지 않으니까. '이런 쓰레기 같은 그림을 누가 살까?' 그런 생각 하신 것 같아요. 근데 현대미술이라는 게 정말 희한하고 다양하잖아요? 나중엔 엄마도 희망이 좀 생기신 것 같아요. 제 그림 같은 것들도 많은 걸 보고. 그래도 아직까지 잘 이해를 못 하세요.

● **그럼, 만홍 씨는 앞으로도 계속 순수미술 쪽으로 할 거예요?**
그러고 싶긴 한데……. 근데 패션 쪽도 아직 관심 있어요. 아무래도 제가 그동안 배워온 거니까. 잘 모르겠지만, 패션 일도 뭔가 아티스트적으로 풀 수 있지 않을까 하는 생각도 들어요. 근데 전 너무 상업적인 건 싫어요. 성격적으로도 그런 데에는 제가 좀 반감이 있어요. 그래서 완전히 상업적으로 가지는 않을 생각이에요. 제 주위 분들 중엔 저하고 비슷한 생각을 하는 분들이 많아요. 실제적으로 교수님하고 친구들하고 그런 얘기를 많이 해요. 지금 대학원생이라서 1년에 2번 정도 오픈 스튜디오를 하는데, 그러면 그림을 팔 기회도 생겨요. 사실, 학교에 처음 들어갔을 때 놀란 것은, 학교가 교육보다는 그림 판매에 더 열중하는 거예요. '그럼, 더 잘 팔릴 수 있는 그림을 그려야 하나?' 고민 많이 됐어요. 사실 그림 사는 사람들이 정말로 그림을 알기나 하고 사는 건지도 회의가 들 때가 있어요. 정말 뭔가 컨템퍼러리 아트의 가치를 알고 사는 건지, 아니면 그냥 유화의 분위기가 좋아서 사는 건지……. 저 자신도 사실은 어디에 무게를 두어야 될지 고민이 돼요.

● 혹시 그림을 실제로 팔아 본 적도 있어요?
혹시 아시아프(ASYAAF)라고 아세요? 올해 홍대에서 한 공모전이 있는데. 저도 거기에 두 작품 출품해서 전시했어요. 그리고 제가 팔고 싶은 그림은 실질적으로 판매가격을 매겨 놓았어요. 제가 제 그림에 가격을 정해 놓은 거죠.

● 실제로 팔렸어요?
(손만평) 팔렸어요. 가격흥정을 바로 제가 했어요.

근데 제가 팔기 싫어서, 창피해서 박스 안에다 넣어 놓은 작품이 팔렸어요. 캔버스에 정식으로 그려서 전시한 작품은 안 팔리고.

● 왜 그랬을까?

글쎄……. 제 생각엔 그 그림에 어떤 순수함 같은 게 있었지 않았을까? 그게 제 처녀작이었거든요.

● 남자친구는 계속 미국에 있고 싶어 해요? 대륙으로 돌아갈 생각은 없고?

네. 그런 것 같아요.

● 외아들이라고 안 했나?

그렇긴 한데 자기는 나중에 한국에서도 살아보고 싶대요. 저도 역마살이 좀 있는지, 어디에 얽매이지 않고 나만의 것을 찾고 싶어요. 그런 걸 유목민, 노마드(nomad)라고 하나? 암튼 그런 게 좀 있는 것 같아요. 전 제 인생 자체가 그렇다고 생각해요. 제가 특별하다면 바로 그런 거예요. 전 나중에 프랑스에서도 살아보고 싶어요. 제 스스로도 이건 저만의 싸움이라고 생각해요. 정말 고민이에요. 전 나중에 정말 좋은 아티스트가 되면, 우리 모교인 화교 학교에다가 장학금을 기탁할 거예요. 좋은 그림 그려서……. (울먹거리며)

<이때, 손덕준 사장 입실>

(손만평) 아빠가 오니까 더 슬픈가 봐요.

(손덕준) 아이고, 꿈도 야무지네. 네 먹고사는 거나 걱정해. 그림 그리는 사람이 제일 거지라고 하더라.

(이선애) 그런 마음이 분명 들 것 같아요. 저도 여기에서 공부를 하다 보니까, 우리 중국교포 학생들이 옛날 기존의 방식으로 공부하고 있는 게 너무 안타까워요. 그래서 저도 다른 방식으로 공부를 시키고 싶어요. 여기서 터득한 저만의 교육방법으로. 그 친구들한테 뭔가 도움이 되고 싶어요.

전 딱 하나 바라는 게 있어요. 그건 학생들의 목소리를 들었으면 하는 거예요. (또다시 울먹거린다.)

(손만평) 우리 언니가 자기 말에 자기가 감동해서 우는 것 같아요. '내가 이런 기특한 생각을 하다니……' 혼자 복받쳐 가지고……. 내가 우리 언니를 너무 잘 알거든요.
그냥 주입식 교육이 아니라……. 선생님들도 학생들의 얘기를 더 많이 듣고 더 많이 물어주고 그랬으면 좋겠어요. 그래야 학생들도 정말 자기가 좋아하는 분야가 뭔지 알 수 있어요. 그게 필요한 것 같아요.

● 실제적으로 화교 학교가 정말 이런 것들을 고쳐주었으면 좋겠다, 그런 게 있어요?
다른 한국 학교들도 상황이 비슷할지 모르겠지만…… 학교가 학생들의 감수성을 더 키워줄 수 있었으면 좋겠어요. 자기가 책임감을 갖고 배울 수 있는 그런 학교. 운동도 하고, 그림도 그리고 또 책을 읽어도 각자 다른 감성을 가지고 있기 때문에 생각이 다를 수 있거든요. 그런 목소리를 좀 들어줄 수 있는 그런 학교였으면 좋겠어요. 귀를 기울여라.

● 지금 화교 학교는 아직도 그런 게 잘 안 된다고 생각해요?

지금은 잘 모르겠어요. 저도 졸업한 지 오래되어서. 근데 일단 여기 학교는 언어적 상황이 문제라고 생각해요. 실질적으로 피해자는 학생들이에요. 물론 두 가지 언어를 한다는 게 장점이 될 수도 있지만, 단점이 될 수도 있거든요. 제 경우에는, 한국어, 중국어, 거기다가 영어까지 배웠을 때는 정말 혼란이 극에 달했어요. 사람들은 한글도 쓰고 중국어도 쓰니까 좋겠다고 하는데, 그게 꼭 그런 것만은 아니에요. 오히려 언어를 섞어 쓰다 보니까 영어 같은 제3의 언어를 배울 때는 더 혼란이 와요. 경우에 따라서는 언어장애도 겪을 수 있어요. 물론 언어적 능력이 발달한 애들에게는 그게 문제가 되지 않겠지만…… 실제로 그런 사례가 있어요. 근데 한국에 있을 땐 그걸 알아차리지 못해요, 그런 아이가 있다는 걸. 미국은 달라요. 그게 교육방식이 아이들의 말에 귀를 기울이기 때문이에요. 그런 문제가 있으면 선생님과 많은 대화도 하고 해서 해결해요. 그런 아이를 대하는 선생님들의 태도가 아주 성숙되어 있어요.

● 보통 한국사람들은 화교하면, 한국어도 잘하고 중국어도 잘한다고 생각해. 근데 사실 그 이면을 들여다보면, 나름대로 굉장한 고충이 있을 수 있다는 거네?

제가 미국에 있으면서 ESL 프로그램 디렉터 선생님과 상담을 한 적이 있었어요. 나의 가족사나 배경에 대해 묻고 그랬는데…… 그때 그 선생님이 저한테 자기 경험을 이야기해주었어요. 뉴올리언스에서 영어 수업을 한 적 있었는데, 반에 태국 학생이 있었대요. 그 태국 학생은 학교에서는 영어를 쓰고, 집에서는 부모님과 태국어로 소통하고. 사춘기를 그렇게 보낸 친구였대요. 근데 어느 순간, 그 학생에게 언어장애라는 문제가 생긴 거예요. 그러니까, 한마디로 이 언어도 잘 못하고 저 언어도 제대로 구사할 수 없는 상황에 빠지게 된 거죠. 물론 그건 사람마다 다 다르겠지만, 그 친구처럼 언어장애가 올 수도 있는 거예요. 그 언어장애가 증상이 심해지면 난독증이 올 수도 있고 아니면 얼렌 증후군에 걸릴 수도 있어요. 글씨를 못 읽거나 하는…….

● 그런 언어적 상황이 실질적으로 병적인 증상으로 나타나는 거예요?
난독증이라고. 물론 그 안에는 다양한 증상이 있고 사람마다 다르기도 하대요. 저 같은 경우는 얼렌 증후군이라고 해서 책을 읽을 때, 글씨가 움직이는 것처럼 보이거나 줄이 밀려서 보이거나 하는 그런 증상이 있어요. 전 그런 케이스예요. 한마디로 중국어나 한국어, 영어를 완벽하게 구사하지 못하는 증상이라 할 수 있어요. 가령, 영어가 주어, 동사, 형용사 그런 식으로 되어 있다면, 중국어나 한국어는 그것과 다를 수 있잖아요? 그런 경우가 우리 같은 경우에는 종종 생길 수 있대요.

● 그렇지. 언어마다 어순이나 그런 게 틀릴 수 있으니까.
그래서 제가 항상 조언해주고 싶은 것은, 중국어를 배우면 정말 중국어만 완벽하게 할 수 있는 환경을 만들어주거나, 한국어를 배울 땐 정말 한국어만 쓸 수 있게끔 그렇게 자유롭게 해야지, 그게 아니고 중간에서 어정쩡하게 하면 저 같은 문제가 생길 수 있다는 거예요. 특히, 제3의 언어를 배울 땐 분명 그런 애들이 생길 수 있어요. 그걸 사람들이 미처 깨닫지 못하는 것 같아요. 화교들도 그렇고. 요즘 한국 애들도 어릴 때부터 외국어 배우고 그게 유행처럼 되어 있는데, 잘 살펴보면 그런 애들 중에도 저 같은 문제를 가지고 있는 경우가 분명 많을 거예요. 이건 제가 직접 본 건데, 어려서 미국으로 조기유학을 온 학생들이 꽤 있어요, 한국에서. 중학교 때 왔으면 7, 8년 아니 10년 가까이 미국생활 하게 되잖아요? 그런데도 그 애들 중에는 아직도 ESL 프로그램을 듣는 애들이 있어요. 그렇게 미국에 오래 있었어도 아카데미 수준의 영어를 하지 못하는 거예요. 전 처음엔 이해가 안 되었지만, 지금은 어느 정도 이해할 수도 있을 것 같아요. 일종의 이중 언어 상황 속에서의 혼란. 글을 쓸 때의 문제점일 수도 있고, 말을 할 때의 문제점일 수도 있고……. 그런 비애가 있어요. 이건 꼭 화교뿐만이 아니고 그렇게 성장한 애들에게도 해당되는 문제예요.

● 나도 내가 겪은 실제 경험을 말해주지. 몇 년 전, 학교에서 강의를 하는데 한 학생이 중국어를 굉장히 잘하는 거야, 한국 학생인데. 요즘에는 중국에서 사업하는 사람들이 많으니까, 그 자식들 중에는 중국에서 태어나거나 어렸을 적부터 중국에서 사는 애들이 많잖아? 그 친구도 그런 케이스야. 8년을 중국에서 살았대. 당시 대학 2학년이었으니까, 한 열두 살쯤 중국에 간 건가? 중국어도 굉장히 잘하고, 한국말도 유창해. 근데 시험을 보는데 한국어로 논술하는 게 있었어요. 근데 이 친구가 한 30분쯤 지났을까, 갑자기 시험지를 좍좍 찢어버리더니 강의실을 뛰쳐나가는 거야. 왜, 그런 애들이 간혹 있잖아? 속으로 '저 괘씸한 놈! 넌 F야.' 당연히 F지. 그런데 그 다음 날 그 친구한테서 전화가 왔어. 그 친구가 지금 말한 거와 비슷한 얘기를 하는 거야. 한국 애들은 자기보고 중국어를 굉장히 잘한다고 하는데 사실 자기는 정말 자신이 없다고. 한국어도 말은 하겠는데, 막상 글로 옮기려고 하면 뭘 어디서부터 써야 되는 건지 도통 모르겠다는 거야. 심지어는 아주 간단한 단문조차도 글로 쓰지 못하겠다는 거야. 그리고 이젠 아예 쓰기조차 싫다는 거야.

맞아요. 저도 약간 그런 문제점이 있었어요. 대학에서 보고서 작성하라고 하면, 도대체 어떻게 해야 하는 건지 정말 모르겠어요. 그건 보고서 쓰는 방식의 문제가 아니에요. 이건 정말…… 다들 너무도 쉽게 작성하는데 저한테는 그게 잘 안 되는 거예요.

(손만평) 근데 이건 냉정하게 말하면, 언니가 그런 훈련을 제대로 안 해서 그런 것이지, 훈련을 많이 하면 당연히 개선될 여지가 있었어. 처음부터 못하는 게 아니라 그렇게 글을 쓸 기회가 많이 없어서 그런 거야. 저는 전혀 그게 문제가 되지 않았어요. 물론 저도 처음엔 어떻게 써야 할지 잘 몰랐는데, 나중에 외국인을 위한 논문작성법 같은 걸 듣고 나니까 완벽하지는 않아도 뭔가 개념이 잡히더라고요. 그게 문제는 아닌 것 같아요.

● 글쎄. 난 꼭 그렇지는 않을 것 같은데? 그리고 사실, 어떤 언어든 간에 완벽하게 해내기는 쉬운 일이 아니잖아?
(손만평) 언니가 말하는 완벽한 구사의 기준이 뭔지 전 사실 모르겠어요. 그리고 아무리 해도 외국어는 완벽하게 구사한다고 말할 수도 없는 거잖아요?

제가 봤을 때, 박사님이 말씀하신 그 친구는 정말 아카데미적인, 학구적인 언어를 쓸 경우에는 자기 언어가 미달이라고 생각했을 거예요. 그러면 스트레스받는 거예요. 실질적으로 말로써 자기를 표현하고 발표를 하고 일상적인 얘기를 하는 건 문제가 없을 수 있어요. 근데 반대로 글을 쓸 경우에는 많은 것들이 문제가 될 수 있어요. 물론, 만평이 말처럼 차근차근 훈련을 쌓으면 가능할 수도 있지요. 근데 잘 모르겠어요. 만평이는 언어적 감각이 뛰어나요. 왜, Language person이라고 하잖아요? 너무 잘하는 케이스. 근데 저는 안 그래요. 시험 볼 때, 마지막에 편지를 써요. 화교라고.

(손만평) 암튼 전 부족한 건 훈련이 되면 극복할 수 있는 문제라 생각해요. 방법은 다양해요. 그만큼 많이 접촉을 안 했으니까 그렇지. 그리고 전 제가 약한 점보다는 잘하는 점을 최대한 살려서 부족한 걸 커버하려는 편이에요.

저도 언어가 콤플렉스라는 걸 잘 아니까, 그럴수록 어떻게든 열심히 하려고 노력해요. 잘 모르면 교수님 찾아가서 묻기도 하고……. 논문들을 이것저것 찾아서 닥치는 대로 읽기도 하고, 요약도 하고 나름대로 애를 써요. 제 노력이 가상했는지 지난번엔 교수님이 학점을 후하게 주셨어요. 잘했다기보다는 노력한 게 보여서……. 그럼, 노력한 것에 대해 보람을 느껴요. 기분이 좋아요. 처음 대학에 들어가니까, 친구들은 다들 예고(예술고등학교) 출신이에요. 그쪽 분야에선 엘리트코스를 밟아온 거니까 뭘 해도 여유가 있어요. 교수가 과제를 내주면 미리 다 알아듣고 척척 해 와요. 저는 꼭 한 발짝씩 느린 거예요. 말을 못 알아듣는 게 아니라 그 의도를 제대로 캐치하지 못하는 거예요. 그래서 항상 예고 출신 애들 하는 거 보고 따라 하고……. 꼭 한 템포씩 느리게 과제를 해 갔어요. 근데 결국 나중에는 선생님한테 인정을 받았어요. 예고 애들은 자신이 너무 잘한다는 것을 아니까 잔꾀를 부려요. 과제를 내면, 전 정말 단순하게도 실제 크기로 만들어 가는데, 친구들은 조그맣게 샘플만 여러 가지 해 와요. 그걸 선생님이 지적하더라고요. 얘는 실제 크기로 해서 느낌이 사는데, 너희들은 그렇지 않다고. 처음엔 칭찬을 들으니까 오히려 황당했어요. 전 미술을 기초부터 배워온 게 아니잖아요? 그냥 인문계 다니다가 멋도 모르고 온 건데. 그때부터 전 물 만난 고기처럼 정말 열심히 하게 됐어요. 보고서를 써도 전 모르면 무조건 물어요. "그 단어 뜻이 뭐야? 난 못 알아들었어." 이렇게 말하면 친구들이 친절하게 설명도 해주고 그랬어요. 미국에서도 마찬가지예요. 선생님이 뭘 해오라고 하면, 미국 애들

은 보지도 않고 신경도 안 쓰는 것 같은데 다 척척 해 와요. 근데
동양 애들은 그걸 다 지나치는 거죠. 모르고도 아는 척…….

● 얘기를 들어보면, 한국에서의 대학생활이나 미국에서의 생활이나 긴
장과 스트레스의 연속인 것 같아요. 그렇지만 나중에는 그게 좋은 약
이 될 거라 믿어요. 그리고 그런 걸 따져 보면, 어쩌면 미국 생활이
훨씬 더 편하게 느껴질 수도 있을 것 같은데, 안 그래요?
그런 점이 있어요. 부모님 곁에 있으면 정말 게을러지는 것 같아
요. 손 하나 까딱 안 하게 되니까. 집에 오면, 부모님 품에서 쉬고
싶은 그런 심리적인 게 있나 봐요. 근데 오히려 밖에 나가면 정말
강한 사람이 되는 것 같아요. 스스로도 정말 잘하게 되는 것 같고.
저도 모르게 제 모습이 만들어지는 것 같아요. 사실, 방학 때 집에
오면 솔직히 싫어요. 시간도 너무 아까운 것 같고, 게을러지고…….
뭔가 발전적인 그런 게 없다는 느낌이에요.

● 그래도 쉴 때는 푹 쉬는 거야. 가끔씩은 완전히 널브러지는 것도 괜찮아.
만평이는 저하고는 좀 다른 것 같아요. 만평이가 홍대 시각디자인
학과 나왔잖아요? 대학 졸업하고 취직을 해야 하나, 대학원을 가
야 하나 고민이 많았을 때가 있었어요. 그땐 정말 민감했어요. 원
래 성격도 까칠하고. 그건 누구에게나 오는 스트레스잖아요? 졸업
하고 직장은 안 구해지고, 이대로 백수로 지내게 되면 어떻게 하
나, 그런…… 제가 그랬어요. 사람은 잘하는 게 있고, 하고 싶은 게
있다고. 내가 봤을 때, 네가 디자인 쪽으로 간 건 네가 하고 싶어
서 했던 것 같고, 잘해서 간 건 아닌 것 같다고. 그러니까 이젠 네
가 잘할 수 있는, 능력을 펼칠 수 있는 그런 걸 해보라고. 중문과
대학원 간다고 했을 때, 전 정말 기뻤어요. 잘했다고.

● 만평이는 잘할 수 있어요. 근데 생각이 너무 많아.

저는 대학 다닐 때, 정말 막 즐기기로 했어요. 그리고 정말 즐겼고
요. 아무리 과제나 그런 게 힘들어도 새로운 걸 해보는 거니까 어
렵지만 좋았어요. 근데 만평이는 그걸 다 고통으로 느끼는 것 같
았어요. 그런데 중문과 대학원 들어가고 나서는 그 힘든 걸 또 하
나의 즐거움으로 느끼는 것 같아요.

(손만평) 아니야. 이게 더 힘들어. 제가 사실 홍대 졸업하고 몇 군
데 취직 원서를 넣었는데 그중에 출판사가 있었어요. 가로수길 있
는 출판사였는데 가서 면접을 봤어요. 공교롭게도 모집 대상이 중
국어를 할 줄 아는 편집디자이너인 거예요. 제가 딱 그렇잖아요.
여섯 시간 동안 면접을 봤어요. 나중에는 사장이 직접 면담을 했
어요. 뭘 하고 싶으냐고 물어서 전 다 할 수 있다고 했어요. 그랬
더니, 목표를 하나 분명하게 정하래요. 네가 진정으로 할 수 있는
것을…… 제가 그래서 솔직히 대학원도 생각하고 있다고 말씀드
렸어요. 그랬더니 그 사장님이 가서 잘 생각해보고, 그래도 출판
계에 몸담고 싶으면 그때 다시 오라고. 그러면서 저한테 책 두 권
을 줬어요. 근데 저는 너무 억울한 거예요. 전 한창 패기가 넘치고
있는데, 이 할아버지 도대체 뭔데 날 함부로 평가하고…… 두고
봐라. 가만 안 둔다. 막 서러운 눈물이 나는 거예요. 어차피 안 뽑
을 거면서 면접은 왜 여섯 시간씩이나 하고 말이야. 근데 지금 생
각해보면, 그 사장님 말씀이 맞는 것 같아요. 지금은 굉장히 고마
워하고 있어요. 근데 지금까지도 그때 받은 책은 열 받아서 안 봤
어요. 이제는 볼 수 있을 것 같아요. 아무튼 그때부터 도대체 내가
무엇을 해야 할 것인지를 조금씩 생각하게 됐어요.

손덕준(孫德俊) 구술 ────────────────

1956년 인천 차이나타운 출생. 서울의 대관원, 홍보석, 열빈, 하림각 등에서 일급 주방장 및 총
주방장으로 근무. 인천차이나타운연합회 초대회장 및 인천화교협회 부회장 역임.
현재는 인천 차이나타운 내 태화원, 중화루, 자금성을 경영하며 인천 중구청 중국투자유치위
원회 자문대사로 활동하고 있다.

송승석(宋承錫) 채록 ────────────────

1966년 인천 출생. 연세대학교 중어중문학과 졸업. 동 대학교 대학원 박사. 인천대학교 HK중
국관행연구사업단 연구교수. 주요 연구분야는 중국현대문학, 타이완문학, 화교문화이다.

인주골 중국동네 사람들

인천화교 손덕준의 가족이야기

초 판 인 쇄 | 2012년 5월 15일
초 판 발 행 | 2012년 5월 15일

구　　　술 | 손덕준
채　　　록 | 송승석
펴 낸 이 | 채종준
펴 낸 곳 | 한국학술정보㈜
주　　　소 | 경기도 파주시 문발동 파주출판문화정보산업단지 513-5
전　　　화 | 031) 908-3181(대표)
팩　　　스 | 031) 908-3189
홈 페 이 지 | http://ebook.kstudy.com
E－m a i l | 출판사업부　publish@kstudy.com
등　　　록 | 제일산-115호(2000. 6. 19)

ISBN　　978-89-268-3386-5 93080 (Paper Book)
　　　　978-89-268-3387-2 95080 (e-Book)